中国婚姻法治流变

闫馨月　著

燕山大学出版社
·秦皇岛·

图书在版编目（CIP）数据

中国婚姻法治流变 / 闫馨月著. —秦皇岛：燕山大学出版社，2024.8
ISBN 978-7-5761-0611-4

Ⅰ. ①中… Ⅱ. ①闫… Ⅲ. ①婚姻法－法制史－研究－中国 Ⅳ. ①D923.902

中国国家版本馆 CIP 数据核字（2024）第 000114 号

中国婚姻法治流变
ZHONGGUO HUNYIN FAZHI LIUBIAN

闫馨月 著

出 版 人：陈 玉			
责任编辑：孙亚楠		策划编辑：吴 波	
责任印制：吴 波		封面设计：吴 波	
出版发行：燕山大学出版社		电　　话：0335-8387555	
地　　址：河北省秦皇岛市河北大街西段 438 号		邮政编码：066004	
印　　刷：涿州市殷润文化传播有限公司		经　　销：全国新华书店	
开　　本：710mm×1000mm 1/16		印　　张：15	字　数：245 千字
版　　次：2024 年 8 月第 1 版		印　　次：2024 年 8 月第 1 次印刷	
书　　号：ISBN 978-7-5761-0611-4		定　　价：76.00 元	

版权所有　侵权必究
如发生印刷、装订质量问题，读者可与出版社联系调换
联系电话：0335-8387718

前　言

婚姻家庭关系作为最基本的社会关系之一，包含了经济、伦理、道德、风俗习惯、文化等诸多方面的因素。中华民族传统家庭美德是家庭文明建设的宝贵精神财富，婚姻家庭制度则为人类社会各发展阶段的婚姻家庭生活竖起了秩序的"栅栏"。我国早在西周时期就制定了"六礼"，"六礼"是婚姻家庭制度的雏形；到了春秋战国时期，封建婚姻家庭制度逐渐完善；秦汉时期，婚姻家庭制度已较为完备，从出土的简书中可以看到，当时已有结婚、离婚须到官府登记，夫妻间要相互忠诚等规定；两晋以后，婚姻家庭关系正式上升到国家法律层面；清末"修律"，通过广泛借鉴发达国家的相关法律，我国有了现代意义上的婚姻家庭法律制度；新民主主义革命时期，国共两党都进行了婚姻立法的探索，以规范治下的婚姻家庭生活，维护社会秩序；1950年5月1日，《中华人民共和国婚姻法》颁布实施，废除了在我国延续了2000多年的封建婚姻家庭制度，中国共产党领导的新中国有了第一部婚姻法；1980年，第一次修订后的婚姻法颁布；2001年，第二次修订后的婚姻法颁布；2020年，《中华人民共和国民法典》颁布，将原婚姻法内容收入"婚姻家庭编"。中国的婚姻家庭立法走过了漫长而曲折的路程。

本书以时间为主线，详细介绍了我国婚姻法治的发展历程，深入剖析了各个历史阶段婚姻立法的背景、特色及变革细节，详细分析了有关婚姻法律之法条的来龙去脉。本书既是一部中国婚姻立法简史，也是一部不可多得的法学专题研究著作。书中涉及政治、经济、文化、历史、法律、社会、伦理、风俗、道德等诸多内容，值得详细品读。

　　婚姻法在不断修订，因此，对婚姻法的研究也一直在路上。

目 录

第一章 古代婚姻法律制度概述 ··· 1
一、原始社会的婚姻家庭形态 ··· 1
二、奴隶社会、封建社会婚姻家庭的特点 ··· 1
三、奴隶社会、封建社会的禁婚制度 ··· 3
四、奴隶社会、封建社会的婚姻的礼与法 ··· 5
五、奴隶社会、封建社会的离婚制度 ··· 7

第二章 清末的婚姻立法探索 ··· 9
一、《大清现行刑律》中的婚姻立法 ··· 9
二、《大清民律草案》中的婚姻立法 ··· 15

第三章 近现代中国的婚姻立法实践 ··· 33
一、南京国民政府的婚姻立法 ··· 33
二、中国共产党民主政权的婚姻家庭立法 ··· 55

第四章 新中国第一部婚姻法诞生 ··· 68
一、新中国第一部婚姻法的立法背景 ··· 68
二、新中国第一部婚姻法的制定过程 ··· 72
三、新中国第一部婚姻法的基本原则和主要内容 ··· 73

四、新中国第一部婚姻法在全国的宣传和贯彻 ·············· 83
　　五、新中国第一部婚姻法实施的成效 ·············· 110

第五章　1980年《婚姻法》的修订与实施 ·············· 117
　　一、1980年《婚姻法》的公布实施 ·············· 117
　　二、1980年《婚姻法》对1950年《婚姻法》的补充与修改 ·············· 118
　　三、1980年《婚姻法》的宣传贯彻 ·············· 124
　　四、1980年《婚姻法》的执行 ·············· 130

第六章　《中华人民共和国婚姻法（修正）》出台 ·············· 144
　　一、《中华人民共和国婚姻法（修正）》出台的背景 ·············· 144
　　二、《中华人民共和国婚姻法（修正）》出台的经过 ·············· 146
　　三、《中华人民共和国婚姻法（修正）》修正的主要内容 ·············· 148

第七章　《中华人民共和国民法典》婚姻家庭编颁行 ·············· 170
　　一、《民法典》婚姻家庭编颁行的价值与意义 ·············· 170
　　二、《民法典》婚姻家庭编的主要内容 ·············· 172
　　三、《民法典》婚姻家庭编的新增和修改 ·············· 174

附　录 ·············· 183
中华苏维埃共和国婚姻条例 ·············· 183
中华苏维埃共和国婚姻法 ·············· 186
晋冀鲁豫边区婚姻暂行条例 ·············· 188
晋冀鲁豫边区婚姻暂行条例施行细则 ·············· 191
陕甘宁边区婚姻条例 ·············· 193
中华人民共和国婚姻法（1950年） ·············· 195

婚姻登记办法（1955年） ……………………………… 199
中华人民共和国婚姻法（1980年） ……………………… 202
关于《中华人民共和国婚姻法（修改草案）》的说明 …… 206
中华人民共和国婚姻法（修正） ………………………… 208
婚姻登记条例 ……………………………………………… 215
《中华人民共和国民法典》第五编　婚姻家庭 ………… 220
后　记 ……………………………………………………… 231

第 一 章
古代婚姻法律制度概述

一、原始社会的婚姻家庭形态

原始社会时期，人们仅能满足基本生存需求，有食物可以填饱肚子、有衣服可以遮挡严寒就行。那时候的人们杂居在一起，还没有形成羞耻心，头脑中对婚姻没有概念，基本是乱婚。进入奴隶社会后，人们才有一定的婚姻概念，实行族内婚制，即在一个族群中，除了与自己的祖先、父母、子孙不能成婚，与其他人皆可成婚。《礼外传》中有："夏殷五世之后则通婚姻。周公制礼，百世不通，所以别禽兽也。"

二、奴隶社会、封建社会婚姻家庭的特点

（一）野蛮的掠夺婚

奴隶主之间不断进行战争，战胜的奴隶主把战败的奴隶主的妇女抢夺过来作为妻妾或将其进行买卖，所以掠夺婚在当时是常有的事，买卖婚也从奴隶社会开始极为盛行。在夏商时期，战败国的男女甚至会被战胜国的奴隶主全部变为种族奴隶，任意践踏。

（二）一夫一妻多妾制

从夏商周开始，一直到清朝鸦片战争以前，婚姻制度的基本特点为一夫

一妻多妾。夏商周有其特殊的时代背景，当时处于变革动荡时期，社会与家庭结构都面临着转型。首先，社会由奴隶制向封建制转型；其次，家庭由大家庭向小家庭转型，即向着一夫一妻多妾制的家庭转型。一夫一妻多妾制的婚姻形式大致在周朝确立，这一形式的确立，对中国婚姻法律制度的发展起到至关重要的作用。《周礼》记载，"王者立后、三夫人、九嫔、二十七世妇、八十一女御，以备内职焉"。大意是国王可以立一个王后、三个夫人、九个嫔妃、二十七个世妇、八十一个女御，以便在宫内供职。王后在宫中居于正位，其礼遇如同国王一般；夫人讨论和决定关于妇人礼节的事务；嫔妃掌管和教授女人应守的四种品德；世妇主管丧事、祭祀和接待宾客等事务；女御依次侍奉国王休息。汉蔡邕《独断》记载，春秋时期，"诸侯一取九女，象九州，一妻八妾。卿大夫一妻二妾。士一妻一妾"。

秦始皇时期确立了中央集权的封建制度。秦及以后的历朝历代都从法律上对一夫一妻多妾制进行了相应的规定。在古代社会，尽管统治阶级出于享乐的目的大量、公开、合法地纳妾，但在宗法继承上非常重视嫡庶之分。也就是说，无论一个男人纳了多少个妾、生育了多少个儿子，妾生的儿子也不能继承家业，只有正妻生的长子才是嫡子，将来是要继承家业的，所以古代在法律上是绝对不允许妻妾不分现象出现的。《唐律疏议·户婚律》中规定："诸有妻更娶妻者，徒一年，女家减一等。若欺妄而娶者，徒一年半，女家不坐，各离之。"《唐律疏议》对此解释为："有妻更娶，本不成妻。"但不论这时的法律规定如何，也只是不允许娶多个正妻而已，对有了正妻之后的纳妾行为并不禁止。

纳妾行为在宋明时期有所限制。当时程朱理学快速发展，在道义上对纳妾有所束缚。当时有的大户人家针对纳妾现象在家规中做了严格的限制规定：男子已娶妻的，到了40岁没有儿子，才允许纳一个妾。另外，在法律上对纳妾也有一定的限制：只有正妻到了一定年龄不生育，男子才能被允许纳妾。这同宋代之前的历代统治阶级的纳妾是出于自身享乐的目的相比有所进步。但是到了清代，在法律上对于纳妾是没有严格规定的，所以清代纳妾现象非常普遍。不过清代仍严禁妻妾失序和重婚。

（三）"家天下"的宗法制度与政治联姻

宗法制度是从有血缘关系的氏族社会演变而来的。它以贵族大家庭为基础，把政治制度和家族制度紧密地结合在一起，使天子和诸侯、卿大夫等之间既是政治关系，也是家族关系，形成一种宝塔式的统治制度。宗法制度开始于夏朝，到西周才形成了一套完整的体系。权贵们用婚姻关系把政治集团变成了一个亲属关系网。"昭君出塞""刘备招亲"等都是政治联姻的典型。

（四）强迫包办婚与买卖婚

古代的婚姻家庭制度是在族权、封建家长支配下的婚姻家庭制度，是父母强制包办和买卖盛行的婚姻。"父母之命，媒妁之言。"古代的父母在儿女小时候就为儿女订婚，有的甚至指腹为婚。《礼记·曲礼》记载，"男女非有行媒，不相知名"。"财产多寡，门第高低"是包办强迫婚姻关注的实际内容，也是"父母之命，媒妁之言"的物质基础。父母包办儿女婚姻的目的不是子女的幸福，而是家庭利益或一定的政治利益。

封建买卖婚姻的买卖对象全是妇女，这是由男子掌握财产大权、妇女无权所决定的。天子娶妻，《周礼·考工记》记载，"谷圭七寸，天子以聘女"。诸侯娶妻，《左传·成公八年》记载，"夏，宋公使公孙寿来纳币"。士娶妻，《仪礼·士昏礼》中说："纳征，玄纁束帛，俪皮。如纳吉礼。"在婚姻中，财产多寡是订婚、结婚的先决条件。《礼记·曲礼》记载，"非受币，不交不亲"。清赵翼《廿二史札记》也记载，"凡婚嫁，无不以财币为事，争多竞少，恬不为怪也"。贫苦的平民阶级由于受封建地主阶级的压迫和剥削，一家人一年到头辛苦劳作仍难以度日，女儿出嫁要彩礼或被迫出卖女儿的现象也就很自然地出现了。

三、奴隶社会、封建社会的禁婚制度

（一）同姓不婚

相同姓氏的人不能结婚的规定，源于西周时期。当时上至王公贵族，下至普通百姓，同姓氏的都不能结婚。之所以如此规定，当时的统治者有着自己的考量。首先，说明从周朝开始人们就意识到近亲结婚存在着不利后果，即《左传·僖公二十三年》中有"男女同姓，其生不蕃"；《国语·晋语》中也有"同姓不婚，恶不殖也"。其次，这背后其实隐含着更为重要的政治目的，即严禁同姓氏的人结婚，不仅能与其他姓氏的人联姻，而且可以借姻缘来促进彼此之间的政治与军事合作。最后，同姓不婚也能避免同姓宗族内部发生争斗，避免出现有违伦理道德的行为。这一点在《礼记》中讲得很明白，"取于异姓，所以附远厚别也"。这样的规定其实也是怕同宗族内的嫡庶、长幼等关系混乱。

历代的统治者都以法律的形式将同姓不婚制度固定下来，作为不能结婚的条件之一。清朝时的法律对同一个宗族内部同姓之间结婚的，处罚得非常严重。但是考虑到民间的通俗做法，对于姑表、姨表兄弟姊妹的婚姻，清朝时的法律持放任态度。

（二）良贱不婚

古代婚姻中最具有歧视性的规定大概就是良贱不能通婚。这条规定明显体现了封建阶级的不平等性。自从西周将其确立为婚姻不能成立的条件之一后，历代统治者均沿袭此规定。

秦始皇一统天下后，在泰山刻石记功。在谈到婚姻关系的成立时，就明确规定，贵贱要分明，男女才可礼顺。汉朝时，儒家兴盛，对于伦理关系比较看重，在婚姻的成立上讲究门当户对。魏晋南北朝时期，法律是不允许贵族与平民缔结姻缘的。唐朝时，社会包容万象，民风开放，整体呈现一片欣欣向荣的景象，但是在男女结婚方面依然有着严格的规定。唐朝时将乐人、杂户、奴婢等的身份规定为贱民，如果贱民隐瞒身份与良人结婚是要受到严厉惩罚的。宋朝时，对于门阀等级没那么看中，但是良贱之间仍然不可通婚。当时的法律就规定，如果有良贱通婚，除了要被处罚，原本的婚姻也是不被承认的。元、明时期，良贱依然不可通婚，若违反要被处罚。明朝法律规定，如果有官员娶教坊司的妓为妻妾，不仅要被责罚，而且不被法律承认，必须离异。如果应该继承职位的子孙娶教坊司的妓为妻妾，要被处罚，并且继承来的职位将被减去一等并被调往偏远地区任职。到了清朝，对良贱不婚的规定更加明确，《大清律例·户律·婚姻》中明文规定："凡家长与奴娶良人女为妻者，杖八十。女家减一等，不知者不坐。"意思是说：凡是贱民家中主事之人及其奴仆若娶良民家中的女子为妻的，打八十大板。女方家人罪减一等，不知情的人不连坐。《大清会典》称"四民为良"，即军、民、商、灶四类百姓为良民。"四民"之外为贱民，贱民大概分为两大类：一是奴婢、倡优、隶卒、佃仆、乐户等，二是堕民、丐户、九姓渔户、疍户等。尽管良民内部通婚在法律上并不被禁止，但是贫富、等级等因素也在无形中增加了隔阂。

四、奴隶社会、封建社会的婚姻的礼与法

在奴隶社会、封建社会中，调整婚姻家庭关系的主要手段，开始是以礼为主、以法辅礼，后来则礼法并用。

春秋战国时期，诸侯之间战争频繁，礼崩乐废，孔子曾主张"复礼"，但势异时迁，上层建筑必须随着经济基础的变化而变化。东汉王符写《潜夫论》，主张以法裁制东汉时的社会乱象和婚姻制度的紊乱。元末明初的学者王祎在《七出议》说："礼与律非二物也，礼者防之于未然，律者禁之于已然。皆缘人情而为制，礼之所不许即律之所不容，出于礼则入于律也。"

（一）奴隶社会、封建社会的婚姻之礼

《礼记·王制》言："司徒修六礼以节民性。"此"六礼"者，即古代"冠、婚、丧、祭、乡、相见"六礼。其中《礼记·昏义》定婚姻"六礼"，即"纳采、问名、纳吉、纳征、请期、亲迎"。

纳采，就是我们所说的开始商量结婚的事情。过去如果男方想要娶哪家的姑娘，就要找来媒人去提亲，去询问女方家的意愿。问名，就是在女方接受了纳采的礼物后，如果认为男方比较合适，就把女子的出生年月写下来交给媒人带回男方家。这时候男方家就可以去找算卦的算算两人的出生年月是否相配。纳吉，也就是我们所说的定亲，具体的就是男方家在算完两人的出

生年月后，将结果告诉女方家。这是很正式的订立婚约的步骤。纳征，顾名思义和钱有关，也就是所说的下聘礼。这个环节是结婚最重要的程序，也是决定婚姻最后能否成立的关键步骤。只有下过聘礼，婚约才完全成立，所以男女双方的家庭对此都很看重。请期，即是确定结婚的日子。亲迎，即婚礼当天，新郎亲自迎娶新娘。迎娶新娘子回家后，还有一系列的程序要进行。要祭拜天地、祭拜祖先牌位、拜见父母长辈，最后夫妻二人对拜、喝合卺酒，婚礼才算结束了。

奴隶社会、封建社会中的婚姻之礼在历史发展进程中经历了多次变化，但是不管如何变化，纳征的环节始终存在。甚至法律上都规定只要接受了聘礼，交换了婚书，婚姻就成立了。实际上，只要接受了聘礼，即使没有婚书，婚约也算成立。这种婚约具有很强的人身约束力，一般情况下必须履行。婚约的核心就是聘财，这充分说明古代的婚姻带有浓厚的包办、买卖特征。

（二）中国封建社会的婚姻之法

封建统治阶级历来重视家族在巩固封建统治中的作用，认为"家齐而后国治"，因此，也重视婚姻立法。

西汉时，婚姻立法已经比较完备。《晋书·刑法志》记载："崇嫁娶之要，一以下聘为正，不理私约，峻礼教之防，准五服以制罪也。"南北朝、北魏都有《户律》。《魏书·刑罚志》云："男女不以礼交皆死。"《北齐律》以婚事附于户，叫作婚户。《北周律》分婚户为婚姻、户禁两部分。隋《开皇律》又将婚户合而为一，《大业律》再次将婚户分为户律及婚律。唐代《唐律疏议·户婚律》集封建婚姻立法之大成，为以后宋元明清各朝所沿用，对后来各封建王朝的婚姻家庭立法影响极大。宋代，婚姻立法属于刑统范围，户令中重申良贱不能结婚。元代，《元史·刑法志》仍有户婚一门，关于订婚、结婚、婚姻成立和解除等的规定都在其中。明代，《户律》之中分设《户役》《田宅》《婚姻》等七篇，婚姻篇规定的是男女婚姻、典雇妻妾等。清代婚姻制度是在沿袭明代法律条文的基础上形成的，《大清律例》中对包办婚、纳妾制度等进行了肯定，保护立嫡制度，等等，从本质上说，《大清律例》

仍是封建王朝的婚姻制度。

五、奴隶社会、封建社会的离婚制度

《周礼·地官·媒氏》记载："媒氏，掌万民之判。凡男女自成名以上，皆书年月日名焉。令男三十而娶，女二十而嫁，凡娶判妻入子者，皆书之。仲春之月，令会男女。于是时也，奔者不禁。若无故而不用令者，罚之。司男女之无夫家者而会之。凡嫁子娶妻，入币纯帛无过五两。"由此可见，早在西周时，已有主管婚姻家庭的官职——"媒氏"，其职责主要有：记录新生儿的出生年月和姓名；敦促和撮合适婚男女及时嫁娶；处理男女之间的婚姻诉讼；监督彩礼的数量在礼制范围之内。

（一）休妻制度

在离婚方面，古代有关于男子休妻的七种理由，即"七出"：不顺父母，出；无子，出；淫僻，出；嫉妒，出；恶疾，出；多口舌，出；窃盗，出。只要七条中占了一条，丈夫就可以理直气壮地休妻。在这几种情况下，丈夫休妻不用经过官府，只要写好休书，有双方亲属、邻居和见证人的签字即可。

后来又补充了"三不去"原则，西汉《大戴礼记》载："妇有三不去，有所取无所归，不去；与更三年丧，不去；前贫贱后富贵，不去。""三不去"的意思是：妻子因娘家无人，没有归处不能去；和丈夫共同守过公婆丧事的妻子不能去；娶时男方贫贱，后来富贵，不能去。法律规定妻子如果属于"三不去"的情况，丈夫坚持出妻，要依法判罪。但是，事实却经常是只要丈夫想休妻，这三条根本不能限制。

（二）和离制度

较早的关于和离的规定见于《唐律疏议》中，和离是一种相对平和的方式，是指男女双方不能共同生活可以自愿离婚，不受法律处罚。但在古代社会男女不平等的社会状况下，女性处于从属地位，依附于丈夫，视丈夫为自己的天，怎么敢和丈夫不和睦？所以所谓的不和睦，也只可能是丈夫单方的认定，不可能是双方平等协商的结果。这不同于现代的男女在地位平等的前提条件下的协议离婚制度。但是这种方式一定程度上顾及了女方的名誉，考虑到了婚姻背后两大家族的利益冲突，不至于使双方陷入特别尴尬的境地。

（三）义绝制度

义绝制度即强制离婚制度。如果出现夫对妻或妻对夫的一定范围内的亲属，犯有殴、杀、奸罪，以及双方亲属间相互杀害的，就会被认定为夫妻情意已决，即使当事人不愿离婚，官府也会强迫其离婚。因为在古人看来，家族内部的伦理纲常与亲属之间的和睦相处是非常重要的，如果做不到，那婚姻也就没有存在的必要了。

（四）呈诉离婚制度

"呈诉离婚"的离婚制度指如果出现丈夫逃亡在外超过三年、丈夫逼迫妻子为娼妓、妻子背着丈夫逃亡等情况，可以由官府判决离婚。在这几种情况下，男女双方都可以呈诉要求离婚。

总之，古代的离婚制度是为维护封建宗法制度服务的，以休妻制度为主，其他方式为辅。但不管采用哪一种方式，婚姻当事人都没有自由决定是否离婚的权利。

第 二 章
清末的婚姻立法探索

清末时期的婚姻立法,始于清末修律。从第一次鸦片战争到"庚子国变"的60年中,虽然中国社会的性质在变化,但封建法律纹丝不动。直到20世纪初,危如累卵的形势迫使清政府不得不进行修订法律的活动。清末修律,主要表现为对《大清现行刑律》的修订以及起草《大清民律草案》,其中婚姻立法是其主要内容。

一、《大清现行刑律》中的婚姻立法

清末修律,始于光绪末年。光绪二十八年四月初六(1902年5月13日)清廷颁发上谕称:"现在通商交涉,事愈繁多,著派沈家本、伍廷芳将一切现行律例,按交涉情形,参酌各国法律,悉心考订,妥为拟议,务期中外通行,有裨治理。"[①] 光绪三十一年起至三十四年,在沈家本的主持下,大清律例修订完毕,删除吏、户、礼、兵、刑、工诸律目,并将纯属民事的条款分出,不再科刑,以示民、刑区分。同时废除凌迟、枭首、戮尸、缘坐、刺字等项,以罚金、徒、流、遣、死取代原有的笞、杖、徒、流、死五刑。制定了新的罪名与定例,凡30门,389条,例文1327条,附禁烟条例12条,秋审条款5门,165条,以《大清现行刑律》命名,于宣统二年四月初七(1910年5月5日)

---

① 谢振民编著《中华民国立法史》(下册),中国政法大学出版社,2000年版,第741页。

颁行。

（一）《大清现行刑律》的婚姻立法内容

《大清现行刑律》中有关婚姻关系的立法，主要集中于15条婚姻律文中，其主要变化表现为婚姻门，较《大清律》户律婚姻7条有所增减，删减了同姓为婚、娶乐人为妻妾、良贱为婚姻3条，增加了娶娼妓为妻1条。从内容上看，《大清现行刑律》已有放弃部分封建糟粕思想的倾向。

1. 关于婚约的法律规范

《大清现行刑律》男女婚姻条对婚约予以明确规范，以约束当事人在订立婚约之时要履行告知义务，并信守婚约的承诺。"凡男女订婚之初，若有残、疾、老、幼、庶出、过房、乞养者，务要两家明白通知，各从所愿，写立婚书，依礼聘嫁。若许嫁女已报婚书，及有私约而辄悔者，处五等罚。虽无婚书，但曾受聘财者亦是。"为确保婚约的效力，《大清现行刑律》男女婚姻条严禁并处罚以下行为。

第一，更许之禁。签订婚约者，"若再许他人，未成婚者，处七等罚；已成婚者，处八等罚；后定、娶者知情，与同罪，财礼入官；不知者不坐，追还财礼，女归前夫，前夫不愿者，倍追财礼，给还，其女仍从后夫。男家悔者，罪亦如之，不追财礼"。"婚约签订后，不许翻悔，更不许再与他人订婚。否则，要受到伦理谴责。不仅如此，中国古代的律法也赋予婚约遵守以法律效力，进而使遵守婚约成为婚姻领域的诚信要求。"[①]

第二，奸盗之禁。基于纲常礼教对贞操的坚守，严禁奸盗之行。但"其未成婚男女有犯奸、盗者，不用此律"。

第三，妄冒之禁。基于嫁娶诚信的遵守，严禁女家妄冒。"若为婚而女家妄冒者，处八等罚，追还财礼；男家妄冒者，加一等，不追财礼。未成婚者，仍依原定；已成婚者，离异。""婚约一旦签订，男女两家必须忠实履行，如有妄冒行为，不仅有违婚约伦理规范，而且将受到法律制裁……

---

① 王歌雅著《中国婚姻伦理嬗变研究》，中国社会科学出版社，2008年版，第85页。

法律对妄冒的处罚,在体现诚信伦理内涵的同时,也确保了婚约诚信的施行,并使婚约诚信成为人们必须遵守的伦理规范。"①

第四,强娶之禁。婚姻必须依照"六礼"程序进行。强娶违嫁,均要受相应处罚。"其应为婚者,虽已纳聘财,期约未至而男家强娶,及期约已至而女家故违期者,并处五等罚。"婚约签订后,必须如期成婚。为保障婚姻的缔结,法律规定了婚约的有效期,逾期不娶者以及故违婚期者,均要给予相应的处罚。

第五,擅订婚约之禁。婚约应由家长主持设定,擅订婚约者,依律处罚。"若卑幼或仕宦或买卖在外,其祖父母、父母及伯叔父母、姑、兄、姊为订婚,而卑幼自娶妻,已成婚者,仍旧为婚;未成婚者,从尊长所定。违者,处八等罚。"上述规定,使尊长包办婚姻成为合理合法的行为。

2.关于结婚的法律规范

《大清现行刑律》关于结婚的规范,既规定了必备条件,也规定了禁止条件。

第一,恪遵父母之命。《大清现行刑律》条例规定:"嫁娶皆由祖父母、父母主婚。祖父母、父母俱无者,从余亲主婚。其夫亡携女适人者,其女从母主婚。若已定婚未及成亲而男女有身故者,不追财礼。"家长主婚,是对家长权的尊崇与维护,体现了"父母之命"的原则。然而,在对家长权的维护中,父权优于母权。母权只有在夫亡之时才可适用。故主婚权具有尊卑主次之分,更有男尊女卑之意。

第二,严禁尊卑为婚。《大清现行刑律》尊卑为婚条规定:"凡外姻有服尊属卑幼,共为婚姻,及娶同母异父姊妹,若妻前夫之女者,各以亲属相奸论。其父母之姑舅、两姨姊妹、及姨、若堂姨母之姑、堂姑、己之堂姨、及再从姨、堂外甥女、若女婿及子、孙妇之姊妹,并不得为婚姻。违者,各处十等罚,并离异。"

"尊卑不婚,作为古老的婚姻禁忌,在群婚时代即已产生……法律对尊

---

① 王歌雅著《中国婚姻伦理嬗变研究》,中国社会科学出版社,2008年版,第85页。

卑不婚的界定，在矫治尊卑相婚行为的同时，也推进了尊卑伦理规范在婚姻领域的实行，并使尊卑不婚成为社会普遍遵循的结婚伦理规范。"①

第三，禁娶逃走妇女。《大清现行刑律》娶逃走妇女条规定："凡娶犯罪逃走妇女为妻妾，知情者，与同罪。至死者，减一等。离异。不知者不坐。若无夫，会赦免罪者，不离。"禁娶逃走妇女是对婚姻秩序的维护。同时，也体现出对在逃女性的伦理谴责与法律制裁。

第四，禁止强占良家妇女。《大清现行刑律》强占良家妻女条规定："凡豪势之人，强夺良家妻女，奸占为妻妾者，绞。妇女给亲。配与子、孙、弟、侄、家人者，罪亦如之。男女不坐。"本条是对掠夺婚的否定。凭借权势夺人妻女，冲击了社会基本公平与正义的道德规范、破坏了尊卑有序的伦理要求。为维护伦理纲常，法律严禁此类掠夺婚。

第五，严禁嫁娶违律。《大清现行刑律》嫁娶违律主婚媒人罪条规定："凡嫁娶违律，若由祖父母、父母、伯叔父母、姑、兄、姊、外祖父母主婚者，独坐主婚。余亲主婚者，事由主婚，主婚为首，男女为从。至死者，主婚人并减一等。"依律嫁娶，不仅是婚姻伦理规范，也是法律规范。不同情形下的违律嫁娶，要承担不同的法律后果。例如，"其男女被主婚人威逼，事不由己，若男年二十岁以下及在室之女，亦独坐主婚，男女俱不坐"，而"未成婚者，各减已成婚罪五等。若媒人知情者，各减犯人罪一等；不知者不坐。其违律为婚各条称离异、改正者，虽会赦，犹离异、改正。离异者，妇、女并归宗。财礼，若娶者知情，则追入官；不知者，则追还主"。中国传统的结婚规范就是"父母之命，媒妁之言"，但当"父母之命，媒妁之言"违背律例时，主婚人、媒妁则要承担相应的刑事责任。同时，也会引发返还财礼等民事责任。总之，"父母之命，媒妁之言"体现出宗法等级观念和尊卑等级色彩，不仅婚姻主体不得僭越，即便是媒妁也不得僭越。只有依律嫁娶，才能体现父权至上、尊卑有序、男女有别的伦理原则，也才能体现家长特权、男尊女卑、从一而终的伦理要求。严禁嫁娶违律，是伦理原则的法律化。

---

① 王歌雅著《中国婚姻伦理嬗变研究》，中国社会科学出版社，2008年版，第105页。

3. 关于离婚的法律规范

《大清现行刑律》基于对宗法制度和封建伦理观念的遵循，确立了男尊女卑、夫权至上的离婚立法原则，并明确规定了出妻、义绝、两愿离婚和呈诉离婚四种离婚方式。为确保离婚行为的合法性，《大清现行刑律》规定了以下离婚限制。

第一，离婚必须符合法定条件。《大清现行刑律》出妻条规定："凡妻无应出及义绝之状，而出之者，处八等罚。虽犯七出，有三不去，而出之者，减二等。追还完聚。若犯义绝，应离而不离者，亦处八等罚。若夫妻不相和谐，而两愿离者，不坐。若妻背夫在逃者，徒二年。听其离异。因逃而改嫁者，加二等。其因夫逃亡，三年之内，不告官司而逃去者，处八等罚；擅改嫁者，处十等罚。妾各减二等。"为确保离婚的合法性，其条例也规定："妻犯七出之状，有三不去之理，不得辄绝，犯奸者不在此限。"另外，"期约已至，五年无过不娶，及夫逃亡三年不还者，并听经官告给执照，别行改嫁，亦不追财礼。"由上述规定内容可以得知，《大清现行刑律》规定了四种离婚的方式，出妻是典型的男子专权离婚方式。"男性居于主体地位，女性则处于客体地位，且很难摆脱被出的境地……至于义绝和呈诉离婚，虽从形式上兼顾了男女两性，但实质上依然侧重对男性及男性家庭利益的维护。"[①] 义绝的主体多是男性，"在义绝的七项过错事由中，有四项是对妻方的要求，只有两项是对夫方的要求。当造成义绝的过错主体偏重妻方时，男性提出义绝也就理所应当了。呈诉离婚的主体也多是男性。从男女双方据以呈诉离婚的过错事由看，对女性过错事由的追诉较男性严苛，如妻背夫在逃，是夫据以呈诉离婚的理由；而只有夫逃亡三年不还，妻才可呈诉离婚。严苛的过错事由，不仅侧重维护了男性的利益和权威，也为男性开辟了便利离婚的途径"[②]。

第二，离婚法律行为的豁免。《大清现行刑律》规定："若使女背家长在逃者，处八等罚。给还家长。因而嫁人者，处十等罚。窝主及知情娶者，

[①] 王歌雅著《中国婚姻伦理嬗变研究》，中国社会科学出版社，2008年版，第122页。
[②] 王歌雅著《中国婚姻伦理嬗变研究》，中国社会科学出版社，2008年版，第122页。

各与同罪；不知情者，俱不坐。若由其亲以上尊长主婚改嫁者，罪坐主婚，妻妾止得在逃之罪。余亲主婚者，事由主婚，主婚为首，男女为从；事由男女，男女为首，主婚为从。"上述规定表明，违律嫁娶的法律后果并非必须离异，但要承担相应的刑事责任和民事责任，而给还财礼为主要的民事责任。

（二）《大清现行刑律》中婚姻立法的特点

《大清现行刑律》有关婚姻关系的规定，体现了传统的家族本位的立法原则。同时，"《大清现行刑律》区别刑事和民事，把清律中有关继承、分产、婚姻、典卖、田宅等纯属民事的法律行为分离出来，适用较轻的罚金，以明其与刑事的区别，奠定了民刑分离的基础"[①]。具体立法特点如下。

1. 强化婚约效力

《大清现行刑律》关于婚约的规定较为充分，既有立约规范，又有解约规范。然而，无论是立约还是解约，均须符合法定条件；否则，不具有受法律保护的婚约效力。

第一，订立婚约是结婚的必经程序，无婚约便无婚姻。婚约应由父母、祖父母及尊长妥为定夺。如卑幼在外擅自订立婚约，则依具体情况承担相应的法律后果：卑幼在外，不知尊长后为婚约而自娶妻者，其婚姻有效，尊长所定之女听其别嫁。倘若卑幼未成婚，则须遵从尊长所订婚约，自己所订婚约不能履行；否则，要承担八等罚，依律改正。

第二，婚约一经订立，便产生法律的强制约束力，无故违约要受法律制裁。男女签订婚约后，如有更许、妄冒、奸盗、强娶等行为，均要承担相应的法律后果。

第三，婚约一经订立，非有法定理由，不得解除。但因奸盗、擅订婚约等情形，可以解除婚约。

---

① 许莉著《〈中华民国民法·亲属〉研究》，法律出版社，2009年版，第25页。

2. 强化尊卑意识

《大清现行刑律》中关于结婚规范和离婚规范的立法设计,均体现出浓烈的尊卑意识。

第一,结婚规范体现尊卑意识。《大清现行刑律》中关于父母主婚、尊卑为婚、娶逃走妇女以及嫁娶违律等的规定,均体现出对主婚人、婚姻当事人等身份尊卑贵贱的要求。违背尊卑差等,要承受刑事制裁或民事制裁。

第二,离婚规范体现尊卑意识。《大清现行刑律》中关于离婚形式、离婚理由等的规定,均不同程度地反映出男尊女卑的特点。无论是七出、义绝,还是两愿离婚、呈诉离婚,均苛责女性、宽容男性,进而保持了对夫妻之间不平等的延续,顺应了男尊女卑、夫权至上的宗法伦理要求。

二、《大清民律草案》中的婚姻立法

在清光绪三十三年(1907年)四月,民政部奏请厘定民法:"查东西各国法律,有公法私法之分。公法者定国与人民之关系,即刑法之类是也。私法者,定人民与人民之关系,即民法之类是也。"[1] 由于民法属于法典之列,遂由修订法律馆主持起草,全部草案于宣统三年(1911年)完成。《大清民律草案》共有五编:总则、债权、物权、亲属、继承,计1569条。其中,亲属编由法律馆会同礼学馆起草,负责人是章宗元和朱献文。《大清民律草案》在编纂过程中参考了欧洲大陆法系国家和日本的立法体例,被认为是中国法律发展历史上第一部民法法典。特别是该草案在亲属编中首次以民法形式进行编制与规范,实现了我国亲属立法的历史性转变与观念变革。亲属编共计七章:通则、家制、婚姻、亲子、监护、亲属会和扶养之义务。清末民初时期的婚姻立法,以《大清民律草案》亲属编中的第三章婚姻为主要载体。

(一)《大清民律草案》的婚姻立法内容

《大清民律草案》亲属编中的婚姻章所承载的婚姻立法内容,成为清末

---

[1] 曹全来著《中国近代法制史教程(1901—1949)》,商务印书馆,2012年版,第176页。

民初婚姻立法的主要内容,并体现出立足本土、中西结合的立法特色。

1. 关于结婚的法律规范

在《大清民律草案》中,婚姻立法由婚姻之要件、婚姻之无效及撤销两部分组成。基于对欧洲大陆法系的学习以及对"适应中国民情法则"的追求,婚姻立法的先进性、民主气息和封建性、宗法观念在《大清民律草案》关于婚姻的内容中是并存的,这就体现出清末修律的立法观念变化以及发生冲突时的妥协。

(1) 婚姻之要件

《大清民律草案》中关于婚姻之要件的规定,仿照了欧陆法系的立法模式,将婚姻之要件分为实质要件和形式要件,实质要件又细化为必备条件和禁止条件。只有符合法定的婚姻要件,婚姻才具有法律效力。

第一,实质要件。首先,关于结婚的必备条件,《大清民律草案》规定了两项内容:一是须达法定婚龄,即"男未满十八岁,女未满十六岁者,不得成婚"[①];二是须由父母允许,即"结婚须由父母允许。继母或嫡母故意不允许者,子得经亲属会之同意而结婚"[②]。按法律馆解释,"婚姻为男女终身大事,若任其自由结合,往往血气未定,不知计及将来,卒贻后悔……况家属制度,子妇于成婚后,仍多与父母同居,则姑媳间之感情,亦宜先行筹及"[③]。父母的允许权,相对于父母的主婚权而言,使子女获得了一定的婚姻自主性,但基于婚姻慎重及居家和谐之考虑,还须征得父母的同意。如此规定,既兼顾了婚俗习惯,又适当维护了尊长的特权。倘若在婚姻自主问题上遭遇继母和嫡母的故意刁难,当事人可以使用救济机制——由亲属会行使同意权,以实现结婚的愿望。其次,关于结婚的禁止条件,《大清民律草案》的详细规定如下。

其一是"同宗者,不得结婚"[④]。本条规定实属大清律例的禁条,但法律馆却将其扩大解释为禁止同姓为婚。

---

① 《大清民律草案》第1332条。
② 《大清民律草案》第1338条。
③ 张晋藩著《清代民法综论》,中国政法大学出版社,1998年版,第260页。
④ 《大清民律草案》第1333条。

其二是近亲间不得结婚。依寺院法亲等计算法，四亲等内之宗亲、三亲等内之外亲、二亲等内之妻亲，均在亲属范围之内，原则上不得结婚。但外亲或妻亲中之旁系者，如辈分相同，不在禁婚之列。至于由婚姻或承嗣而生之亲属关系，即便在离婚或归宗时解销亲属关系后，也不得结婚①。"近亲不婚，为亘古通例。限制近亲通婚，一是根据优生学原理，血缘太近，易于把上一代身体上和精神上的某些缺陷和疾病遗传给下一代，贻害民族后代；二是根据伦理学上的要求，认为近亲婚配有碍风化。"②《大清民律草案》对近亲结婚的限制，是基于本国的风俗习惯及伦理考量而设计的。

其三是有配偶者不得重婚。《大清民律草案》并未明确规定实行一夫一妻制，但在第 1335 条规定："有配偶者，不得重婚。"当时纳妾不算重婚。也就是说，纳妾并非娶妻。"妻者，齐也，与夫齐礼，自天子下至庶人，其义一也。妾者，接也，以时接见也。"③因此，纳妾并非重婚，事实上的一夫多妻制度也就得以保留下来。

其四是女子待婚期的限制。《大清民律草案》第 1336 条规定："女从前婚解销或撤销之日起，非逾十个月不得再婚。若于十个月内已分娩者，不在此限。"女子待婚期的限制，其"目的在于防止血统混乱，便于对离婚后女子所怀胎儿生父的确认"④，同时，也有助于保护胎儿的利益。关于女子待婚期的限制，早在罗马法上即已有之。近现代以来，许多西方国家均有类似规定，如联邦德国、日本、法国、意大利等。《大清民律草案》对女子待婚期的限制，似有"注重世界最普遍之法则"的意味。

其五是相奸者不得结婚。《大清民律草案》第 1337 条这样规定："因奸而被离婚者，不得与相奸者结婚。""相奸者禁婚的目的，在于杜绝邪风，以正社会道德。"⑤该条规定不仅有行为矫正功能，而且有伦理谴责功能；不

---

① 《大清民律草案》第 1334 条。
② 李志敏主编《比较家庭法》，北京大学出版社，1988 年版，第 71 页。
③ 《白虎通·嫁娶》。
④ 李志敏主编《比较家庭法》，北京大学出版社，1988 年版，第 76 页。
⑤ 李志敏主编《比较家庭法》，北京大学出版社，1988 年版，第 76 页。

但体现了清末修法之中"注重世界最普遍之法则"的宗旨,还体现了"求取最适于中国民情之法则"的精神。尽管如此,该条规定也会在一定期限内限制当事人结婚权利的行使,制约当事人结婚愿望的实现。值得关注的是,在《大清民律草案》对相奸者不得结婚作出明文规定的同时,许多国家基于其制约效果的消极性,已相继废除此制。例如,法国民法典于1904年率先废除此禁,罗马尼亚于1906年、葡萄牙于1910年、瑞典于1915年、挪威于1918年、捷克于1919年、丹麦于1923年相继废除此禁。日本旧民法典原也有此禁(第768条),在1947年修改后的现行法中予以删除[①]。

第二,形式要件。关于结婚的形式要件,《大清民律草案》第1339条采纳了登记制,即"婚姻从呈报于户籍吏,而生效力"。登记制的规定,体现了清末修法活动的宗旨——"期于改进上最有利益之法则",这与中国历史上盛行的仪式婚制度大相径庭。然而,登记制的实施是有前提条件的,即当婚姻当事人违反结婚实质要件时,户籍吏不得受理其呈报。只有符合结婚的实质要件和形式要件的男女结合,才是合法婚姻。

(2)婚姻之无效及撤销

婚姻之无效与撤销,是对违法婚姻的制裁。在婚姻要件之外规定婚姻的无效与撤销,有利于婚姻要件的贯彻实施,有利于对违反婚姻要件的行为予以及时处理,有利于区分合法的结婚行为与违法的结婚行为,有利于保障和促进合法婚姻的缔结与发展。

第一,婚姻无效。婚姻无效是指违反婚姻成立条件的违法婚姻。对此,《大清民律草案》第1341条作出规定:"婚姻之无效,以开列于下者为限:一、当事人无结婚之意思;二、不为第一千三百三十九条之规定之呈请者。"将无效婚姻的要件规定为结婚意愿的表达与结婚登记的呈请,既有助于避免违法婚姻的产生,也有助于当事人身份专属权的行使。与此同时期的外国法,关于婚姻无效要件的规定则宽严不一。《大清民律草案》除对婚姻无效要件作出规定外,对无效婚姻的形式、请求宣告无效婚姻的时效与限制以及无效

---

① 李志敏主编《比较家庭法》,北京大学出版社,1988年版,第76页。

婚姻的效力等，未作规定。由此可见，《大清民律草案》仅架构了婚姻无效制度的雏形。

第二，婚姻撤销。婚姻撤销，又称撤销婚，是指婚姻成立时有违某项婚姻要件的行为。外国法"把婚姻成立要件分为公益要件和私益要件。违背公益要件者，一般为无效婚姻；违背私益要件者，为得撤销婚。但公益要件和私益要件的划分，各国立法者在认识上并不完全一致……所以，无效婚与得撤销婚的区分很难统一。从效力上看，无效婚与得撤销婚的根本区别是，无效婚为自始无效，有溯及力；得撤销婚为可能无效，即撤销后无效，无溯及力"[①]。《大清民律草案》在规制婚姻的撤销时，参照了当时外国的立法范例及特点，将婚姻的撤销界定为以下环节。

一是婚姻撤销的原因。依《大清民律草案》第1343—1345条的规定，婚姻撤销的原因有以下五项：其一，未达法定婚龄者。其二，违反女子待婚期限制者。其三，有配偶而重婚者。其四，结婚未经父母允许者。其五，因诈欺或胁迫而结婚者。

二是撤销权的行使主体。依《大清民律草案》第1343—1345条的规定，撤销权的行使主体依婚姻撤销事由的不同而有所差异：其一，未达法定婚龄者、违反女子待婚期限制者，由当事人及其亲属或检察官行使撤销权。其二，有配偶而重婚者，由前夫行使撤销权。其三，结婚未经父母允许者，由父母行使撤销权。其四，因诈欺或胁迫而结婚者，由受害当事人行使撤销权。

三是撤销权行使的期间限制。依《大清民律草案》第1346条的规定，婚姻撤销权的行使期间，以六个月为限：其一，违反女子待婚期限制者，"从知有婚姻时起"计算。其二，未经父母允许而结婚者，"从有允许权者知有婚姻时起"计算。其三，有配偶而重婚者，"从发现胁迫或免离诈欺时起"计算。

四是撤销权的消灭。《大清民律草案》第1347—1348条对婚姻撤销权的消灭规定了如下情形：其一，未达法定婚龄而成婚者，对其婚姻的撤销权"至

---

① 李志敏主编《比较家庭法》，北京大学出版社，1988年版，第88—89页。

年龄及格时即消灭"。其二，因奸而被离婚者和与相奸者结婚，对其婚姻的撤销权"自前婚解销或撤销之日起，经十个月或已分娩者，即行消灭"。其三，结婚未经父母允许者，对其婚姻的撤销权"于六个月内有允许权者追认其婚姻，或成婚已逾二年者即消灭"。其四，因诈欺或胁迫而结婚者，对其婚姻的撤销权"于六个月内经当事人追认其婚姻者，即消灭"。

五是婚姻撤销的效力。《大清民律草案》第1349条规定："婚姻撤销之效力，不追溯既往。当事人于成婚时，不知存有撤销之原因，其因婚姻而得之利益，惟以现存者为限，须归还相对人。若知存有撤销之原因，须归还所得利益之全部。如彼造善意者，并任损害赔偿之责。"关于所得利益之返还以及损害赔偿责任之承担，以当事人的善意与恶意相区分，有助于在分清是非责任的基础上，保护善意当事人的利益。

2. 婚姻效力规范

婚姻效力，是指婚姻成立所导致的法律后果，通常包括夫妻人身关系和夫妻财产关系两方面的法律效力。

（1）夫妻人身关系效力

关于夫妻人身关系，《大清民律草案》作了六项规定。除夫妻订约权具有平等色彩外，其余各项权利义务均包含男主女从的观念。

第一，同居义务，即"夫须使妻同居，妻负与夫同居之义务"[1]。同居义务，应为夫妻间的本质义务，也是婚姻关系得以维持的基本条件。基于夫妻一体主义原则，妻对夫有人身依附性，故法律片面强调妻负有与夫同居的义务，且"关于同居之事务，由夫决定"[2]。同居义务的有关规定，呈现出崇尚夫权的立法色彩。这一立法模式深受早期资本主义立法理念的影响。如日本旧民法规定："妻负有与夫同居之义务"，"夫须许妻与之同居"。

第二，夫对妻的监护义务，即"妻未成年时，其监护人之职务由夫行之"[3]。《大清民律草案》在第10条规定："满二十岁者为成年人。"该草案第14

---

[1] 《大清民律草案》第1350条。
[2] 《大清民律草案》第1351条。
[3] 《大清民律草案》第1353条。

条规定："未成年人为负义务之行为,须经行亲权人或监护人之同意。违前项规定之行为得撤销之。"由于女性法定婚龄低于成年年龄,故未成年女性结婚后,当亲权终止时,只能由夫行使监护职务。夫对未成年之妻行使监护权,体现出夫权本位的立法原则,从而使妻子的行为置于丈夫的监控之下。

第三,夫妻订约权,即"夫妻间所订立之契约,在婚姻中各得撤销之。但不得害及第三人之权利"[①]。"夫妻订约权,系指夫妻之间相互订立契约的权利。它虽多具有财产关系的内容,但就其基本性质而言,仍是夫妻人身关系的一种表现。在法理上,通常也将夫妻财产契约视为婚姻身份的'从契约'。当然,夫妻契约也不乏人身方面的内容,如别居协议等。"[②]在夫妻一体主义之下,夫妻之间难以基于平等的人格与身份签订夫妻契约;但在夫妻别体主义立法原则指导下,夫妻之间可以独立的人格与平等的身份签订夫妻契约。近代以来,由于资本主义国家的法律大多对夫妻订约权加以肯定,故《大清民律草案》采纳夫妻别体主义的立法原则,对夫妻订约权予以明确规定,以体现男女两性人格独立、身份平等的特色。

第四,妻之家事代理权,即"妻于寻常家事,视为夫之代理人。前项妻之代理权,夫得限制之。但不得与善意第三人对抗"[③]。妻之家事代理权,通常是指妻因家庭事务而与第三人为一定法律行为时的代理权。被代理人须对代理人从事家事行为所产生的债务承担连带责任。家事代理权,发端于罗马法,并为早期资本主义国家亲属立法理论所承袭。家事代理权产生的基础是家事委任说,也就是基于夫之委托而发生,故夫对妻之代理权得进行限制。该条规定既体现出"男主外、女主内"的社会性别分工与家庭内部分工,也体现着男尊女卑的立法意识。

第五,住所决定权。《大清民律草案》第46条规定:"妻以夫之住址为住址;但夫之住址无可考,或无住址,及与夫别居者,不在此限。"本条规定体现了妻从夫居的立法原则。妻从夫居,不仅是自奴隶社会起就一直延续的婚姻

---

① 《大清民律草案》第1354条。
② 李志敏主编《比较家庭法》,北京大学出版社,1988年版,第108—109页。
③ 《大清民律草案》第1355条。

传统，而且是近代以来资本主义国家早期亲属立法的通则。这条规定在维护夫权的同时，也强调了夫有提供婚姻住所的义务。至于夫妻分居或夫无住址时，妻可不受该居住义务的约束。

第六，妻之营业权。《大清民律草案》第28条规定："妻得夫允许，独立为一种或数种营业者，于其营业与独立之妇有同一能力。前项，允许夫得撤销或限制之。但其撤销或限制不得与善意第三人对抗。"对妻之营业权予以限制，是夫权主义立法精神的体现，但同时也是对女性择业权利的相应尊重。这一立法内容，既体现了早期资本主义国家的立法理念；同时，也顺应了清末民初女性社会地位相对提高的趋势。当然，基于妻之行为能力的限制，妻之家事以外之行为以及营业权，须经夫允许。但以下两种情形，夫之允许须受限制：一是"夫未成年时，对于其妻之行为，非经行亲权人或监护人之同意，不得擅行允许"[①]。二是"遇有下列各款情形，无须经夫允许：一、夫妇利益相反；二、夫弃其妻；三、夫为禁治产人或准禁治产人；四、夫为精神病人；五、夫受一年以上之徒刑在执行中者"[②]。

（2）夫妻财产关系效力

夫妻财产关系，主要包括夫妻财产制、夫妻扶养义务及夫妻财产继承权等。《大清民律草案》对夫妻财产关系的规定主要体现在以下三个方面。

第一，扶养义务。《大清民律草案》第1352条规定："夫妻互负扶养义务。""夫妻互负扶养义务"反映出男女两性人格与地位的平等，既是对夫妻别体主义立法原则的体现，也是对传统夫妻关系立法的超越。在特定的时代背景下，《大清民律草案》关于"夫妻互负扶养义务"的规定，显然是顺应清末民初社会认同男女平等的价值趋向；同时，也体现了清末民初小农经济破产后，女性走出家庭、自食其力的经济状态，为女性扶养其夫提供了经济上的可能，并最终为"夫妻互负扶养义务"的立法奠定了观念基础和经济基础。

---

① 《大清民律草案》第29条。
② 《大清民律草案》第30条。

第二,婚姻费用的承担。《大清民律草案》第 1356 条规定:"由婚姻而生一切之费用,归夫担负。但夫无力担负者,妻担负之。"在夫妻一体主义的立法背景下,夫负扶养其妻之义务。由婚姻而生的一切费用,自应由夫担负。然而,在夫妻别体主义的立法背景下,夫妻互负扶养义务,由婚姻而生一切费用,应由夫妻共同承担。《大清民律草案》有关婚姻费用承担的规定,在强化夫权观念的同时,也在特定情形下兼顾了妻权,顺应了女性经济地位提高以及女性扶养能力增强的趋势。

第三,夫妻财产制的确定。夫妻财产制,"又称婚姻财产制,是关于夫妻婚前财产和婚后所得财产的归属、管理、使用、收益、处分以及债务的清偿、婚姻解除时财产的清算等方面的法律制度"①。夫妻财产制的确立,往往与特定社会制度相适应,并受立法传统、风俗习惯、伦理道德和性别观念等因素的制约。《大清民律草案》对夫妻财产制的设计,体现出的特征如下。

一是约定财产制,"即夫妻以契约的形式决定婚姻财产关系的财产制度。它在多数国家的法律中被充分肯定,具有较高的法律地位,只是在无约定或约定无效时才适用法定财产制"②。《大清民律草案》第 1357 条对夫妻约定财产制及约定的时间与效力作出规定:"夫妇于成婚前,关于财产有特别契约者,从其契约。前项契约,须于呈报婚姻时登记之。"对夫妻约定财产制的规定,是对宗法制度下的家族财产由家父及夫掌管与支配的超越,体现出关于财产约定的民主协商气息,明确了夫妻就财产进行约定时所享有的平等人格与平等地位。尤其值得注意的是,关于财产约定的契约,属于要式契约,即只有在呈报婚姻时加以登记,才产生对抗第三人的效力。

二是法定财产制,"即在配偶婚前或婚后未以契约方式订定夫妻财产关系或财产约定无效的情况下,依法律规定当然适用的财产制"③。《大清民律草案》第 1358 条对妻之特有财产的归属及管理作出明确规定:妻之特有财产,为"妻于成婚时,所有之财产及成婚后所得之财产"。夫对妻之特有财产有

---

① 李志敏主编《比较家庭法》,北京大学出版社,1988 年版,第 109 页。
② 李志敏主编《比较家庭法》,北京大学出版社,1988 年版,第 110 页。
③ 李志敏主编《比较家庭法》,北京大学出版社,1988 年版,第 110 页。

管理使用及收益的权利。当"夫管理妻之财产，显有足生损害之虞者，审判厅因妻之请求，得命其自行管理"。对妻之特有财产作出明确规定，体现出夫妻别体主义的立法精神，是女性地位相对提高的体现。然而赋予夫对妻之特有财产以使用及收益之权，则体现出对夫权的推崇。妻享有特有财产损害的救济权，从而为妻自行管理特有财产提供了法律救济的途径。

《大清民律草案》中的婚姻效力立法，在体现出男女平等意识以及夫妻别体主义立法观念的同时，杂糅了宗法观念及夫权意识，从而使清末民初的婚姻立法既具有先进性和平等性，又具有封建性和等级性。该草案对女性权益的维护，成为女性法律地位相对提高的重要标志。

3. 离婚规范

在《大清民律草案》中，离婚立法主要由离婚形式和离婚效力构成。离婚形式不同，则离婚理由及离婚效力亦略有不同。这一离婚制度的建构，不仅吸纳了近代西方国家先进的离婚立法理念，而且也相应地保护了女性的离婚权益。

（1）离婚形式

《大清民律草案》亲属编中的婚姻章，规定了两愿离婚和诉讼离婚两种离婚方式。离婚方式不同，离婚的理由及程序也不同。

第一，两愿离婚，指配偶双方基于合意，以契约方式终止婚姻关系。《大清民律草案》第1359—1361条对两愿离婚的条件和程序作了明确规定："夫妻不相和谐而两愿离婚者，得行离婚"，"如男未及三十岁，或女未及二十五岁者，须经父母允许"。上述内容是关于两愿离婚实质要件的规定。至于两愿离婚的形式要件，则为婚姻须呈报户籍吏，才发生法律效力。倘婚姻未呈报户籍吏而离婚时，户籍吏不得受理其离婚呈报。上述规定在明确两愿离婚程序的同时，再度强化了结婚的呈报程序，从而使结婚登记和离婚登记成为婚姻成立和婚姻终止的必要程序；同时，也改革了传统的结婚程序和离婚程序。

第二，诉讼离婚，是指夫妻一方以法定理由提起离婚之诉。《大清民律草案》第1362条规定了九项离婚理由："一、重婚者；二、妻与人通奸者；

三、夫因奸非罪被处刑者；四、彼造故谋杀害自己者；五、夫妇之一造受彼造不堪同居之虐待或重大侮辱者；六、妻虐待夫之直系尊属或重大侮辱者；七、受夫直系尊属之虐待或重大侮辱者；八、夫妇之一造以恶意遗弃彼造者；九、夫妇之一造逾三年以上生死不明者。"当夫妻一方具备上述法定事由之一时，可向法院提请离婚。

关于离婚诉权之行使，《大清民律草案》第1363—1365条进行了三项限制：一是同意的豁免。对于夫妻一方重婚、妻与人通奸、夫因奸非罪被处罚之事宜，如果夫妻一方事前同意，则不得提起离婚之诉。二是期间的限制。针对《大清民律草案》第1362条第一至八项事由而起诉离婚时，主诉离婚权人须于明知离婚之事实起六个月内呈诉离婚。若离婚原因事实发生后，已逾十年，则不得呈诉离婚。三是生死状态的分明。因"夫妻之一造以恶意遗弃彼造"而提请离婚时，"于生死分明后，不得呈诉离婚"。

（2）离婚效力

《大清民律草案》关于离婚效力作了两方面规定：一是离婚亲子关系效力，即子女之监护；二是离婚后夫妻财产关系效力，即离婚时妻方财产之归属以及离婚损害赔偿。离婚方式不同，子女监护责任的承担也略有不同。

第一，子女之监护。《大清民律草案》第1366条规定："两愿离婚者，离婚后子之监护，由父任之。未及五岁者，母代任之。若订有特别契约者，按其契约。"依上述规定，在两愿离婚时，关于子女之监护，父母可以进行特别约定。该约定体现了父母平等行使监护权利、承担监护义务的法律特质。但无特别约定时，则从法定。法定监护职责的承担，体现出父权优先监护的色彩，从而使监护制度体现出重父轻母的宗法观念。另据《大清民律草案》第1367条规定："呈诉离婚者离婚后，子之监护，准用前条之规定。但审判衙门得计其子之利益，酌定监护人。"依本条规定，在诉讼离婚时，关于子女之监护，仍然贯彻有约定从约定、无约定由父方监护的原则，但基于子女利益的考虑，审判机关可依具体情形酌定监护人。这一规定，既体现出子女本位的监护立法倾向，又融合了父权至上的监护立法传统，从而使清末监护立法体现出民主性、平等性与封建性、等级性的交融。

第二，妻之财产归属。依《大清民律草案》第1368条规定："两愿离婚者于离婚后，妻之财产仍归妻。"妻之财产，是指妻之特有财产以及基于特别契约归妻所有的财产。妻之财产归妻所有，体现出男女享有平等的财产所有权的立法倾向，便于男女两性平等地行使离婚自由权。上述立法精神在诉讼离婚程序下依然适用，即"呈诉离婚者，得准用前条之规定"[①]。

第三，离婚损害赔偿。依《大清民律草案》第1369条之规定："呈诉离婚者，得准用前条之规定。但依第一千三百六十二条，应归责于夫者，夫应暂给妻以生计程度相当之赔偿。"在诉讼离婚时，如夫有过错，夫应承担维持妻之生活相应费用的义务，以弥补因夫之过错离婚导致的妻之物质损失或生活损失。清末关于离婚损害赔偿制度的规定，是西方近代"过错离婚赔偿"观念的体现，有助于保障女性的人格尊严与离婚权益。

《大清民律草案》的离婚立法具有五个特点：一是确立了两愿离婚和诉讼离婚双轨制的离婚程序，便于当事人离婚诉愿的表达。二是确立了诉讼程序下的离婚损害赔偿制度，即当过错方为夫时，暂给妻相当程度的生计赔偿。在体现过错惩罚精神的同时，也对无过错方予以抚慰和救济，有助于女性离婚请求权的行使以及离婚后生活的保障。三是打破了中国自古以来的男性专权离婚的立法格局，赋予了女性相应的离婚自主权。在《大清民律草案》第1362条规定的九项离婚事由中，单纯因夫之过错可由妻提起离婚诉讼的事由有两项：夫因奸非罪被处刑者；受夫直系尊属之虐待或重大侮辱者。此外，可供夫妻提起离婚诉讼的事由有五项：重婚者；彼造故谋杀害自己者；夫妇之一造受彼造不堪同居之虐待或重大侮辱者；夫妇之一造以恶意遗弃彼造者；夫妇之一造逾三年以上生死不明者。四是在赋予女性离婚请求权的同时，尚存在法定离婚理由男宽女严的特点。例如，"妻与人通奸者"，夫即可提请离婚；而"夫因奸非罪被处刑者"，妻才可提请离婚。同是不忠诚行为，却在离婚理由界定层面体现出性别偏好与性别歧视，这无疑是男尊女卑立法观念的保留与延续。五是离婚效力立法体现出男女平等的权益保护倾向，但依

---

① 《大清民律草案》第1369条。

然保留一定的男权观念。其中，子女监护权利的行使，便是父权本位监护立法的特色。尽管如此，女性的离婚权利已经得到相应的提高，并体现出离婚立法的观念变革与制度更新。

（二）《大清民律草案》中婚姻立法的特点

《大清民律草案》中的婚姻立法，是特定历史时期的产物——既体现了清末经济基础的变化和阶级结构的变化，也反映了西方法律文化的输入的特征。在特定的历史条件下，一贯坚持祖宗之法不可改变的清朝统治者举起了新政变法的旗帜。与此同时，以大陆法系为代表的"诸法分立"的立法新体例也得到开明人士的认同。于是，《大清民律草案》中的婚姻立法体现出特定背景下的变法、新政和修律的要求。

1. 立法原则

"《大清民律草案》作为晚清修律的重要组成部分，同样贯彻'参酌古今，博辑中外''务期中外通行'的修律宗旨。但由于民事立法对象的特殊性，因此，在起草民律的指导思想上，不能不有一些新的具体内容。"[1]至于其婚姻立法，则体现出上述原则的精神主旨。

（1）注重世界最普遍之法则

对世界各国婚姻立法趋势的认可，是采纳此项原则的思想基础，即"彼执大同之成规，我守拘墟之旧习，利害相去，不可以道里计"[2]。基于对世界最普遍之法则的遵循，《大清民律草案》亲属编在第一章通则中，对亲属制度进行了局部改革，即变丧服制计算法为寺院法亲等计算法，以顺应当时亲等计算法之使用潮流。同时，保留特定亲等依服制图而持服之习惯。对此，《大清民律草案》第1318条规定："亲等者，直系亲从己身上下数，以一世为一亲等，旁系亲从己身或妻，数至同源之祖若父，并从所指之亲属，数至同源之祖若父，其世数相同，即用一方之世数；不相同，从其多者以定亲等。

---

[1] 张晋藩著《清代民法综论》，中国政法大学出版社，1998年版，第250页。
[2] 张晋藩著《清代民法综论》，中国政法大学出版社，1998年版，第251页。

凡己身或妻所从出或从己身所出者，为直系亲；非直系亲而与己身或妻出于同源之祖若父者，为旁系亲。亲等应持之服，仍依服制图所定。"当然，"由婚姻或承嗣而生之亲属关系，于离婚或归宗时即解销"①。

（2）以"后出"致法理精确

《民律前三编草案告成奏折》主张："学术之精进，由于学说者半，由于经验者半"，故"各国法律愈后出者"，愈能体现新的立法学说和立法经验，也"最为世人注目"。基于上述理解，《大清民律草案》的婚姻立法，在结婚规范中明确规定了结婚登记制和婚姻的无效与撤销制度，以利于合法婚姻的建构。此外，在婚姻效力的规范中，规定了夫妻之间的订约权、妻之营业权以及夫妻财产的约定权。

上述权利融合了西方国家人格独立与平等的先进理念，从而使《大清民律草案》中的婚姻立法体现出人格平等、独立自主的色彩。

（3）求适合中国民情

《民律前三编草案告成奏折》坦言，基于"种族之观念，宗教之支流"的差异，各国的民情风俗不能"强令一致"，更不能"强行规抚，削趾就履"。"凡亲属、婚姻、继承等事，除与立宪相背，酌量变通外"，其余"或本诸经义，或参诸道德，或取诸现行法制，务期整饬风纪，以维持数千年民彝于不敝"。基于上述精神，《大清民律草案》的婚姻立法体现出如下特质。

第一，继续维护宗法家长制。《大清民律草案》中的婚姻立法，在吸纳西方国家先进立法理念的同时，对本国风俗民情也予以保留和沿袭，具体表现在以下两个方面。

首先，在立法指导思想上采取家属主义。"在亲属法起草过程中，取家属主义还是取个人主义？曾经有过争论。但多数立法者认为十八行省皆盛行家属主义，而且具有数千年的历史与习惯，因此最后仍采取家属主义。"②这一立法思想在《大清民律草案》亲属编第二章家制中得以充分体现，即"凡

---

① 《大清民律草案》第1322条。
② 张晋藩著《清代民法综论》，中国政法大学出版社，1998年版，第259页。

隶于一户籍者，为一家。父母在，欲别立户籍者，须经父母允许"①。家长与亲属的区分，不仅在于"家长，以一家中之最尊长者为之"②，"与家长同一户籍之亲属，为家属"③，而且在于家长与家属的权限与选任均有所不同。家长的权限有三项：一是"家政统于家长"④。二是"异居之亲属欲入户籍者，须经家长允许"⑤。三是"家属以自己的名义所得之财，为其特有财产"⑥。否则，应为家长之财产。家长的选任须遵循尊卑次序，即"最尊长者，于不能或不愿管家政时，由次长者代理之"⑦，如果"一家中尊辈尚未成年时，中成年之卑辈代理之"⑧。当然，家长在享有相应权限的同时，也要承担一定的义务，且这一义务是与家属相互承担的，即"家长家属，互负扶养之义务"⑨。

其次，在婚姻立法上维护父权、夫权和男权。父权之表现，在于结婚须由父母允许。夫权之表现，则在于妻负有与夫同居之义务、夫对妻有监护之义务、夫对妻之家事代理权有予以限制的权利、夫对妻之营业有允许的权利、夫对婚姻费用的负担义务等。上述夫权的行使，将使妻的婚姻权利受到极大的限制，妻的行动空间相对狭小。无论是父权，还是夫权，均是对男权的维护，是男尊女卑观念的体现。

第二，继续维护嫡庶之别。《大清民律草案》在亲子一章中，对嫡子、庶子进行了甄别，"妻所生之子，为嫡子"⑩，"非妻所生之子，为庶子"⑪。当"妻年逾五十无子者，夫得立庶长子为嫡子"⑫。"成年男子已婚而无子者，

---

① 《大清民律草案》第 1323 条。
② 《大清民律草案》第 1324 条。
③ 《大清民律草案》第 1328 条。
④ 《大清民律草案》第 1327 条。
⑤ 《大清民律草案》第 1329 条。
⑥ 《大清民律草案》第 1330 条。
⑦ 《大清民律草案》第 1325 条。
⑧ 《大清民律草案》第 1326 条。
⑨ 《大清民律草案》第 1331 条。
⑩ 《大清民律草案》第 1380 条。
⑪ 《大清民律草案》第 1387 条。
⑫ 《大清民律草案》第 1389 条。

得立宗亲中亲等最近之兄弟之子,为嗣子。亲等相同,由无子者择定之。若无子者不欲立亲等最近之人,得择立贤能或所亲爱者,为嗣子。"[①] 嫡庶之别及立嗣之制,不仅是封建宗法制度的延展,而且是对封建婚俗制度的沿袭。正如法律馆之解释:"吾国社会习惯于正妻外置妾者尚多,故亲属中不得不有嫡庶子之别。"

第三,力求成为"有利益之法"。《民律前三编草案告成奏折》认为,"大抵稗贩陈褊创制盖寡,即以私法而论,验之社交,非无事例,征之条教,反失定衡"。故婚姻立法须寻求最有利益之法,以实现"匡时救弊,贵在转移"之目的。主要体现在以下几个方面。

一是离婚损害赔偿制度的植入。当夫妻呈诉离婚时,如夫有过错,夫则应暂给妻以生计程度相当之赔偿。该规定在体现过错主义离婚原则的同时,也给予妻离婚后生计的救济,有助于离婚后女性生计的独立。

二是亲权制度的确立。《大清民律草案》在亲属编亲子章中规定了亲权制度,该制度乃为大陆法系国家皆设有的制度。"亲权源于罗马法和日耳曼法。罗马法的家父权,表现为对家子的占有支配权。日耳曼法的父权表现为对子女的保护权。前者是以亲权人的利益为出发点,后者是以子女利益为出发点。近现代许多国家的亲权制一般多继受日耳曼法,以保护教育未成年子女为中心,不仅为权利,也是义务。"[②]

依《大清民律草案》亲子章中的规定,亲权事项包括以下内容:一是护养教育权,即"行亲权之父母,须护养并教育其子"[③]。二是居所指定权,即"子须于行亲权之父或母所指定之处,定其居所"[④]。三是送惩权,即"行亲权之父母于必要之范围内,可亲自惩戒其子,或呈请审判衙门送入惩戒所惩戒之。审判衙门定惩戒时期,不得逾六个月,但定有时期后,其父或母仍得请求缩

---

① 《大清民律草案》第 1390 条。
② 李志敏主编《比较家庭法》,北京大学出版社,1988 年版,第 228 页。
③ 《大清民律草案》第 1372 条。
④ 《大清民律草案》第 1373 条。

短"①。四是职业允许权，即"子营职业，须经行亲权之父或母允许"②。五是财产管理权，即"子之财产，归行亲权之父或母管理之。关于其财产上之法律行为，由行亲权之父或母为之代表"③。上述亲权内容，涉及人身关系和财产关系，与同时代欧陆法有关亲权内容的规定非常相似。这表明《大清民律草案》在亲权立法之时，仿效、借鉴了欧陆立法例，从而使清末的亲权立法在充分体现"注重世界最普遍之法则""原本后出最精确之法理"的修律精神的同时，也体现出"期于改进上最有利益之法"之立法要旨。

总之，《大清民律草案》关于离婚损害赔偿制度的植入以及亲权制度的确立，体现了"期于改进上最有利益之法"的宗旨，从而使清末的婚姻立法呈现出对西方婚姻家庭制度予以学习、仿效、吸纳和改进的特质。然而，对西方婚姻家庭立法的吸纳，并非完全的吸纳，而是在符合中国宗法制度基础上的吸纳与改进，即符合中国法文化传统的立法内容被仿效，而与中国法文化传统相去甚远的立法内容则未被吸纳。

2. 立法实践的遗憾

《大清民律草案》，"是我国民法史上第一部按照资本主义民法原则起草的民法典，第一次打破了'诸法合体，民刑不分'的传统的法律编纂体例，它一方面标志着中国古代法典编撰传统不可挽回的衰微和终结，另一方面又标志着西方现代法典编撰传统在不经意间已被中国人情愿或不情愿地接受，是中国固有民法在西方民法典的框架下的重构"④。《大清民律草案》的制定，不仅是中国民法史上的里程碑，也为民国政府制定民法典提供了重要的基础。虽然《大清民律草案》基于清政府的崩溃而未来得及实施，但其婚姻立法已经成为融合了西方婚姻立法理念的法律范本。

民国初期，基于对社会关系的调整和民众利益的保护，北京政府司法部向临时大总统提请援用清末法律馆编订的《大清民律草案》，具体呈请理由

---

① 《大清民律草案》第1374条。
② 《大清民律草案》第1375条。
③ 《大清民律草案》第1376条。
④ 朱勇主编《中国民法近代化研究》，中国政法大学出版社，2006年版，第144页。

是：前清政府之法规既失效力，中华民国之法律尚未颁行，而各省暂行规约尤不一致。新旧递嬗之际，可以《大清民律草案》为临时适用法律，待中华民国法律颁布，即行废止。呈请递交后，遭到参议院的否决，其唯一理由是《大清民律草案》"未经宣布"。当《大清民律草案》的适用呈请遭到拒绝后，其婚姻立法也无法适用于民众的婚姻家庭生活，从而使《大清民律草案》的婚姻立法成为悬置未用的立法框架，无力服务于社会实践和司法实践，这成为中国婚姻立法史上的遗憾。

第三章
近现代中国的婚姻立法实践

近代中国战乱频繁，社会动荡，国民党与中国共产党分分合合，但是，这一时期国共两党所属的政权都在治下进行了婚姻立法实践，并取得了一定的成效。

一、南京国民政府的婚姻立法

1928年12月，南京国民政府立法院成立，陆续制定并颁布了民法总则、债权编、物权编。1930年7月，立法院院长胡汉民、副院长林森就民法亲属编与继承编的立法原则，提请中央政治会议核定。提案称："查《民法》第一编《总则》，第二编《债权》，第三编《物权》，均经政府次第公布，第四编《亲属》及第五编《继承》，亟待起草，俾使适用。惟《亲属》《继承》两编，对于本党党纲及各地习惯所关甚大，倘非详加审慎，诚恐多所扞格，拟请先由本会议制定原则。……兹就立法主义上最有争议各点，计《亲属法》上应先决者九点，提请先行决定，俾于制定原则时有所参考。"[①] 该提案中所确立的关于亲属编立法须先决之九点意见（以下均简称为"先决意见"），在中央政治会议第236次会议中得以通过，成为亲属编的立法原则。

立法院第102次会议就《民法》亲属、继承两编的立法原则提出报告，

---

① 谢振民编著《中华民国立法史》（下册），中国政法大学出版社，2000年版，第779页。

并交民法起草委员会遵造起草。该会以亲属法、继承法关系党纲、国情、民俗，应详密研讨，审慎草订，方可以尽利推行，纳民轨物。爰一面商同统计处制定表册多种，发交各地，征集习惯。一面就前北京司法部之习惯调查报告妥为整理。并将关于亲属、继承之各重要问题分别交由各委员及顾问比较各国法制，详加研究，折衷至当。先后共开会三十余次，乃议定《民法亲属编草案》及《继承编草案》。立法院于第20次会议将各草案提出讨论，即分别完成三读程序，《民法》第四编《亲属》、第五编《继承》遂完全通过[1]。

《民法·亲属》于1930年12月6日公布，定于1931年5月5日施行。全编分7章，自第967条至第1137条，共171条。第一章通则。第二章婚姻，分5节，分别是婚约、结婚、婚姻之普通效力、夫妻财产制、离婚。第三章父母子女。第四章监护。第五章扶养。第六章家。第七章亲属会议。

（一）立法的社会背景

1. 中国社会的政治、经济状况

正如张晋藩先生所言："任何社会、任何时代的法律发展都有其深刻的社会内涵。""对于法律的发展只有通过了解这一进程的历史背景，才能有深刻的准确的解释。"[2]《民法·亲属》的制定也有着深刻的政治经济背景。从政治上看，20世纪20年代孙中山领导下的国民党在共产国际的帮助下和共产党进行合作，力量迅速壮大，并进行了北伐。北伐军势如破竹，很快打到长江流域，不久，蒋介石成立了南京国民政府。新建立的南京国民政府，一方面需要健全各种法律制度，来确保其政权的合法性及权威性，另一方面"查国家所应具备而我国尚未颁行之法典甚多"，"无以应国人之需"[3]。《民法·亲属》是关乎每个家庭的基本法律，所以其必然在制定之列。从经济上看，辛亥革命以后，中国商品经济继续发展，民族资本主义经济在社会生活中所占比重也越来越大。到20世纪二三十年代，全国尤其是江浙沪一带出

---

[1] 谢振民编著《中华民国立法史》（下册），中国政法大学出版社，2000年版，第793页。
[2] 张晋藩《综论中国法制的近代化》，《政法论坛》2004年第22卷第1期载。
[3] 谢振民编著《中华民国立法史》（上册），中国政法大学出版社，2000年版，第230页。

现了一大批大中小型企业，不仅壮大了资本主义经济，而且壮大了资产阶级的队伍，资产阶级不满意传统亲属制度对婚姻家庭生活的种种限制和桎梏，希望并积极推进南京国民政府对亲属法进行变革。

2. 配合收回法权运动的需要

废除不平等条约，打倒帝国主义在中国的势力，是孙中山新三民主义中民族主义的重要内容。南京国民政府为应对国内要求废除不平等条约，尤其是废除领事裁判权的呼声而进行了一系列收回法权运动。所谓领事裁判权，系指外国人的民事、刑事被告案件，应送由各该国领事裁判。自鸦片战争后，西方列强借口清朝法律野蛮落后，攫取了领事裁判权，如《中英天津条约》第十五款就规定："英国属民相涉案件，不论人产，皆归英官查办。"第十六款规定："英国民人有犯事者，皆由英国惩办，中国人欺凌扰害英民，皆由中国地方官自行惩办，两国交涉事件，彼此均须会同公平审断以昭允当。"[①]《中美五口贸易章程》也有类似的规定："合众国民人在中国各港口，自因财产涉讼由本国领事等官讯办理，若合众国民人在中国与别国贸易之人因事争论者，应听两造查照各本国所立条约办理，中国官员均不得过问。"[②]到晚清时，在中国享有这项特权的国家达到18个之多，严重破坏了中国的司法独立，扰乱了中国的社会秩序。1922年在华盛顿会议上，中国代表提出收回领事裁判权问题，大会决议由各国派员来华调查法律编纂及司法情况，很快又以中国法律不备、司法混乱为由，拒绝中国的要求。当调查法权委员会到达中国时，国民政府发令："领事裁判权当然收回，无须由外人调查。故对于此次调查法权外国委员来粤，决定不予接待。"[③]虽然措辞极为强硬，但后来他们还是认识到，"我们要赶快把这几种法典完成，一方面使我们人民的一切生命财产有了保障，一方面也可以使外国人对于取消不平等条约无所藉口"[④]。1928年2月立法院刚成立时，立法委员吕志伊、焦易堂等人的提

---

① 鲍厘人、于能模、黄月波主编《中外条约汇编》，商务印书馆，1936年版，第7页。
② 鲍厘人、于能模、黄月波主编《中外条约汇编》，商务印书馆，1936年版，第125页。
③ 《国民政府关于不接待调查法权外国委员来粤令》，周秋光主编《谭延闿集（一）》，湖南人民出版社，2013年版，第96页。
④ 胡汉民《王道的精神与废除不平等条约》，《中央周刊》1929年第60期载。

案也认为"订定此种法典,实为本院职责中之最重要者",如果不完善法律,则会"予外人以维持领事裁判权之口实"[①]。由此可以看出,当时国民政府制定包括亲属法在内的各种法律制度确实有为配合收回法权运动需要的一面。

3. 妇女解放和男女平等的呼声日益高涨

辛亥革命前,民族资产阶级宣传的自由、平等观念就在知识分子中有一定的影响,出现了一批诸如秋瑾这样的女中豪杰,她们不仅要求打破传统婚姻家庭制度,还主动去承担作为一个国民应该承担的对社会和国家的义务和责任。辛亥革命成功后,南京临时政府许多法规和改革都再次肯定了男女平等和婚姻自由,这更坚定了中国妇女要求实行男女平等的信心和决心。从1915年开始以《新青年》杂志为阵地,广大知识分子积极参与新文化运动,无论是在婚姻自由、男女平等的理论研究上,还是在知识青年男女把这些理论付诸实践上,都迈出了新的步伐。这一时期,许多知识分子都发表了反对传统婚姻家庭制度、要求男女平等的文章。如陈独秀在《孔子之道与现代生活》一文中说:"妇人参政运动,亦现代文明妇人生活之一端。律以孔教,'妇人者,伏于人者也',内言'不出于阃','女不言外'之义,妇人参政,岂非奇谈?"[②]他主张女子参政。鲁迅、周作人、胡适等人都曾批驳只要求妇女讲贞烈,而男子却毫无限制的贞操观,表达了对妇女在现实生活中所遭受种种不公正待遇的同情。胡适认为女子问题,包括女子解放和女子改造两个方面,女子解放不仅要在形体诸如缠足、束胸上解放,而且还要在精神上解放,并主张女子从"自立的能力""独立的精神""先驱者的责任"几个方面加强自己的改造[③]。在新文化运动的影响下,中国许多青年知识分子打破传统婚姻制度的束缚,追求婚姻自由。20世纪20年代,国际女权运动异常火热,也影响到了中国,在整个20年代,要求婚姻自由、追求男女平等的呼声一浪高过一浪。而在司法实践中,还是根据《大清现行刑律》和司法判例来裁决,这就无法满足人们的要求了。刚刚完成对全国形式上的统一的

---

① 谢振民编著《中华民国立法史》(上册),中国政法大学出版社,2000年版,第230页。
② 陈独秀《孔子之道与现代生活》,《宪法公言》1919年第3期载。
③ 欧阳哲生主编《胡适文集(12)》,北京大学出版社,1998年版,第580—583页。

国民党不管从哪个角度考虑，也不可能不从立法上来反映民声民愿。同时，由于亲属法与人民群众的利益最为关切，支持进步的思想潮流也可以实现其标榜为革命党的愿望，因此，可以说五四运动前后的女权主义运动，也是国民党制定亲属法的动力之一。

4. 制定新的亲属法是国民党党规党章的要求

1919 年，孙中山改中华革命党为国民党，于 10 月 10 日颁布了《中国国民党规约》，规约的第一条就规定："本党以实行三民主义为宗旨。"[①] 第二年 11 月 9 日颁布的《中国国民党总章》第一条也规定："本党以三民主义为宗旨。"[②] 三民主义之一的民权主义，其重要内容之一就是在中国实现男女平等。1924 年，中国国民党第一次全国代表大会在广州召开，其宣言中提出"于法律上、经济上、教育上、社会上确认男女平等之原则，助进女权之发展"[③]。1926 年，在国民党二大上通过的《妇女运动决议案》中也提出要"制定男女平等的法律""反对多妻制和童养媳"等多项内容。而当时在全国使用的仍是《大清现行刑律》中的亲属法内容，仍然延续着传统婚姻家庭制度。因此，需要制定新的亲属法。

5. 适应国际亲属法立法新趋势

近代婚姻家庭法，无论大陆法系还是英美法系，一个显著的特点就是男女不平等。如英国 1857 年《婚姻案件法》规定，夫可以妻与人通奸为由请求离婚，而夫单纯的通奸行为却不能成为妻要求离婚的理由，夫必须除通奸之外，还有两年以上的遗弃、虐待妻或重婚，或与近亲通奸、强奸等行为，妻才可以提出离婚。这是很明显的不平等[④]。1804 年，法国民法典在婚姻家庭关系上直接体现了男尊女卑，例如，规定妻应该顺从其夫。德国和日本更是有过之而无不及。

---

① 《中国国民党规约》，《中央党务月刊》1928 年第 3 期载。
② 《孙中山全集》（第五卷），中华书局，1985 年版，第 401 页。
③ 《中国国民党第一次全国代表大会宣言》，《江苏省公报》1931 年第 695 期载。
④ 英国 1857 年《婚姻案件法》，转引于李秀清《20 世纪前期民法新潮流与〈中华民国民法〉》，《政法论坛》2002 年第 1 期载。

随着社会文明的进步和女权运动的发展，到20世纪初，各国都相应地对亲属法作了一些调整。如英国在1923年通过法律，正式规定妻可以夫的单纯通奸为由而提出离婚，妇女从而在离婚问题上取得了与男子的平等权。法国也进一步削弱夫权，使妻子和丈夫享有同等的法律权利。德国、苏联等国都调整亲属法，肯定了妇女的法律权利。20世纪初，各国亲属法在演变过程中，从法律上确立男女平等原则已成为一种国际性的潮流，这种潮流也影响到了我国。所以当1927年国民政府刚设立法制局时，就提出该局成立后应该先着手制定亲属法，以改变当时司法实践中"皆因袭数千年宗法之遗迹，衡之世界潮流，既相背驰"的现象[①]。加之国民党的领导人和立法院的成员大多有去国外学习或考察的经历，他们了解并且很容易接受国际立法新潮流。因此，我们可以说20世纪二三十年代国际亲属法立法新趋势也是南京国民政府制定亲属编的动因之一。

（二）南京国民政府婚姻立法的变革

婚姻制度包括了婚约、结婚和离婚制度。在南京国民政府的这些婚姻立法制度中，变革最成功的当属婚约，婚约中摒弃了以往把婚约当成结婚中不可缺少的一部分的做法，婚约不再是结婚必经程序了。无论变革得成功与否，都能够看出立法者的态度。这部婚姻法虽然在形式上趋于平等，但还是存有传统的法律精神痕迹。

1. 婚约制度的变革

传统中所称的定婚即婚姻法中所称的婚约，而成婚则在婚姻法中被称为结婚。在传统的定婚中，婚约是一种身份行为。父母掌握着子女的定婚权利，并且男女双方只要订了婚，婚约就具有了很强的法律约束力，是可以强制执行的。

南京民国政府颁布的婚姻法中关于婚约的规定一改往昔的做法，不再承认婚约具有强制执行力，转而承认婚约是一种契约行为。

---

① 谢振民编著《中华民国立法史》（下册），中国政法大学出版社，2000年版，第749页。

首先,婚约不再是结婚的必经环节,当事人可以自主决定要不要订婚以及何时与何人订婚,法律对于婚约的订定不再进行干涉。其次,婚约不再具有法律的强制力。婚约需要当事人自愿履行,如果不履行,法律不再强迫履行,但要承担民事赔偿责任。在婚约解除上实行男女平等,凡是有法定解除婚约的理由的,都可以向法院提出解除婚约之诉。

此时,婚约从古代的身份行为顺利地转换成了契约行为,婚约在立法层面上完成了近代化的转变。

2. 结婚制度的变革

《民法·亲属》的婚约不再是结婚的必经程序,结婚也抛弃了传统婚姻中必须经过烦琐的六礼程序才能成立的规定,只需要有两个人做证、仪式公开,婚姻便可成立,推动了婚姻仪式向简单化迈进。同时夫妻关系也发生了明显的变化:在法律上,婚姻中的男女双方具有平等的地位,妻也有了一定的财产权。此时的婚姻法在改变中谋求生存和发展,这样既顺应时代发展的潮流,也没有丢掉中国的传统。

虽说婚姻法在当时来说是非常进步的,但是仔细对其内容进行研究,则可以发现在结婚制度中更多的是维护传统的夫权。

《民法·亲属》中规定,婚姻成立的实质要件就是婚姻中的当事人必须达到法律规定的结婚年龄,即男性必须满 18 岁,女性必须满 16 岁,且男女双方都有结婚的意向。结婚的形式要件,即"结婚应有公开之仪式及二人以上之证人"。但是法律对于证人的年龄、行为能力并没有做出相应的要求,这就意味着只要有两个人做证即可,做证的人是不是有行为能力、是不是有辨认的能力都无所谓。这样就很容易出现欺诈或者是强迫结婚的情形,这是当时立法的一个缺陷。法律中对于仪式没有做严格的限定,采用何种婚礼都可以。这在法律的层面上简化了婚姻的仪式。

男女因为结婚而成为夫妻,彼此间产生了法律上的权利和义务关系。这种权利和义务关系一般包括夫妻身份关系和夫妻财产关系两种。

在中国传统的社会中,妇女是没有社会地位的,没有独立的人格权利。虽然历代的立法中并未明确写有夫权字样,但却充斥着夫权的内容。随着社会经济的发展，女性的社会地位不断提升，南京国民政府时期的立法一改传统的夫妻一体主义中夫权统治的做法。此时夫妻关系中彼此的人格是独立存在的，妻的人格不再被夫吸收。

南京国民政府时期的立法中对于限制女子行为能力的规定予以了废除，并确立了男女平等、婚姻自由的原则。在婚姻法中也贯穿这一基本原则，立法者移植的大陆法系的内容改造了传统的夫权，传统的夫权被配偶权所取代，这是立法中的一大进步。

配偶权的具体内容为：姓名决定权、同居权、居所决定权、日常事务代理权等。姓名是一个人区别于另一个人的标志和符号。姓名权是一种重要的人身权利，姓名权的有无意味着人格是否独立。婚姻法中规定"妻以其本姓冠以夫姓，赘夫以其本姓冠以妻姓。但当事人另有订定者，不在此限"[①]。当时的学者对此做出这样的评价："此条立法以示男女平等之义""实为最进步及合于国情之弹性立法"[②]。

在立法的过程中关于夫妻之间的姓氏问题出现了不少争议。立法者最终做出这样的解释："本问题欲求男女完全平等，殊无圆满办法。而男女平等，似应注重实际……不必徒赘虚名。"[③]

婚姻法中夫妻双方之间相互负有同居的义务。同居就是夫妻双方生活在一起，履行此项义务自然与一定的住所分不开。而法律将居所决定权给了夫，从"妻以夫之住所为其住所，赘夫以妻之住所为住所"中便可以看出。这就迫使妻为了履行同居的义务，不得不住在丈夫的住所。在同居权利和住所的决定权利上妻子处于被动地位，只能听从夫的安排。此种规定与男女平等的原则是不相符合的，立法者在居住权和住所决定权的问题上向传统的夫权妥协了。

在婚姻法"婚姻之普遍效力"这一章节所规定的四个条文中，只有第1003条是完全符合男女平等原则的，即关于夫妻之间的代理权的规定。因此，

---

① 《民法·亲属》第1000条。
② 史尚宽著《亲属法论》，荣泰印书馆，1980年版，第261页。
③ 谢振民编著《中华民国立法史》（下册），中国政法大学出版社，2000年版，第780页。

虽说立法者在夫妻间人身关系上追求的是夫妻平等、男女平等，但是综合分析来看，并没有彻底摆脱封建夫权的痕迹，在法律的层面上并没有完成夫权向配偶权的全面转化。换句话说就是没有真正实现男女平等、夫妻平等，因为在四个条文中仅有一个完全符合男女平等的原则。

传统社会由于处在夫权家族制度控制下，夫妻无财产权，而且财产掌握在男性家长手中。妻处于夫的控制之下，更是没有财产权利。南京国民政府立法者以男女平等为原则，在立法上抛弃了夫妻无财产权、女性无财产权的做法，转而承认夫妻有财产权、女性有财产权。夫妻财产制度的内容是对外国法律的全面移植，一定程度上对妇女的财产权给予了肯定，并且对于妇女原有财产给予了保护，但是保护的力度是不够的，依旧有夫权的痕迹。

第一，在婚姻存续期间，给予当事人选择财产制度的自由。夫妻可以在婚前或者婚后，通过协商的方式在约定财产制度中选择一种作为夫妻财产制度①。在约定财产制下又设立了三种财产制供夫妻选择，分别是共同财产制、统一财产制和分别财产制度。此条规定否认了传统中夫妻没有财产权的做法，一改往昔的夫妻没有财产和男尊女卑观念。

第二，承认夫妻各自拥有财产权，并把联合财产制作为法定财产制。在联合财产制中，妻对于结婚时所有之财产及婚姻关系存续中因继承或其他物产取得之财产，保有其所有权。夫之原有财产及不属于妻之原有财产之部分为夫所有②。此种规定使得男女结婚后各自原有的财产依然保持独立，不会因为结婚而发生混同。这样规定符合男女平等的原则，是很公平的，而且也承认了妻子有财产权。但是对于妻子原有财产权利的保护是不彻底的，因为在接下来的第三款中又规定："由妻之原有财产所生之孳息，其所有权属于夫"，"夫对于妻之原有财产有使用收益之权"，既然是妻的原有财产，为何要规定孳息属于夫、财产使用权可以由夫行使呢？为何不规定丈夫的原有财产也可以由妻行使用权呢？第1018条中又规定："联合财产由夫管理，其管理费

---

① 《民法·亲属》第1004条。
② 《民法·亲属》第1017条。

用由夫负担。"① 夫妻共同的财产为什么不是夫妻共同管理而只规定夫管理呢？综上所述，我们可以得出这样的结论：法律给予了妻一部分的财产权，而且予以了法律上的保护，不得不承认这是立法中的进步之处，但是对于妻的财产的保护并不彻底。

3. 离婚制度的变革

南京国民政府的婚姻法在传统离婚制度的基础上参考了外国的现行法制，在离婚方式上采用了两愿离婚和判决离婚两种方式。立法者承认离婚自由，为了防止当事人滥用离婚的权利，立法者对于离婚的原因采用了列举的方式。南京国民政府在离婚制度上的变革是比较成功的，离婚趋向平权，不再是专属于某一个人的权利，女性也有了离婚的权利。

（1）离婚方式

所谓两愿离婚，是指夫妻双方当事人在离婚上达成合意的一种离婚方式。要想使得两愿离婚成立就必须具备如下的条件：第一，当事人必须达成合意。即夫妻双方都赞成离婚。第二，当事人必须为夫妻本人，如果是由第三人代而为之则不发生离婚的效力。第三，未成年人必须经过法定代理的同意才能离婚。第四，必须具备一定的形式。采用书面形式且需要两个以上的证人在协议上签名。

所谓判决离婚，是指夫妻双方之一方当事人符合法律规定的离婚理由，另一方当事人可以据此请求法院准许离婚，法院依照法律进行判决而形成的解除婚姻的方式。

对于离婚的理由，婚姻法中采取了列举的方式，共计十个理由。一是重婚；二是与人通奸；三是夫妻之一方受他方之虐待，而无法共同生活；四是妻受到夫之尊亲属之虐待导致不能共同生活或妻子虐待夫之直系尊亲属；五是夫妻之一方恶意遗弃他方，这种遗弃状态一直没有间断过；六是夫妻之一方意图杀害他方；七是有不治之症；八是有重大不治之精神病；九是生死不明已逾三年；十是被处三年以上徒刑或因犯不名誉之罪被处徒刑者。

---

① 《民法·亲属》第 1080 条。

虽然法律列举了离婚的理由，但立法者从稳定社会、降低离婚率的角度出发，在随后的法条中对离婚理由加以了限制。凡是符合下列两种情形的，不能提起离婚的请求，或者即便提起了离婚的诉讼请求，法院也会以此为由而拒绝立案审判。

第一，一方当事人出现重婚或通奸的情形，如果另一方当事人在事前同意或是事后宽恕，则不能再以重婚或通奸为由提起离婚的请求。

第二，超过法律规定的两种期间。第一种期间为：以明确知道存在离婚理由为前提，凡超过一定的期间，离婚请求权归于消灭。其原因为当事人在知道离婚的理由后不行使离婚的请求权，就视为放弃了自己的权利。"一方有重婚或是通奸之情形，另一方当事人自知悉后超过六个月，或者是从情事发生后超过两年者，则丧失离婚的请求权。"（民法1053条之规定）第二种期间为：不以知悉离婚理由为要件，只要过了一定的期限，其请求离婚的权利消灭。如"夫妻一方意图杀害他方或是被处于三年以上徒刑或者犯不名誉之罪被处徒刑，另一方当事人自知道之日起已逾一年或是情事发生后已逾五年，不行使离婚权请求权的，无权请求离婚。"（民法1054条）

（2）离婚的效力

离婚是一种法律行为，夫妻在解除婚姻关系后便会产生一系列的法律后果。所谓的法律后果又称为离婚的效力[1]，是指离婚在法律上所起的作用和产生的相应后果。离婚的效力仅向将来发生，而使得婚姻关系从此终止。由婚姻所产生的夫妻关系、亲属关系、夫妻之间的财产关系，以及夫妻之间的一切权利义务都会因为离婚而归于消灭。

第一，在身份上，离婚会导致夫妻关系的消灭。婚姻关系解除后，夫与妻各自恢复自由身，有了再婚的权利。但是法律中对于妻离婚后再婚做出了一定的限制，女子在解除婚姻关系后超过六个月才能结婚。这种规定无疑限制了女性再婚的权利。此种规定与立法者主张的婚姻自由也是相违背的。

第二，夫妻与所生的子女之间的关系，不因婚姻关系的解除而归于消灭。

---

[1] 杨大文主编《婚姻家庭法》，复旦大学出版社，2002年版，第209页。

父母依然是子女的监护人，但一般监护权属于丈夫。离婚方式决定着监护方式，不同的离婚方式决定了监护权的归属不同。如果是两愿离婚，在没有约定的情况下，子女的监护权一般是属于丈夫的。如果有约定则按照双方的约定来确定监护权的归属。在判决离婚中，丈夫一般是子女的监护人，但是法院为了子女的利益，也可以重新指定监护人。

第三，离婚后，不管夫妻在结婚时采用的是何种财产制度，都有取回各自原有财产的权利。

第四，关于离婚后赔偿以及赡养费的问题。只有在判决离婚时才发生损害赔偿和赡养费给付的情况，两愿离婚中未约定赡养费或损害赔偿，则不能要求获取赡养费或是损害赔偿。

（3）专权离婚转变为平权离婚

在古代离婚的立法中，专权离婚是一大特色。所谓专权离婚是指离婚权利只由男方享有，而女方则无离婚权。我国有着几千年封建社会史，在漫长的封建社会里形成的以男子为中心的宗法制度始终贯穿在礼法之中，其出发点是维护族权、父权和夫权。

南京国民政府的婚姻法中规定了夫妻若要解除婚姻关系只要协商一致即可。立法者在婚姻制度中承认了离婚自由，夫妻当事人都有自主解除婚姻的权利，此时的离婚制度否定了夫独占离婚权，对妻子的离婚权利加以了肯定。在离婚的法定理由中，不再有性别的歧视。凡是符合法律规定，无论是男方还是女方都有权利提出离婚的请求，一改往昔严女而宽男的做法。

（三）南京国民政府婚姻法的特点

作为中国近现代史上第一部颁布实施的婚姻法，其在中国近现代婚姻家庭法制史乃至近现代中国法制史上的重要地位是不可忽视的。然而婚姻法的制定却是在社会动荡、制度转型的背景之下，因而其特点也复杂纷呈，具体概括如下。

1. 先进性

民国民法典公布以后，吴经熊曾对该法典评价道："全部民法已由立法院于最近二年中陆续通过,并已正式公布了!此后中国已为一个有民法典的国家了,这是在法制史上何等重要、何等光荣的一页!但是我们试就新民法从第1条到第1225条仔细研究一遍,再和德意志民法及瑞士民法和债编逐条对校一下,其百分之九十五是有来历的,不是照帐誊录,便是改头换面!"① 民国时期著名法学家梅仲协也从法典条文的渊源方面评价过民国民法典,他说:"采德国立法例者,十之六七,瑞士立法例者,十之三四,而法、日、苏联之成规,亦尝撷取一二,集现代各国民法之精英,而弃其糟粕,诚巨制也。"②可见,南京国民政府婚姻法吸收了世界各国的立法例,能较自觉地顺应时代发展的潮流和中国社会进步的要求,在近代中国社会中,其进步意义是不可否认的。

(1)立法技术

从法规形式上看,南京国民政府婚姻法比较完善,在立法技术上远远高于以前的婚姻立法。婚姻法作为民国民法典中的一部分,其正文部分在结构上分为章、节、款、目、条五个层次③,语言较规范,使用大量的法律术语并基本符合立法语言的一般要求,在内容上细致完备,对亲属分类及亲等计算、婚约、结婚条件及程序、夫妻财产制、离婚条件及程序等问题作了详细的规定。

(2)立法原则和法律制度

在立法原则上,南京国民政府的婚姻立法都不同程度地体现了男女平等、一夫一妻、婚姻自由等反封建婚姻家庭制度的原则。婚姻法对于男女平等的贯彻,如:关于离婚条件之规定,从根本上打破了传统法律及历次民律草案宽于男而严于女之陋习。特别是在婚姻效力一节,增设夫妻财产制,在某种程度上保护了妇女在家庭中的合法地位和财产权益,使其对于财产的所有权具有了法律依据。婚姻法中关于夫妻财产制的一节有45条,条文详细、全面,内容也具有较浓厚的夫妻别体主义色彩,如:出现了约定财产制,设立了特

---

① 吴经熊主编《法律哲学研究》,上海法学编译社,1937年版,第27页。
② 梅仲协著《民法要义·初版序》,中国政法大学出版社,1998年版。
③ 民法亲属编中的款、目与今天立法中的款、目概念不同。亲属编的款、目在章之下、条之上,而今天所讲的款、目则在条之下。

有财产制度，约定财产制中出现了分别财产制，规定了一些其他财产制改用分别财产制的情形，法定财产制（联合财产制）中规定夫妻仍保有对各自原有财产的所有权，等等，同中国传统的夫妻一体主义、"不得有私财"的婚姻家庭制度相比，具有一定的进步意义。

南京国民政府的婚姻家庭立法之所以在形式上能达到一个较高的水平，部分原因在于：南京国民政府需要完备的法律维护其统治区的社会秩序及其统治；同时在立法上大量借鉴了近代以来中国历次婚姻家庭立法及世界各国婚姻家庭立法的经验，而且南京国民政府成立之初，局势较安宁，社会经济发展较快，有较丰富的立法人力资源、较为健全的立法机构与立法程序，以及法学家式的政治领袖人物，如胡汉民、孙科等。

2. 折中性

南京国民政府立法院的立法，首要任务是对传统与国外先进法律制度的整合，如何既顾及本国社会实际，又兼采国外立法之长。从法律文本来看，整合后的婚姻法，在制度设计上呈现出的是折中性的特征。

一是从法定婚龄看，是父权与婚姻自主权、法定婚龄与早婚习惯的折中。婚姻法规定的订婚年龄是男 17 岁、女 15 岁，结婚年龄是男 18 岁、女 16 岁，而法定成年年龄是 20 岁。我国向来有早婚的习惯，婚姻法将不符法定婚龄的婚姻定为可撤销婚姻，由父母行使撤销申请权，也就是说，对于大多数子女而言，不待成年就会订婚、结婚，实际决定婚姻命运的还是父母而非婚姻当事人。但是在自由、平等的婚姻制度之下，否认婚姻自由、平等与民法总则对该制度的确定有悖，而否认家长权（或曰父母主婚权）则大悖于我国历来之婚姻传统，不可能取得实际效果。于是，对于婚姻权利，民国婚姻法采用了一种折中的办法，以求得传统与现代的融合。婚姻法第 981 条规定"未成年人结婚，应得法定代理人同意"，而未得法定代理人同意缔结婚姻的，按照第 990 条的规定，可以予以撤销，且仅由法定代理人行使撤销权，而且知情后如果超过六个月或结婚一年，或当事人受孕，撤销权即为丧失。如此一来，法条所设定的年龄限制，也只是徒有文本意义了。

二是近亲不婚与中表通婚的合法性。婚姻法对亲属禁婚范围进行了调整，直系血亲不能结婚，旁系血亲、旁系姻亲辈分不同不能结婚，旁系血亲于八亲等以内、旁系姻亲在五亲等以内皆不能结婚，看似既保护种族健康，又顾忌伦理道德，但上述近亲禁止结婚的原则中也有一个例外，即婚姻法第983条第一项第三款规定的表兄弟姊妹不在此限。中国历代官方对中表婚屡禁不止，南京国民政府婚姻法对此也别无良策，只能妥协于习惯。

3. 保守性

婚姻法所呈现出来的保守性，是就其内容而言的。无论采用何种立法例、采用哪种立法主义，婚姻法都不可能不借助传统的力量，为以后的实际操作架桥铺路。这种保守性，既是现实性的需要，也是婚姻法得以有效实施的保障。具体体现在以下几个方面。

（1）冠姓义务、同居义务对于父权和夫权的维护

在民国时期，甚至是现在的农村地区，还是以聘娶婚为主要形式，即以女入男家为主。因此婚姻法所规定的冠姓，是以妻冠夫姓为一般原则，强调的是妻的冠姓义务，夫妻所生子女也必然以父姓为姓；妻因婚姻而入夫家，成为夫家家属，因而所谓的夫妻互负同居义务，以妻负同居义务为一般原则，婚姻既然是以共同生活为目的，那么妻的同居义务就成为必然。

（2）仪式婚的确立与事实婚的否认为妾制预留合法空间

虽然立法院于中央政治会议之亲属法先决各点审查意见书内也称"谓妾之制度亟应废止，虽事实上尚有存在者，而法律上不容承认其存在"等，但又谓倘另定单行法律，反虑有间接承认妾制之嫌。各妇女团体曾经历次议决，建议政府凡娶妾者，概以重婚论。但婚姻法所采用的婚姻生效方式为仪式婚，不承认事实婚，所以即使纳妾也不会承担刑事责任。

民法第1123条第3款规定，虽非亲属而以永久共同生活为目的，同居一家的，为家属。妾虽然不能因两性结合成为亲属，但却因永久共同生活而成为家属。其所生之子女，在亲属编施行前所生者，为庶子女；在亲属编施行后所生者，虽本不得为婚生子女，但其生父抚育，纵使未经认领程序，亦即可视为已经认领，可视为已经认领者，即应视为婚生子女。若在亲属编施行后依法既已无妾之规定，纳妾即为苟合通奸，虽不成奸罪或重婚罪，惟其妻

自可据为请求离婚或别居之原因，且似此通奸所生之子女，苟未经认领程序，即无从视为婚生。继承法虽然没有对非婚生子女的继承问题进行规定，但第1149条规定"被继承人生前继续扶养之人，应由亲属会议依其所受扶养之程度及其他关系酌给遗产"，就继承而言，妾及其子女不会在夫身亡之后顿失依靠。因此妾自身的生存和其子女的利益都不会受到影响，在民事上也不会处于不利地位。

可见，无论是刑法、婚姻法还是继承法，实际上都为妾制预留了合法空间。

（3）保留赘夫制度与称谓

所谓赘夫，是指男子因婚姻而入女家所得的称谓。我国传统法律素采男系亲属制度，通常婚姻都是女子因婚姻而入男家，成为男家的家属，而赘夫则相反。

赘夫制度，由来已久，《汉书》载"秦人……家贫子壮则出赘"。社会习惯也承认，俗语"坐堂招夫"就是指这类婚姻。婚姻法沿用旧时称谓及制度，第1000条规定"……赘夫以其本姓冠以妻姓"，在父母子女一章规定"赘夫之子女从母姓"，实际上是以"赘夫婚"作为一种变例婚，继续承认以男系亲属为尊的婚姻观念和制度，虽然两法条后文都补有"有约定者从其约定"，为此婚姻状态下的男人留有救济途径，但也被立法者巧饰成"男女平等"的招牌和标志。殊不知该称谓和制度的保留，实际上是在明示婚姻法中所谓"婚姻"并非男女两性的平等结合，而是受法律保护的一种男主女从状态。

（4）夫妻财产制对夫权的维护

虽然就形式而言，夫妻财产制具有极大的进步性，但其内容却具有较浓厚的封建夫权主义色彩。法定财产制中规定"联合财产由夫管理"；共同财产制中规定"共同财产由夫管理"；统一财产制中规定"夫妻得以契约订定将妻之财产，除特有财产外估定价额，移转其所有权于夫，而取得该估定价额之返还请求权"；分别财产制中也规定妻可以其财产之管理权付与夫。虽然在夫妻财产关系中赋予夫更多权利，但也使夫承担了更多责任，对妻之财产权益给予一些特殊保护，如：法定财产制中在规定"联合财产由夫管理"的同时规定"其管理费用由夫承担"，"联合财产之分割，除另有规定外，妻取回其原有财产，如有短少，由夫或其继承人负担"。赋予夫更多责任，实质上仍是把夫当作家庭的重心，仍是维护夫在家庭事务中的主导地位，仍是夫权意识、男尊女卑思想的一种反映，而且，无论何种财产制形式，都没有使妻获得更多的实质性内容。在近代中国，夫在家庭事务中居主导地位有其必然性，但必然的并不等于是合理的，要用法律加以确认。在婚姻立法上虽不能确保实际生活中夫妻双方都现实地发挥同样的作用，但在法律上应承认夫妻双方在家庭财产上的平等权利，至少不应在立法上确认夫妻一方在家庭财产上的更多权利。婚姻法如此规定是在以形式改进的方式延续着中国传统夫权意识和男尊女卑思想的内容。

（四）司法实践

成立于1928年11月的最高法院是南京国民政府的最高审判机关，直属于司法院，负责审理不服高等法院及其分院第一、二审判决而上诉的民事、刑事案件，不服高等法院及分院裁定而抗告的案件，非常上诉案件以及复判特种刑事案件。

据记载，当时中华民国最高法院审理的200多起有关婚姻家庭方面的民事案件，涉及当时的20多个省市，主要纠纷集中在婚约的效力认定及解除、婚姻的无效与撤销、离婚以及夫妻关系等方面，呈现出案件范围广、所涉省市多的特点[①]。由此可以看出，《民法·亲属》并没有完全与社会脱节，但司法实践中暴露的问题也显而易见。

1. 法官对制度的理解的渐进性

在《民法·亲属》的审判实践过程中，由于受到传统婚姻制度与习俗的影响，加之法律理论的抽象性，法官对新的法律制度的认知经历了一定的时间。以中华民国最高法院有关代订婚约效力的案件为例，虽然法官对父母代订婚约的效力均予以否定，但是他们所采用的判决依据并不相同，从中便体现了法官对婚约性质的认知过程。根据1932年最高法院审理的一起上诉案件，上

---

① 许莉著《〈中华民国民法·亲属〉研究》，法律出版社，2009年版，第111页。

诉人朱立本与被上诉人汪瑞运自行为其子女订立婚约，后来因为朱立本之子忽得哑疾，被上诉人汪瑞运遂主张解除婚约，地方法院在没有传讯婚约中所涉被上诉人之女的情况之下，仅凭被上诉人之言将上诉人朱某之诉驳回，朱某对原审判决不服，提起上诉。对此，最高法院认为，父母代为订立的婚约，子女成年以后，如果不予反对，即应对他们本人产生拘束力，地方法院的做法没有充分尊重子女本身的意思表示，遂将原审判决废弃，发回重审[1]。从本案中可以看出，第972条规定的核心本意在当时不仅没有引起人民的共识，而且司法机关包括最高法院，在执法过程中也没有给予其足够的重视。原因是，无论是请求确认还是解除婚约，当事人都应当为订立婚约的男女双方，而不应为其父母或尊长，在本案中，地方法院与最高法院均肯定了父母对婚约的解除权，这显然与近现代婚约制度的本质不符。

然而，这一问题在1933年的一起解除婚约的案件中得以解决[2]，因为此案的上诉人韩珍与被上诉人郭东印均为男女双方本人，并非为他们包办婚姻的父母，子女的意愿自由在很大程度上得到了重视，这表明了当时的法官对婚约制度有了更加深刻的认识。但是，这一起案件在性质认定上仍然存在问题，因为婚约以当事人双方存在合意为成立要件。在本案中，男女双方对婚约没有合意，所以婚约无效，而没有生效的法律行为，自然没有解除一说，但法官却将本案认定为一起解除婚约的案件，这显然是不合理的，也从侧面反映了当时法官对当事人合意作用的理解还不准确。

同样地，这一问题在1945年的一起案件中也得到了解决，上诉人易振坤不服被上诉人周自美诉请确认婚约无效的原审判决，遂提出上诉[3]。在这一案件中，法官承认了父母代替子女订立婚约的无效性，并将其作为该类案例的标题，这说明了当时最高法院已经充分地认识到了父母代为订立的婚约为无效婚约，对当事人不发生任何效力。由此可以看出，对于父母代订婚约效力

---

[1] 郭卫编《最高法院判例汇编（第十二集）》，上海法学编译社，1933年版，第178—179页。
[2] 郭卫、周定权编《最高法院民事判例汇刊（第十七期）》，上海法学书局，1934年版，第50—52页。
[3] 转引自许莉著《〈中华民国民法·亲属〉研究》，法律出版社，2009年版，第116页。

的案件，法院虽然均坚决否认，但是法官所依据的理由在逐渐发生转变，他们对婚约契约的性质也逐渐明确。当然，体现法官这一认知过程的具体制度适用还有很多，但这并不是立法本身的问题，而是直接源于司法人员的业务能力，对于那些长期受到传统婚姻法律文化、婚俗习惯影响的法官来说，面对新型婚姻立法，需要一定的适应时间是无法避免的，同样也是无可厚非的。

2. 法官对离婚理由的认定非常严苛

《民法·亲属》第1052条规定了准予离婚的法定事由，从法律上否定了丈夫单方面休妻的"特权"，赋予了妻子与丈夫基本一致的离婚权利，在很大程度上打破了传统社会男女两性地位的不平等，对保护女性权益有重大意义。但从当时的审判实践来看，无论是地方法院还是最高法院，对于法定离婚理由的判断标准都非常严苛，遵循限制主义离婚的原则，对众多案件中出现的离婚理由一般不予认可，进而使得部分条文适用困难。

从最高法院的离婚判例来看，离婚理由以"受他方不堪同居之虐待"居多。从实际认定来看，最高法院对于虐待的认定标准还是十分严苛的，通常只有以下两种情形，即丈夫经常殴打妻子或妻子已经完全无法忍受，除非妻子可以提供虐待已经达到了使其无法与丈夫共同生活的程度的证明。正因为如此，对以"不堪同居之虐待"为由的诉离请求，地方法院通常判定其证据不足。

由上文可见，无论离婚的标准如何确定，最终都有赖于法官的具体适用，而在此过程中，法官自身对离婚的态度和看法至关重要，直接影响离婚案件的判决结果。由于受到固有传统文化的影响，从当时的具体审判活动来看，各级法院对离婚理由的解释基本上是比较苛刻的。

3. 对部分事实认定有偏差、错误

从具体审判活动来看，《民法·亲属》在当时的司法实践中受到了一定的重视，如法院对婚约案件的审判基本上均能尊重男女双方当事人的意思；法院将有关聘礼的纠纷视为赠与物返还纠纷，明确了婚约的民事契约性质；法院肯定了有关同居义务的诉权等。然而，地方法院在部分事实的认定上还存在偏差，对许多制度的适用也仍然存在错误。

以一起1932年的上诉为例，宋奎川与侯楚雪于1928年订立婚约且已生效,后因上诉人宋某没有依照约定支付被上诉人侯某的求学津贴,被上诉人侯某遂向法院请求解除婚约,法院经审判,判决准予解除婚约,宋某遂提出上诉。对此,最高法院认为,地方法院因婚约不得强制履行而准予解除婚约,属于法律适用错误,因此撤销了原审判决[①]。由此看出,对这类有关婚约效力案件的理解,地方法院还不能完全准确把握,经常出现概念混淆的情况。另外,地方法院在离婚后抚慰金与赡养费的界定方面也存在偏差。《民法·亲属》第1056条规定,抚慰金是因夫妻一方过错导致离婚,给另一方造成了精神上的侵害而支付的费用。第1057条规定,赡养费则是指因判决离婚使得无过错一方生活困难,另一方应当为此支付的费用。可见,这两者差异很大,但地方法院在判决这类案件时,经常将两者混淆,例如,1932年的一起有关离婚法律后果的上诉案件[②],从中可以看出,当时地方法院对离婚后果的界定还不够准确:上诉人姚月英离婚时财产问题的请求范围包括赡养费与抚慰金,但原一审、二审对此并没有进行区分,而是判令其夫刘文忠支付抚慰金1000元,同时以此代替赡养费。此外,本案还涉及夫妻离婚后子女的抚养问题,就这一问题,地方法院仍然简单地将子女的监护权判给父亲刘文忠,而对母亲姚月英要求抚养子女的请求不予核实,从这一方面也可以看出,法条中有关父亲监护权限制的规定并没有在地方法院得到适用,审判实践中男女不平等的现象仍然存在。

(五)南京国民政府婚姻法实施的制约因素

1. 贫弱经济的制约性

20世纪二三十年代的中国,虽然社会经济有了较为明显的变化,资本主义经济有了进一步的发展,但社会经济发展水平远远落后于西方资本主义国家,未能形成西方近代强大的现代化工业生产方式。也就是说,社会的经济现实及其所决定的社会生活不足以催生一部完全现代化的婚姻法。

---

① 郭卫、周定枃编《最高法院民事判例汇刊(第十期)》,上海法学书局,1934年版,第62—64页。
② 郭卫编《最高法院判例汇编(第十二集)》,上海法学编译社,1933年版,第23—27页。

1928年首都南迁、战乱频繁以及自然灾害等原因引发了国民党统治区经济的全面崩溃，南京国民政府经济的衰退状况让中国依然停留在落后的农业经济社会。同时，由于当时的国民政府还没有建立健全的社会保障机制，民众在社会上不得不承受巨大的生存负担。

2. 传统婚姻观念的顽固性

在20世纪30年代初，一场关于婚姻问题与礼教的论战随着新的婚姻法的颁布和实施展开了。在这场论战之中，我们看到的是守旧势力对于礼教的坚守，对于婚姻自主的问题他们仍认为父母应该参与意见，并由媒妁介绍。而对于自由恋爱，当时的人们也并不是完全地赞同。1931年的《大公报》曾举案例说：一男青年结婚多年，婚姻本是美满的，但因其妻身体患病，多年未能生育，他的父母及亲戚朋友便向他提议再娶一房，以生育子女。可是，一方面他认为再娶从人道上来说是不应当的，而且在法律上也是不允许的。另一方面他又不能脱离"不孝有三，无后为大"的封建思想的约束，认为自己如不再娶，便会因为无后而成为不孝之子，思前想后还是不知所从。可见，新旧思想的冲突和矛盾也许不仅仅表现在不同的人之间，在同一个个体中也存在矛盾。由此看来，在实际生活中，旧有的社会文化并未退出历史的舞台，它依然影响着人们的婚姻行为，新旧并存、新旧冲突成为婚姻思想的动态表现。在这种情形下，国民政府所制定的这部力求维护一夫一妻制、体现婚姻自由及性别平等的婚姻法便失去了法律实施的内在动力。

另外，女性对"深居闺阁"的传统的生活方式仍具有一定的依赖性，还不习惯于各种社会场所抛头露面，只要能找到一个可以养活自己的主，她们甘愿在以顺从为美的传统道德束缚下继续生活，妻子在婚姻家庭中对丈夫的这种依赖决定了丈夫在现实生活中的权威，为传统社会夫权的延续保留了社会基础。

3. 民众法律意识的淡薄

数千年来，民众屈服于专制淫威之下，君主即是法，法即是君主，无所谓法治精神也。这种情况在民国时期依然没有得到大的改观。民国社会基层，人们处理事务、解决问题的方式，制约和调整人们关系的行为规范，仍旧是在封建社会形成的习惯，如轻法厌讼、乐于服从等，它们是在封建社会中沉淀下来、从世代经验中发展起来的，在社会群体中普遍存在并且富有强制性。

尽管南京国民政府极为重视法制的建设，大量地制备法律、颁布法典，并号召国民上下皆应亟亟于守法之中，以求依法治国，但事实上，国民政府这种法治精神却远未深入人心。一方面国家对法律的宣传不够，使得法律只是为国家所用的法而非民众所知的法。另一方面，由于当时的人们没有受到良好的教育，缺乏学识和经验，对国家颁布的各项政策制度和法律理论的认识也只停留在表面。尤其是妇女所受的教育较男子来说更为低劣，所以对法律的认知和运用也就更为浅显。例如，为了提高妇女在婚姻中的地位，法律一改过去"子妇无私货，无私蓄"的禁令，确立了联合财产制、统一财产制、共同财产制及分别财产制以保护妇女的财产。在几种财产制中，分别财产制在当时对妇女财产的保护更为彻底，在这种制度下，妇女不但独立地享有原有财产及特有财产的所有权，也拥有了管理收益的权利，更充分地体现了男女平等的社会价值观。但事实上，在现实生活中采用分别财产制的却为少数。这种情况的出现无疑进一步印证了当时的妇女对法律的了解还是远远不够的，她们还不具备充分运用法律武器为自己获取权利和利益的能力。彼时国人法律知识的缺乏以及法律意识的淡薄已成为法律贯彻实施的一大障碍。从民国众多重婚纳妾的司法案例来看，违法重婚者，帮助他人重婚、纳妾者以及与人通奸者屡见不鲜，当法官问及原因时，丈夫的回答是妻子不事翁姑、不守妇道因而才另娶；妻子的回答是丈夫遗弃虐待、无力抚养，因此迫不得已而再嫁，他们丝毫没有觉得这样的重婚理由有什么不便和不妥。这一时期人们的法律意识是极为淡薄的，人们对于法律的认知程度是极为有限的，对于国民政府的立法者所秉持的一夫一妻、男女平等等立法原则的理解是肤浅的。对于立法者而言，要想让这些遭受封建礼教亵渎又缺乏良好的社会教育的人们完全接受一种新观念、新思想，以法律指导自己的行为实在是一个极为艰难的过程。如果这一情况不能改变，而仅仅期望通过制定一部法律来完成婚姻由传统向近代的转化也只能是杯水车薪①。基于此，对于此次婚姻法的实施成效不佳，当时学者也给予了较为宽容的理解。"国民政府之立法，在北伐完成以后，革命高潮未退之时，论其趋势，自然站在一般社会意态之先，但中国社会上经济组织，及中下层之风俗习惯，于革命后并未有根本或激剧之变更。革命时代之法律，在社会上未必能立时发生若大之效果，必将待社会环境改造以后，此项立法方能充分适用。明此乎，歌颂现代立法者，或不致因期望过奢而感失望，诅咒立法者，亦不致因厌恶新法而趋于反动。"②

二、中国共产党民主政权的婚姻家庭立法

千百年来，中国妇女一直被封建宗法思想和制度束缚，直到100多年前，维系中国封建社会的统治基础开始动摇，妇女的社会地位开始有所提高。特别是在中国共产党的领导下，根据工农民主政权、抗日根据地和广大解放区的民主政权分别制定了具有时代特征和地域特点的婚姻法，广大妇女踏上了争取解放之路，在婚姻自由、人格尊严等方面取得了很大的进步。

（一）《中华苏维埃共和国婚姻条例》《中华苏维埃共和国婚姻法》在革命根据地应时而生

1927年8月以后，中国共产党领导的人民军队创建了许多革命根据地，建立了工农革命政权后，不少根据地政府就着手运用法律手段，改革旧的婚姻家庭制度，颁布了一系列的婚姻法令条例。1930年3月，闽西第一次工农兵代表大会通过了《婚姻法》《保护青年妇女条例》，废除旧式婚姻法，反对童养媳制度，提倡婚姻自由，保护军婚，广大妇女再也不受夫权的束缚，实现了翻身解放。1931年，《鄂豫皖工农兵第二次代表大会婚姻问题决议案》颁布。全国性的工农民主政权建立后，1931年，中华苏维埃共和国中央执委

---

① 潘大松《中国近代以来法律文化发展考察》，《社会学研究》1989年第2期载，第115—121页。
② 赵凤喈《中国妇女在法律上之地位补篇》，《社会科学》1936年第4期载，第1100页。

会通过了《中华苏维埃共和国婚姻条例》（以下简称《婚姻条例》）[1]，这是中国共产党民主革命时期婚姻制度史上第一个法律性文件，它统一了工农民主政权的婚姻立法，适用于全国一切革命根据地。该条例共七章23条，内容涉及婚姻自由、一夫一妻、结婚和离婚的条件、离婚后小孩抚养及男女财产的处理等婚姻制度的根本原则与基本问题。

1. 婚姻自由原则

"确定男女婚姻，以自由为原则，废除一切封建的包办强迫和买卖的婚姻制度，禁止童养媳。"这条原则既包括了结婚自由，也包括了离婚自由，是对封建婚姻制度的根本否定。在旧中国，父母之命、媒妁之言、门当户对和双方的财产状况是缔结婚姻的主要根据和重要条件，因此包办、强迫和买卖婚姻十分盛行。在这种情况下，男子可以休妻，女子却不能提出离婚，是极为不公平的，因此用婚姻自由原则来抵制封建婚姻制度的束缚十分必要。

2. 一夫一妻制原则

即任何人只能有一个配偶，不能同时有两个或更多的配偶；一切公开的或变相的一夫多妻或一妻多夫的婚姻，都是非法的和不被允许的。

3. 保护妇女原则

这条原则虽然没有在条例中明文表述出来，但却分布于整个条例的行文中。关于《婚姻条例》的决议指出："在封建统治之下，男女婚姻，野蛮到无人性，女子所受的压迫与痛苦，比男子更甚。只有工农革命胜利，男女从经济上得到第一次解放，男女婚姻关系才随着变更而得到自由。目前在苏区，男女婚姻已取得自由的基础，应确定婚姻以自由为原则，而废除一切封建的包办、强迫与买卖的婚姻制度。"同时，决议又指出："女子刚从封建压迫之下解放出来，她们的身体许多受到了很大的损害（如缠足）尚未恢复，她们的经济尚未完全独立，所以关于离婚问题，应偏于保护女子，而把因离婚而起的义务和责任，多交给男子负担。"体现在《婚姻条例》中，即第十八条，"男女同居所负的公共债务，归男子负责结偿"；第十九条，"离

---

[1] 巫昌祯编《婚姻法学资料选编》，中央广播电视大学出版社，1988年版，第37—39页。

婚后男女均不愿意离开房屋时，男子须将他的一部分房子，赁给女子居住"；第二十条，"离婚后，女子如未再行结婚，男子须维持其生活，或代种田地，直至再行结婚为止"。这些规定是在当时特定的历史条件下对妇女权益的特殊保护和照顾，从而为将来实现真正的男女平等做了准备。

4. 保护儿童的权益

孩子是新社会的主人，是民族的未来、国家的希望，是革命事业的接班人。过去许多孩子特别是女孩会遭受虐待和遗弃，甚至被溺死，非婚生子女则更是备受歧视。因此，《婚姻条例》中对儿童的保护有以下明确的规定。

首先，对离婚后孩子的抚养有了明确的规定，"离婚前所生子女归男子负责抚养，如男女都愿抚养，则归女子抚养"。"哺乳期内小儿，归女子抚养。"同时，"所有归女子抚养的小孩，由男子担负小孩必需的生活费用的三分之二，直到十六岁为止"，并规定了支付方式为"付现金"或者"代小孩耕种分得的田地"。如果女子再婚，那么"新夫愿养小孩的，小孩的父亲才不负担小孩的生活费之责"。但同时也对"新夫"有所要求，"愿养小孩的新夫，必须向乡苏维埃或城市苏维埃登记，一经登记后，须负抚养成人之责，不得中途停止或虐待"。

其次，对于非婚生子女，也有明确的规定，《婚姻条例》第二十一条，"未经登记所生的小孩，经证明后，由男子负担小孩生活费三分之二"。可以说，《婚姻条例》的颁布，不仅改变了妇女的地位，也从根本上改变了儿童的生活状况。

5. 结婚、离婚的条件

关于结婚、离婚的条件及离婚后财产分配《婚姻条例》也有明确规定：

首先，结婚男女必须达到法定婚龄，男20岁、女18岁。这样规定是出于结婚双方生理条件的考虑，即身体和智力必须发育成熟，才有利于下一代的成长。但不是所有成年男女都能够结婚，五代以内亲族血统的男女，患了花柳病、麻风、肺病等危险性传染病未经医生许可的以及精神病的不可以结婚。男女双方符合结婚条件以后，还要到乡苏维埃或城市苏维埃进行登记。可以说，结婚登记制度是苏维埃首创的，是婚姻关系正式成立的必经程序。"只有经过结婚登记，才能够避免各种违法的婚姻，预防家庭纠纷的产生，帮助当事人正确处理婚姻问题，批判封建习俗和传统。"对于离婚后的财产如何处理，《婚姻条例》规定："男女各得田地，财产、债务各自处理。在结婚满一年，男女共同经营所增加的财产，男女平分，如有小孩，则按人口平分。"

《婚姻条例》是中国共产党的第一个具有法律效力的婚姻法，正如项英所指出的：婚姻法最重大的意义"是彻底消灭封建社会束缚女子的旧礼教，消灭男子对于女子的压迫"[①]。这是根据当时的时代特点制定的。广大妇女刚刚从封建压迫下解放出来，多数妇女尚未经济独立，没有稳定的工作及相应的收入，因此《婚姻条例》偏袒妇女是可以理解的。随着妇女经济地位的改变，在以后的立法中逐渐实现了真正的男女平等。

《中华苏维埃共和国婚姻条例》自公布后，即作为全苏区统一的婚姻法规在各个革命根据地贯彻实施。实践证实，这一条例的基本原则和具体制度是完全正确的。在两年多的执行过程中，随着新问题的出现，积累了新的经验，于是中国共产党对该条例中的部分条文进行补充修改。1934年中央执行委员会通过了修正后的《中华苏维埃共和国婚姻法》（以下简称《婚姻法》），于同年4月8日正式公布。

《婚姻法》和《婚姻条例》相比较，基本内容没有重大变化，但在某些具体内容和条文上有了新的补充和修改。具体内容如下。

第一章将"原则"改为"总则"，其中的第二条"禁止一夫多妻"之后增加了"与一妻多夫"。第二章"结婚"中，将"五代以内亲族血统"改为"三代以内"，并增加了一条："凡男女实行同居者，不论登记与否均以结婚论"。中央苏区的《婚姻法》允许事实婚姻存在，是出于当时实际情况的需要。因为当时婚姻登记刚刚创立，在实行婚姻登记前存在着大量的事实婚姻，婚姻登记创立后立即全部实现登记制不太可能。基于这种情况，中央苏区的《婚姻法》规定事实婚姻不属于违法。

[①] 厦门大学法律系、福建省档案馆编《中华苏维埃共和国法律文件选编》，江西人民出版社1984年版，第213页。

在"离婚"一章中,将"凡男女双方同意离婚的,即行离婚"删去,只保留"一方坚决要求离婚的,即可离婚"。尤为重要的是新法增加了对军人离婚的规定,即"红军战士之妻要求离婚须得其夫同意。但在通信便利的地方,经过两年其夫无信回家者,其妻可向当地政府请求登记离婚。在通信困难的地方,经过四年其丈夫无信回家者,其妻可向当地政府请求登记离婚"。一方面,当时军事斗争频繁,大批青壮年男子在前线浴血奋战,中华苏维埃共和国做出这样的决定旨在稳定军心、保证战争胜利。另一方面,由于战争环境动荡,红军战士伤亡、失踪的现象时有发生,为了保护妇女的切身利益,允许无信回家的军人的妻子提出离婚,具体时间视交通情况而定,这样就做到了兼顾双方权益。

在"离婚后男女财产的处理"这一章中,增加了"离婚后女子如果移居到别的乡村,得依照新居乡村的土地分配规定分得土地。如新居乡村已无土地可分,则女子仍领有原有的土地,其处置办法,或出租、或出卖、或与别人交换,由女子自己决定。决定妇女抚养的小孩随母移居后,其土地分配或处理办法,完全适用上述规定"。另外,对离婚后男方对女方的责任也有了新的规定,"离婚后女子如未再行结婚,并缺乏劳动力,或没有固定职业,因而不能维持生活者,男子须帮助女子耕种土地或维持其生活。但如男子自己缺乏劳动力,或没有固定职业不能维持生活者,不在此例"。

在"离婚后小孩的处理"这一章中,将原有的第十一条和第十二条合并,规定"离婚前所生的小孩及怀孕的小孩,均归女子抚养。如女子不愿抚养,则归男子抚养,但年长的小孩同时须尊重小孩的意见"。在"私生子的处理"一章中,增加了"禁止虐待、抛弃私生子"的规定,规定"一切私生子女得享受本婚姻法上关于合法小孩的一切权利"。

(二)《婚姻条例》和《婚姻法》的实施

《婚姻条例》颁布以后,各根据地均实行了有效的措施来贯彻执行,首先是大力宣传,各地编印了大量宣传材料宣传解释《婚姻法》,特别是利用群众喜爱的山歌形式将《婚姻法》的好处传播到家家户户。具体的实施情况,可以从政府的有关文件和妇女组织的工作报告，以及对基层政权的调查材料中得到反映。这其中包括中央政府对贯彻《婚姻条例》的督促与检查，各地妇女组织对《婚姻法》实施情况的报告，以及执行婚姻法规过程中存在的主要问题，或对某些问题的不同见解和争议，还有各地提出的意见和建议。

从现存的文献来看，《婚姻条例》实施的过程并不是一帆风顺的。

首先是来自封建礼教的顽强抵制。在苏区的一些地方，传统的封建思想还很顽固，买卖婚姻、强迫婚姻及童养媳现象依然存在，打骂妇女还被认为是"天经地义"的。在江西永新违反《婚姻条例》的现象比较严重：有买卖婚姻、强迫婚姻、童养媳等现象存在，打骂逼死妇女成了普遍现象[1]。1933年，永新发生打死逼死妇女15人的惨案，莲花有丈夫逼死妻子的惨案[2]。

其次是政府工作人员在工作中也出现各种偏差：一是党内部分同志封建思想残余未肃清，不去领导妇女斗争，忽视妇女的教育工作，甚至认为婚姻自由会衍生许多纠纷而有意无意地曲解《婚姻条例》，阻碍其执行。还有些同志对于《婚姻条例》偏于保护妇女权利有很大的疑惑，因此对违反《婚姻条例》的现象置之不理。1932年10月16日《红色中华》刊登的《江西省各县妇女生活改善委员会联席会议之总结》中说："有些政府将婚姻法藏起来，说离婚要有条件，甚至将要离婚的妇女处以禁闭。"[3]离婚后的妇女其土地、房屋仍未随着女子带去[4]。

虽然《婚姻法》实施出现了一些问题，但是我们也应该看到，《婚姻条例》施行以后还是有一定成效的，比如赣东北妇女的生活确实改善了很多，推翻

---

[1] 江西省妇女联合会、江西省档案馆选编《江西苏区妇女运动史料选编》，江西人民出版社，1982年版，第288页。
[2] 江西省妇女联合会、江西省档案馆选编《江西苏区妇女运动史料选编》，江西人民出版社，1982年版，第278页。
[3] 江西省妇女联合会、江西省档案馆选编《江西苏区妇女运动史料选编》，江西人民出版社，1982年版，第67—68页。
[4] 江西省妇女联合会、江西省档案馆选编《江西苏区妇女运动史料选编》，江西人民出版社，1982年版，第61页。

了种种压迫和束缚女子的封建势力。同时,原有苏区离婚结婚绝对自由的无政府态度,以及种种强迫或限制婚姻自由的现象已经部分得到纠正。

在实行的过程中,一些提案报告对条例提出了一些建议:如江西省女工农妇代表大会的提案报告中提到:未满十八岁而身体发育早的可以结婚;离婚后女不带土地问题,如有女子在这乡离了婚而与别乡或别县人结了婚,土地带不走,要求在结婚的那乡或县另分土地;《婚姻条例》第九条,有些地方机械执行要双方同意才离婚,我们提议这条应修改为"有一方坚决要求离婚即离婚",把"双方同意即离婚"这一句不要;党团员与地主富农女子结婚问题,分两方面解决,已结了婚的,这女子如果参加革命工作积极又不妨碍丈夫的一切革命行动,可以不离婚,如未结婚的党团员应教育他不能同地主富农结婚等[①]。其中的一些问题在1934年制定的《婚姻法》中有所接受,这也从另一方面反映出《婚姻条例》有待完善。但正是基于《婚姻条例》的种种不完善性,所以才促成了之后《婚姻法》的颁布。

(三)《婚姻条例》和《婚姻法》颁布、实施的意义

《婚姻条例》和《婚姻法》的颁布和实施对整个中央苏区的生产生活和社会风气产生了巨大影响。

首先,推进了婚姻家庭制度的变革。封建统治下的婚姻家庭制度体现为封建统治阶级下的"家国同构",即便在夫妻之间、父母与子女之间也存在严格的等差:夫权占据统领地位,丈夫具有处置妻子财产甚至人身的权力。妻子必须严格遵守忠实义务,必须从一而终,即便在丈夫死后也不得再婚,甚至必须"以死殉夫";而丈夫却不受此束缚,不仅可以相对自由地决定结婚和离婚,还能同时拥有多名妻妾。妻子在婚姻家庭中不仅要承担生育、抚养、照顾等职责,还要承担与丈夫同等甚至更为繁重的体力劳动。此外,由于缔结婚姻须遵循父母之命和媒妁之言,因此婚姻往往是家族之间利益博弈的结

---

① 江西省妇女联合会、江西省档案馆选编《江西苏区妇女运动史料选编》,江西人民出版社,1982年版,第133页。

果，这也使得婚姻成为赤裸裸的利益交易。《婚姻条例》和《婚姻法》所确立的婚姻自由、一夫一妻、男女平等等基本原则，对封建婚姻家庭制度造成了巨大冲击，推进了封建婚姻家庭制度的变革，为中央苏区的社会建设和发展注入了强大动力。同时，《婚姻条例》和《婚姻法》规定无论是结婚还是离婚都必须向政府部门办理登记，这是我国婚姻登记制度的发端①。把登记作为缔结和解除婚姻关系的前置程序和公示手段，是婚姻家庭制度改革的一项重要举措，不仅体现了婚姻制度的严肃性，而且使婚姻家庭关系纳入公共治理范畴，为规范和调整婚姻家庭关系、保障家庭成员的合法权益奠定了基础。

其次，促进了婚姻家庭观念的变迁。在封建统治下，未经家族长辈许可的恋爱和婚姻，是"离经叛道"的表现，是对家法国法的"忤逆"，当事人可能会因此遭受制裁，甚至失去生命。而《婚姻条例》和《婚姻法》所传递的自由、平等、公平和秩序的价值取向，让人们对婚姻和家庭有了全新认识，越来越多的人开始接受自由恋爱结婚的新观念，勇敢地追求婚姻自由和幸福。在结婚问题上，男女双方地位完全平等，是否结婚、和谁结婚都由自己决定；在家庭生活中，妻子和子女不再是丈夫的附庸，所有家庭成员都能平等地参与决定家庭事务；在离婚问题上，离婚自由的观念得到广泛传播，许多旧式婚姻当事人纷纷解除原有的婚姻关系，转而追求真正的爱情。据赣东北1932年10月一项报告称，在当地四、五、六三个月办理离婚案件809件，结婚案件656件②。"离婚多半是男子舍不得女子"，提出离婚要求的以女方占多数，主要理由是原有婚姻多为包办、买卖婚姻，毫无感情基础，故多破裂；离婚后女子很少提出与前夫均分财产，"因为她们在离婚时大多数已经有了对象，准备同旁人结婚"③。"离婚结婚都是依照婚姻法的，没有发生混乱状态，政

---

① 毛圣泰《土地革命时期的婚姻登记制度及其历史启示》，《学理论》2019年第5期载，第114—117页。
② 江西省妇女联合会、江西省档案馆选编《江西苏区妇女运动史料选编》，江西人民出版社，1982年版，第428页。
③ 江西省妇女联合会、江西省档案馆选编《江西苏区妇女运动史料选编》，江西人民出版社，1982年版，第428页。

府解决婚姻问题也是很正确的。"①

随着婚姻家庭观念的变迁，女子对丈夫、家庭的传统依赖逐渐消解，她们也开始更加关注自身的利益需求，参与公共事务的积极性也越来越强烈，于是诸如妇女解放会、妇女工作委员会和妇女雇农工会等女性团体如雨后春笋般出现②。广大妇女的革命热情空前高涨，在政治、经济、文化等领域作出突出贡献。

最后，实现了婚姻家庭领域的移风易俗。中央苏区位于江西南部和福建西部，地处交通相对闭塞的山区和半山区，其经济形态以农业和小手工业为主。尽管五四运动对婚制婚俗曾经产生过一些震荡和触动，但封建落后的婚制婚俗根深蒂固。为推进中央苏区家庭婚姻领域移风易俗，中央政府出台一系列改革举措，而《婚姻条例》和《婚姻法》的出台更是掀起妇女解放运动的高潮。妇女们高喊男女平等和婚姻自由的口号，要求禁止纳妾蓄婢、打破妇女守节，以至一度出现过短暂的离婚潮③。中央政府还对婚姻问题研究会、妇女解放协会等群团组织给予大力支持，帮助和指导它们开展婚姻家庭领域的移风易俗活动，鼓励更多女性走出家门、参与劳动生产和建设④。同时，中央政府对旧有的聘金、聘礼和嫁妆制度进行改革，在充分尊重当事人意愿的前提下，对不合理的聘金、聘礼和嫁妆进行干预，使得以爱情为基础的自由婚姻在中央苏区一度非常普遍⑤。中央政府还对曾普遍存在的近亲婚、早婚和童养媳婚等婚姻陋习进行整治，提倡建立积极的、健康的婚姻家庭关系。

《婚姻条例》和《婚姻法》是中国共产党解决婚姻家庭问题的最初法律文献，标志着新民主主义婚姻家庭制度的正式确立。在短短几年间，中央苏

---

① 江西省妇女联合会、江西省档案馆选编《江西苏区妇女运动史料选编》，江西人民出版社，1982年版，第428页。
② 胡军华《中央苏区妇女教育实践的当代启示》，《行政与法》2021年第12期载，第38—46页。
③ 王歌雅《红色苏区婚姻立法的习俗基础与制度内涵》，《黑龙江社会科学》2005年第2期载，第84—89页。
④ 江西省妇女联合会、江西省档案馆选编《江西苏区妇女运动史料选编》，江西人民出版社，1982年版，第23页。
⑤ 汤家庆《中央苏区的社会变革和思想文化》，《党史研究与教学》1996年第4期载，第57—63页。

区的婚姻家庭形态和结构发生了前所未有的变化，在婚姻家庭领域呈现出和谐美满、生机勃勃的新气象。中华苏维埃共和国时期确立的婚姻法，对新中国婚姻家庭法律制度构建和发展具有非凡意义，在法律上为我国全新的婚姻制度奠定了初步基础。

中华苏维埃共和国确立的婚姻法主要涉及有关婚姻的规定，而对家庭关系缺乏相应的调整，因某些规定多有不成熟之处，所以实施的时间也不长。

（四）抗日根据地和解放区的婚姻家庭立法

1937年7月至1949年中华人民共和国成立，中国共产党领导的抗日根据地和解放区遍及大江南北。随着革命形势的发展，婚姻家庭立法也随之加强。各革命根据地、解放区根据当时形势的要求和自己的实际情况，先后制定了一批区域性的婚姻法，主要有1942年1月5日颁布的《晋冀鲁豫边区婚姻暂行条例》和《晋冀鲁豫边区婚姻暂行条例实施细则》、1946年4月23日通过的《陕甘宁边区婚姻条例》等。总之，这些婚姻条例均以废除封建主义的婚姻制度、实行新民主主义婚姻制度为宗旨，并且均以调整婚姻关系为主。

1. 抗日根据地和解放区的婚姻家庭法的特点

（1）继承了《中华苏维埃共和国婚姻法》的基本原则

抗日根据地和解放区的婚姻立法，与中央苏区的基本原则完全一致。坚持了婚姻自由、一夫一妻、男女平等，保护妇女儿童权益，这些原则的内容更为具体和详细。如有的婚姻条例为了维护这些原则，特别规定：废除一切包办买卖婚姻恶习，禁止蓄婢、童养媳、入赘、早婚等；禁止一夫多妻或一妻多夫。

（2）具有地区性和时代性的特点

地区性是指各根据地根据本地的具体情况，在内容上有所差异。例如，有的地区群众有早婚的习俗，便将法定婚龄规定为男18岁、女16岁。有的地区有订婚的习俗，则用专章规定婚约订立的条件、婚约的解除和违约责任。

时代性是指当时处于战争环境，为适应抗日的要求，在《婚姻条例》中作出一些关于保护军婚的规定，当时各地区的婚姻条例中一般均含有如：军人的配偶提出离婚，须得军人同意；在音讯断绝、军人生死不明的情况下，须经一定期间，非军人一方始得向政府请求离婚等内容。如《晋察冀婚姻条例》规定："抗日军人生死不明四年以上，他方始得请求离婚。因抗日而残废者，如一方请求离婚，须得其同意。"在该条例中，还有一项规定非常具有时代特色，即"充当汉奸者，或有危害抗战行为者，他方可以提出离婚"，这完全是为了抗日而制定的。

（3）对离婚处理持慎重态度

各抗日根据地和解放区由于贯彻了婚姻自由，新型的婚姻家庭关系大量涌现，为了反对离婚上的随意性，各根据地的婚姻条例都规定了双方自愿离婚，须到当地政府登记离婚，发给离婚证。对一方要求的离婚，须经裁判部门或人民法庭审理，对具有法定理由者，才准予离婚。

抗日根据地和解放区的婚姻条例，有力地推动了革命根据地的婚姻家庭制度的改革。

2. 抗日根据地和解放区的婚姻家庭法的实施

首先，法律的推广与普及提升了根据地人民的法律意识。婚姻立法使婚姻有了一定的约束，人们开始用法律维护自己在婚姻方面的权利。据统计，1941年6月至1942年8月，北岳区的1492起离婚和解除婚约的案件中，由女方提出的就有974起，约占65%，而且绝大多数理由是"感情意志根本不合，以致不能同居"[①]。又据陕甘宁边区的统计，1942年全边区的婚姻案达224起，约占民事案件的27%；1943年婚姻案发生203起，约占780起民事案件的26%；1944年上半年婚姻案87起，约占287起民事案件的30%[②]。

其次，法律的推广促进了妇女问题的解决。根据地的党和政府及妇联组织从鼓励妇女参加生产以提高家庭经济水平、改善妇女的家庭地位的角度出发，广泛宣传婚姻法的基本原则，并出面处理婚姻纠纷和典型案例。如晋察冀根据地实行了妇女陪审制，使妇女对婚姻法有了深入的了解，提高了妇女

---

① 《晋察冀边区行政委员会工作报告（1938—1942）》。
② 张希坡、韩延龙编著《中国革命法制史（1921—1949）》（下册），中国社会科学出版社，1992年版，第207页。

的社会地位，大大鼓舞了妇女的抗日积极性。在党宣传婚姻法的过程中，广大妇女了解和体验到了自身的价值，不再只是作为家庭的奴隶、丈夫的附庸而生活，而是认识到自己有权选择和决定自己的婚姻大事，这样，许多不幸婚姻的受害者，许多因父母家庭干涉而寻找不到幸福的青年男女，把争取婚姻幸福的希望寄托在抗日民主政府身上。平等自由的婚姻使广大妇女走出家庭的束缚，投身到民族解放战争中去，成为一支不可忽视的革命力量。

最后，由于统治区域的变化，抗日民主政府的婚姻立法中增加了有关少数民族婚姻问题的内容。1944年颁布的《修正陕甘宁边区婚姻暂行条例》第三条规定：少数民族婚姻，在遵照本条例原则下，得尊重其习惯法。中国共产党长期以来一直认识到民族团结的重要性，尊重少数民族婚姻传统，不强制改变其生活习惯，对维护少数民族地区稳定、促进民族团结、提升党的影响力都起到了十分重要的作用。

由于战争环境的影响及时代的局限，抗日民主政权所制定的婚姻法必然也会有其不完善性，在实施过程中也发生过失误。但出现问题后，党能根据实际情况及时改变工作方法，使问题得到解决。比如对于婚后婆婆打媳妇、丈夫打妻子的事情，中国共产党认为要慎重处理，但有些地方却采取了不当的行为。妇女运动中还有单纯地从妇女利益出发，不顾及农民整体利益的极端观点，在宣传男女平等、婚姻自由，鼓励妇女与封建势力作斗争的过程中，采取了一些比较激烈的斗争手段，使家庭关系、夫妇关系、妇救会与群众的关系变得紧张起来，使妇女反封建斗争失去群众的同情和支持，对此，1939年晋察冀边区妇救总会首先提出了"家庭和睦"的口号。她们改变了以往单纯批斗惩处维护封建婚姻关系的典型人物的做法，在处理婚姻纠纷时以调解为主，提倡"夫妻互爱、尊婆爱媳"，对于调节家庭关系、提高妇女地位、稳定前线军心起到了一定促进作用[1]。此外，在婚姻问题上，中国共产党对党员干部实行了严格管理。为整肃干部队伍作风，政府和军队都制定了有关军队和地方干部婚姻的规定，干部结婚得经过严格的审批手续，对于一些干部

---

[1] 朗太岩、张一兵编著《中国婚姻发展史》，黑龙江教育出版社，1990年版，第190页。

队伍中违反婚姻法律的行为,如干部中有虐待妻子、喜新厌旧、重婚另娶者,有自己买妻成婚或包办儿女婚姻者,造成恶劣的社会影响,危害党和政府的威信,对此严惩不贷。中国共产对党员和干部婚姻问题的重视以及严格管理,增强了党在群众中的威望。许多干部,尤其是基层干部以身作则,婚事新办,带头移风易俗,为开创良好的社会风气起了模范作用。

抗日根据地和解放区婚姻法的完善,对中国共产党抗日战争和解放战争的胜利起到了重要的保障作用。抗日根据地和解放区的婚姻法突出了保护抗战军人、保护妇女及子女权益的特点,使广大前线官兵能安心抗日;使饱受封建制度之苦的妇女有婚姻自主、追求幸福的权利;对儿童权益的保护,则为革命的继续保存了火种和希望。抗日根据地和解放区的民主政权制定的婚姻法,废除了封建婚姻制度,解放了广大青年男女特别是妇女,激发了她们抗日斗争、劳动生产等的积极性。

第 四 章
新中国第一部婚姻法诞生

  以包办、买卖、男尊女卑为典型特征的封建婚姻制度在中华大地上沿袭了数千年之久，无数妇女群众受旧婚姻制度的束缚，甚至遭受丈夫、公婆的虐待、迫害，过着十分凄惨卑微的生活，但是迫于离婚、再嫁不为旧社会所接受，她们无法摆脱自己痛苦的婚姻。1950年5月1日，《中华人民共和国婚姻法》正式颁布，从法律上废除了传统的封建婚姻制度，确立了婚姻自由、男女平等的婚姻制度，在法律上保障了妇女群众的婚姻自由。

一、新中国第一部婚姻法的立法背景
（一）人民民主政权的建立

  中华民族具有悠久的文明史，中华儿女在这段历史中创造了灿烂的中华文化。在古老的中华大地上也曾出现过强大的帝国盛世，然而繁荣与强盛并不总是垂青于中华儿女，到了近代，曾独步世界的泱泱中华却在西方列强坚船利炮的淫威下被迫打开了大门，逐渐沦为半殖民地半封建社会。自清代晚期至新中国成立，中国经历了一个"人为刀俎，我为鱼肉"的危亡时代。

  最终，时代和中国人民选择了中国共产党的领导，20世纪中叶，经历艰苦卓绝的新民主主义革命后，鲜艳的五星红旗在天安门升起，毛泽东同志向

世界庄严地宣告:"中华人民共和国中央人民政府今天成立了!"伟大的新中国的成立,使中国进入了一个崭新的历史发展阶段。

中国的历史前途自此产生了本质性的转变。因为新中国是由中国共产党领导的新民主主义革命的伟大成果,它具有广泛的群众基础,是以马克思主义国家学说和人民民主专政思想理论为指导,以新民主主义革命为政治前提的全新的国家。自此,全新的社会主义中国建立,中国人民从此推翻"三座大山"的压迫,成为自己的主人。中华人民共和国成立后,仅仅用了三年时间就取得了举世瞩目的成就。全国职工家庭每人每年平均消费额和农民的收入水平较新中国成立前分别增长了35%和30%。中国广大社会民众的生活水平有了明显的提高。中国共产党领导下的新中国不再是社会动荡、军阀混战、人心涣散的局面,而是呈现出一派安定、团结、互助的新气象。

婚姻家庭是社会的一个重要细胞,是社会的重要组成部分,而且婚姻家庭制度是社会发展程度的集中体现,所以婚姻家庭制度的变革成为新中国的首要使命。然而,封建包办买卖婚姻在一些地区仍然大量存在,婚姻自由受到严重的侵犯,有很多妇女受到虐待,更极端的甚至有妇女自杀。据统计,1949年1月到10月,山西省的50多个县共发生妇女命案464起,其中被迫害致死者约占25%,因要求结束封建婚姻未果而自杀者约占40%,因受封建婚姻家庭虐待而自杀者约占20%,因封建婚姻家庭矛盾而自杀者约占12%[①]。封建婚姻家庭制度和人民群众所期望的婚姻自由、男女平等相背离,也正是因为这样,广大人民群众对摧毁封建婚姻制度枷锁的欲望更加强烈,封建婚姻家庭制度成了全新的社会主义社会机体上的早已衰竭的细胞,因此,需要对婚姻制度进行一场革命以实现社会稳定。"为着新社会在政治上、经济上和文化上建设力量的增长,特别是为着解开一切束缚生产力发展的枷锁,随着全部社会制度的根本改变,必须把男男女女尤其是妇女从旧婚姻制度这条锁链下解放出来,并建立一个崭新的合乎新社会发展的婚

---

① 马起著《中国革命与婚姻家庭》,辽宁人民出版社,1959年版,第79页。

姻制度。"① 全新社会制度的真正确立是为其提供切实可行的法律保障，因为有了法律才可以对群众进行教育和规范，法律能够摧毁封建婚姻制度、提升新婚姻制度的权威性，以促进新中国成立后社会各项事业的全面发展。这一切都为新中国首部婚姻法的制定与颁发，提供了稳定的基础与保证。

（二）民主革命时期的立法经验

反对帝国主义和反对封建主义是民主革命时期的主要任务，而婚姻家庭制度的革命是这一时期革命任务的重要组成部分，所以，这一时期废除封建婚姻家庭制度成为革命的一个重要任务。民主革命时期的立法经验为新中国成立以后的婚姻立法提供了实践经验。苏区的婚姻立法使新中国成立初期的婚姻立法有了基本的结构框架，敌后抗日根据地、解放战争时期的解放区的婚姻法条例极大地充实了新婚姻法的内容。革命时期的婚姻条例固然具有一定的历史局限性，但是也在一定程度上丰富充实了新中国成立初期的婚姻立法，为其提供了丰富的经验教训，对在全国范围内废除封建婚姻制度起到了重要的作用。在1948年召开的解放区妇女工作会议上，刘少奇同志已经把新中国新婚姻法的起草工作分派到相关部门。起草小组借鉴了民主革命时期婚姻条例的基本内容和立法经验起草新婚姻法。

（三）马克思主义婚姻家庭思想的指导

自五四时期马克思主义在中国广泛传播之后，马克思主义逐渐成为各个领域的指导思想，其中有关婚姻家庭的思想成为中国婚姻家庭制度的理论渊源。民主革命时期的婚姻立法和新中国第一部婚姻法都是在中国共产党革命政权的领导下，运用马克思主义关于婚姻家庭的基本理论指导中国婚姻家庭制度改革的实践。马克思主义理论宝库中论述婚姻和家庭问题的重要文献，主要有马克思的《论离婚法草案》、马克思和恩格斯的《共产党宣言》、恩格斯的《反杜林论》和《家庭、私有制和国家的起源》等。马克思主义理论

---

① 黄传会著《天下婚姻：共和国三部婚姻法纪事》，文汇出版社，2004年版，第51页。

中关于婚姻和家庭理论的经典论述，可以归纳为以下几个方面。

一是关于婚姻家庭的本质属性的阐述。马克思主义认为，婚姻家庭关系虽然具有双重性，即一方面是自然关系，一方面是社会关系，但婚姻家庭关系的本质是社会性，这是一种特殊的社会关系，它是指人与人之间的关系[①]。

二是关于婚姻家庭变化发展规律的总结。马克思主义认为，生产关系的变化会引起婚姻家庭变化，一定的婚姻家庭形态总是与社会的发展进程一致。社会是人们交互作用的产物，"在生产、交换和消费发展的一定阶段上，就会有一定的社会制度、一定的家庭、等级或阶级组织"[②]。所以，人类不可以超越自己所处的时代选择其他历史类型的婚姻形式。恩格斯曾经指出，一定历史时代和一定地区内的人们生活中的社会制度受到劳动和家庭发展阶段的制约，"劳动愈不发展，劳动产品的数量、从而社会的财富愈受限制，社会制度就愈是在较大程度上受血族关系的支配"[③]。

三是关于妇女解放和婚姻家庭制度改革的论述。马克思和恩格斯历来都十分重视妇女解放和婚姻家庭制度改革的问题。在封建社会中，婚姻家庭制度是以男尊女卑为特征的，性别歧视的现象十分严重，所以要改革旧的婚姻家庭制度就必须先解放妇女。恩格斯在论述一夫一妻的个体的家庭产生时指出，女性受压迫的原因在于生产资料的私有制，因此他提出妇女解放的道路——"只有在废除了资本对男女双方的剥削并把私人的家务劳动变成一种公共的行业以后，男女的真正平等才能实现"[④]。对如何才能实现婚姻自由的问题，恩格斯认为，"结婚的充分自由，只有在消灭了资本主义生产和它所

[①] 中共中央马克思恩格斯列宁斯大林著作编译局编译《马克思恩格斯全集》（第三卷），人民出版社，1965年版，第33页。
[②] 中共中央马克思恩格斯列宁斯大林著作编译局编译《马克思恩格斯全集》（第二十七卷），人民出版社，1965年版，第477页。
[③] 中共中央马克思恩格斯列宁斯大林著作编译局编译《马克思恩格斯全集》（第二十一卷），人民出版社，1965年版，第30页。
[④] 中共中央马克思恩格斯列宁斯大林著作编译局编译《马克思恩格斯全集》（第三十六卷），人民出版社，1965年版，第340页。

造成的财产关系,从而把今日对选择配偶还有巨大影响的一切派生的经济考虑消除以后,才能普遍实现"①。除此之外,马克思主义有关婚姻家庭的理论中还有大量关于离婚问题的论述,体现了离婚自由的思想,对我国婚姻家庭制度改革的实践也起到了指导作用。

二、新中国第一部婚姻法的制定过程

(一)新中国第一部婚姻法的起草

早在新中国成立前夕,中共中央就开始酝酿新中国第一部婚姻法。1948年9月20日至10月6日,中国共产党在河北西柏坡召开解放区妇女工作会议,刘少奇在强调婚姻自由问题时说:"广大的妇女在结婚、离婚上都没有得到自由,这是她们的痛苦,使她们受很大的束缚……这个问题很严重,是迫切需要解决的……"他认为,中央需要制定一部统一的婚姻法以解决"我们共产党的婚姻条例不统一,法律不统一,指导不统一,思想不统一"的问题②。解放区妇女工作会议结束后,中央妇委成立了婚姻法起草小组,该小组在邓颖超同志的主持下,由帅孟奇、康克清、杨之华、李培之、罗琼、王汝琪等同志组成,正式开始了婚姻法的起草工作。

婚姻法起草小组以1931年的《中华苏维埃共和国婚姻条例》为参考,深入学习民主革命时期的婚姻条例,吸取苏区、抗日根据地、解放区的婚姻立法和实践经验,坚持婚姻条例中规定的"废除封建婚姻制度,实行婚姻自由、男女权利平等,保护妇女儿童利益"的基本原则。起草小组还采纳了民国时期国民政府颁布的《民法》的亲属编和继承编的有关规定,并参考了国外的一些婚姻制度③。起草小组在理论上严格遵循马克思主义对妇女解放和婚姻改革等问题的阐述,为了更好地结合现实情况,中央妇委组成不同的调查小组到城乡对婚姻问题进行专题调查和考察实践,根据各地的婚姻案件判决书和

---

① 中共中央马克思恩格斯列宁斯大林编译局编译《马克思恩格斯全集》(第二十一卷),人民出版社,1965年版,第95页。
② 刘少奇《讲讲婚姻问题》,《党的文献》2010年第3期载,第3—4页。
③ 邓颖超《关于〈中华人民共和国婚姻法〉的报告》,《党的文献》2010年第3期载,第8—12页。

调查数据作出统计与报告，做到了马克思主义婚姻家庭理论与中国实际婚姻家庭状况的完美结合。

（二）新中国第一部婚姻法的颁布

婚姻法的初稿拟定后，中央妇委将婚姻法草案送交党中央，由中央书记处讨论修改后又转送到中央人民政府。1950年1月，为了广泛征求各方意见，中央人民政府把婚姻法草案分别送交中央人民政府、法制委员会、政法委员会、各民主党派、政治协商会议全国委员会、各司法机关、各地妇联及其他各群众团体，通过举行各种形式的座谈会，经过多次辩论和深入研究，对婚姻法初稿进行修改。此后，由中国人民政治协商会议全国委员会常委、中央政府委员、政务院委员参加的两次联席座谈会对婚姻法草案作出最终修改。1950年4月13日，中央人民政府法制委员会向中央人民政府委员会第七次会议提交了《中华人民共和国婚姻法（草案）》，经过充分讨论后获得通过。同年4月30日，毛泽东签发命令公布《中华人民共和国婚姻法》，自1950年5月1日起公布施行。自该法公布之日起，各解放区颁布的有关婚姻问题的一切暂行条例和法令均废止。

三、新中国第一部婚姻法的基本原则和主要内容

（一）新中国第一部婚姻法体现的基本原则

中国经历了漫长的封建社会，腐朽和落后的封建主义婚姻家庭制度长期禁锢着人们的思想，封建社会的旧习俗、旧观念对人们的影响根深蒂固。新中国成立前夕，我国主要存在三种婚姻形态：第一种形态是封建主义的婚姻制度，它以强迫包办、男尊女卑和漠视子女利益为特征，遍布全国各地，特别是在农村地区占有主导地位；第二种形态是资产阶级改良婚姻制度，它在形式上提倡男女平等和婚姻自由，但是在实质上保留了大量的封建残余，主要体现在城镇地区，尤其是工商业较发达地区的社会上层；第三种形态是新

民主主义婚姻制度,它倡导男女平等和婚姻自由,主要分布在各解放区[①]。

新中国成立后,我国婚姻制度改革的任务是建立新民主主义婚姻制度、废除封建主义婚姻制度,继续完成民主革命中尚未完成的任务。新中国第一部婚姻法的颁布从根本上否定了封建主义婚姻制度,从本质上不同于资产阶级改良婚姻制度。在开篇中该法明确规定了其基本原则:"废除包办强迫、男尊女卑、漠视子女利益的封建主义婚姻制度,实行男女婚姻自由、一夫一妻、男女权利平等、保护妇女和子女合法利益的新民主主义婚姻制度。"[②] 这些基本原则贯穿于第一部婚姻法各章的具体内容之中。该法在第二条对重婚、纳妾、童养媳、干涉寡妇婚姻自由、借婚姻关系问题索取财物作出了禁止性规定,通过法律形式废除这些封建主义婚姻家庭制度的遗留,以此废除封建婚姻思想和习俗,扫除建立新式婚姻家庭制度的障碍。所以,从我国第一部婚姻法的基本原则来看,它是一部"合乎中国国情的、切合时宜的新民主主义婚姻法"[③]。

1. 婚姻自由原则

婚姻自由是指男女双方有依法缔结或解除婚姻关系,不受对方强迫或他人干涉的自由,包括结婚自由和离婚自由两个方面。结婚自由,指结婚须男女完全自愿,不允许任何一方强迫他方或者任何第三者干涉,包括再婚自由。离婚自由,指男女任何一方基于夫妻感情破裂而提出解除婚姻关系的请求,均受到法律保护。在这两个方面中,结婚自由是主要的方面,离婚自由是对结婚自由的补充。

在以包办、强迫为特征的封建主义婚姻制度中,婚姻的缔结和解除都是毫无自由可言的。首先,从婚姻的缔结来看,"父母之命、媒妁之言"是结婚的合法形式,父母包办是为了巩固封建家长制。正如恩格斯所说,"在整个古代,婚姻的缔结都是由父母包办,当事人则安心顺从。古代所仅有的那一点夫妇之爱,并不是主观的爱好,而是客观的义务;不是婚姻的基础,而

---

① 田心《1950年〈婚姻法〉的颁布与实施》,《妇运》2010年5期载,第22—25页。
② 巫昌祯编《婚姻法学资料选编》,中央广播电视大学出版社,1988年版,第51页。
③ 邓颖超《关于〈中华人民共和国婚姻法〉的报告》,《党的文献》2010年第3期载,第8—12页。

是婚姻的附加物"①。其次，从婚姻的解除来看，封建主义婚姻制度实行专权离婚主义，控制妇女的离婚自由权。丈夫有休妻的权利，即"七出"，它是指夫离妻的原因，而妻子不得援用，这实际上是一种夫权离婚制度。民国时期的婚姻家庭的立法试图与西方法律接轨，但结婚仍要经过双方父母的同意，而且要有介绍人和证婚人证明才算合法②。可见，不论在封建社会里还是在半殖民地半封建社会阶段，旧中国婚姻的缔结和解除都是不自由的。婚姻自由是反封建斗争发展到一定阶段的产物，社会发展的需求推动着婚姻家庭制度的深刻变革。在新中国成立前夕，《中国人民政治协商会议共同纲领》作为原则性纲领规定了"实行男女婚姻自由"。随后，新中国第一部婚姻法宣布，废除包办强迫的封建主义婚姻制度，实行男女婚姻自由的新民主主义婚姻制度，并禁止童养媳和干涉寡妇婚姻自由等违反婚姻自由原则的行为。

2. 一夫一妻原则

一夫一妻，是一男一女结合为夫妻的婚姻和家庭形式。封建主义婚姻制度实行的是公开的一夫多妻制。资本主义社会虽然宣扬一夫一妻制，但仍存在大量破坏一夫一妻制的事实。民主革命时期，人民政府禁止纳妾、通奸，取缔娼妓制度。新中国成立之后，一夫多妻制等阻碍社会发展的封建主义婚姻家庭制度，更是与新民主主义社会发展的要求格格不入。因此，第一部婚姻法的基本原则的规定，废除了一夫多妻制，实行一夫一妻制的新民主主义婚姻制度，并以法律的形式对重婚和纳妾等予以明文禁止。

3. 男女平等原则

男女平等，是指男女在婚姻家庭中享有平等的权利和履行平等的义务，它是对男尊女卑制度和夫权制度的否定。男女平等原则包含的内容很广泛，涉及政治、经济、社会等各个方面。

封建主义的婚姻家庭制度实行男尊女卑、维护夫权统治。"夫为妻纲"是封建伦理纲常的重要组成部分，夫权在封建社会的家庭关系中表现为丈夫

---

① 中共中央马克思恩格斯列宁斯大林编译局编译《马克思恩格斯选集》（第四卷），人民出版社，1972年版，第72—73页
② 张希坡著《中国婚姻立法史》，人民出版社，2004年版，第87—100页。

对妻子的绝对支配权，妇女在家庭中完全处于从属地位。五四运动中民主、平等、自由的思潮带动了近代中国婚姻观念的变革，贯彻到婚姻家庭制度改革中就表现为男女平等、妇女解放的思想，从新民主主义革命时期开始，男女平等原则就被确立在革命根据地制定的婚姻条例中。新中国成立后妇女获得了政治上的解放，土地改革摧毁了压迫妇女的经济根源，在政治上和经济上解放的妇女逐渐从封建婚姻家庭制度的压迫中走出来，不断争取男女平等，她们要求社会加强对妇女权利的尊重，并积极投身于各种社会活动中。因此，第一部婚姻法的基本原则中规定：废除男尊女卑的封建主义婚姻制度，实行男女权利平等的新民主主义的婚姻制度。这一规定从法律制度上维护了男女平等，妇女开始拥有独立的人格，她们参与社交活动和政治活动的自由有了法律支持，这也是实现一夫一妻的基本保障。

4. 保护妇女和儿童合法权益原则

妇女权利是中国近现代妇女解放运动追求的目标，对妇女合法权益的保护是男女平等原则的必要补充；儿童是我国社会主义建设的后继人，他们的健康成长关系着中华民族的兴旺发达，因此，保护妇女和儿童的合法权益成为巩固和发展婚姻家庭制度的重要内容。

在封建社会，妇女长期处于受压迫、被奴役的地位，社会地位和家庭地位低下。封建主义的婚姻家庭制度实行家长专制，漠视子女利益。根据封建礼法，"父为子纲"和"夫为妻纲"一样，都是调整家庭关系的信条，家长权力至高无上，封建家长制是封建主义婚姻家庭制度的核心。家长统治全家，家长和子女之间不是平等关系，而是主从、尊卑、依附关系。早在民主革命时期，各革命根据地的婚姻条例中就确立了保护妇女和子女合法权益的原则。新中国成立后，保护妇女和儿童的合法权益成为新民主主义婚姻制度的重要任务，在第一部婚姻法的基本原则中规定废除漠视子女利益的封建主义婚姻制度。1980年的婚姻法对这一问题进行了补充，增加了保护老人的合法权益的内容，而婚姻自由、一夫一妻、男女平等的原则都被延续至今。

（二）新中国第一部婚姻法规定的主要内容

1. 婚姻法名称的界定

"婚姻法"一词在古今中外的法律文件中的含义各不相同，我国的"婚姻法"是指广义的婚姻法，它是规定和调整婚姻家庭关系的法律规范的总和。"婚姻家庭"的法律概念可以表述如下：婚姻，是男女双方以永久生活为目的，以夫妻的权利义务为内容的合法结合；家庭，是共同生活的，其成员间互享法律权利、互负法律义务的亲属团体。1950年颁布的《中华人民共和国婚姻法》分为八章，共27条。这八章的内容分别为"一、原则；二、结婚；三、夫妻间的权利和义务；四、父母子女间的关系；五、离婚；六、离婚后子女的抚养和教育；七、离婚后的财产和生活；八、附则"[①]。1950年《中华人民共和国婚姻法》虽以"婚姻法"命名，但是它调整的内容实际上是婚姻关系和家庭关系。无论是法学界还是史学界，都将"婚姻法"的广义含义沿用至今。以"婚姻法"之名表达"婚姻家庭"之内容的主要原因如下。

一是历史传统的沿袭。第一部婚姻法在内容上以1931年的《中华苏维埃共和国婚姻条例》为依据，并参考了抗日根据地和解放区的大量婚姻法令。民主革命时期有关婚姻家庭的法律文献均称为"婚姻法"或者"婚姻条例"，所以新中国成立之后颁布第一部婚姻法时，其名称的设立也依据新民主主义革命时期的立法习惯，称为"婚姻法"。

二是婚姻法内容的影响。从内容上来看，第一部婚姻法规定的主要是婚姻关系中的结婚制度和离婚制度，也涉及家庭关系中夫妻关系、父母子女关系等方面的内容。但是，它对家庭关系的规定过于简略，称之为"婚姻法"可以使该法名实相符。然而，有的学者提出用"婚姻法"一词表达"婚姻家庭法"之意是不恰当的。我国著名的婚姻法学者杨大文认为，婚姻家庭是一个联系的整体，婚姻是家庭的基础，家庭是婚姻的结果，由婚姻而形成的夫妻关系是家庭的组成部分之一，家庭可以包括婚姻，但是婚姻却无法包括除夫妻关系之外的其他关系。我国的婚姻法虽以婚姻法命名，但内容上是涉及

---

① 巫昌祯编《婚姻法学资料选编》，中央广播电视大学出版社，1988年版，第51—55页。

婚姻之外的父母子女关系的。

2. 结婚制度的规定

第一部婚姻法的第二章中关于结婚制度的规定，在内容和体系上基本是对民主革命时期婚姻立法中结婚制度的继承和发展。结婚的实质要件包括三个方面：首先，强调结婚自愿。第三条规定"结婚须男女双方本人完全自愿，不许任何一方对他方加以强迫或任何第三者加以干涉"，这是对结婚自由原则的进一步重申，从根本上否定了封建主义的包办、买卖婚姻。其次，关于结婚的法定年龄。第四条规定"男二十岁、女十八岁，始得结婚"，统一了新民主主义革命时期各根据地婚姻条例对结婚年龄不同的规定，结束了过去早结婚的现象。最后，关于禁止男女结婚的三种情形。第一种情形是禁止有血缘关系的男女结婚，它是指直系血亲、同胞的兄弟姊妹、同父异母或同母异父的兄弟姊妹之间禁止结婚，而其他五代内的旁系血亲间禁止结婚的问题可以从习惯；第二是种情形是禁止有生理缺陷不能发生性行为的人结婚；第三种情形是患有其他特殊疾病的人不可以结婚，这些疾病主要是指"花柳病、麻风、精神失常未经治愈"或其他医学上认为不应结婚的疾病。在结婚的程序方面，设立了婚姻登记制度，男女双方结婚应亲自到所在地人民政府登记，其所在地人民政府根据当事人是否符合婚姻法规定，发给结婚证或者不予登记。结婚登记制度的设立，标志着结婚登记是合法婚姻关系成立的唯一法定形式，而订婚和婚礼不再是婚姻关系成立的法定条件。

3. 离婚制度的规定

作为婚姻法立法依据的1931年的《中华苏维埃共和国婚姻条例》规定，"确定离婚自由，凡男女双方同意离婚的，即行离婚，男女一方坚决要求离婚的，亦即行离婚"[1]。离婚自由的问题一度成为第一部婚姻法起草过程中最大的争议，其争论的焦点就在于是否要将这一条关于离婚自由的规定写入新中国第一部婚姻法。在这场争论中，持反对意见的一方认为，如果同意"男女之一方坚持要求离婚者准予离婚"的提法，就会容易引起群众对家庭不巩

---

[1] 巫昌祯编《婚姻法学资料选编》，中央广播电视大学出版社，1988年版，第2页。

固的顾虑，及对于家庭及家庭关系的轻率态度。他们主张"男女之一方附条件的向地方政府请求离婚，不服者可以上诉"，并列举了几十种请求离婚的情形。持肯定意见的一方以邓颖超为代表，她认为"婚姻问题上妇女的痛苦最多，很多材料足以说明。早婚、老少婚、买卖婚是普遍现象，如不根绝就谈不上婚姻自由。妇女要求离婚，往往不允许，即在党内也如此"①。根据中央妇委组成的调查小组的统计，在山西、河北、察哈尔等省已解放的农村中，婚姻案件在民事案件中占33%—99%；在北平、天津、上海、西安、哈尔滨等已解放的城郊中，婚姻案件在民事案件中占11.9%—48.9%。其中，离婚与解除婚约的婚姻案件占有很大的比例，在农村平均占54%，在城市或城郊占51%—84%，而离婚主要是由于包办强迫、买卖婚姻、虐待妇女、早婚、重婚、通奸以及遗弃等，女方作为原告提出离婚的占58%—92%②。邓颖超从维护妇女利益的角度出发，主张离婚自由原则，认为一方坚持离婚就可以离婚，因为"如果加上很多条件，基本上要离的还是要离，反而给下边干部一个控制的借口。过去没有这一条，曾发生很多悲剧。今天规定婚姻法是原则性的规定，破坏旧的，建设新的，就必须针对男女不平等现象，给妇女以保障"③。经过最终的讨论，在离婚自由的问题上采纳了邓颖超的意见，在第一部婚姻法中确立了离婚自愿原则，充分体现了婚姻自由的思想。第一部婚姻法的离婚制度不仅肯定了离婚自由原则，而且在调整内容上也更加完善。关于离婚制度的规定主要有以下三个方面的内容。

（1）对离婚自由原则的规定

首先，明确了离婚自由原则。第十七条第一款规定，男女双方自愿离婚的就允许离婚，男女一方坚决要求离婚的，经区人民政府和司法机关调解无效时也是允许离婚的。该法增加了离婚的调解制度，当事人有向上一级法院申诉的权利，自愿恢复夫妻关系的男女有复婚的自由，这些规定不仅丰富了离婚制度的内容，更保障了婚姻自由的贯彻。其次，规定了离婚自由原则的

---

① 黄传会著《天下婚姻：共和国三部婚姻法纪事》，文汇出版社，2004年版，第44页。
② 王思梅《新中国第一部〈婚姻法〉的颁布与实施》，《党的文献》2010年第3期载，第23—27页。
③ 黄传会著《天下婚姻：共和国三部婚姻法纪事》，文汇出版社，2004年版，第44页。

两种特殊情形，单独规定了特殊群体的离婚问题。其一是针对妇女怀孕时的离婚问题，第十八条规定，"女方怀孕期间，男方不得提出离婚；男方要求离婚，须于女方分娩一年后，始得提出，但女方提出离婚，不在此限"。其二是对现役军人婚姻的保护，第十九条规定，如果"现役革命军人与家庭有通讯关系的，其配偶提出离婚，须得革命军人的同意"。自婚姻法公布之日起，与家庭两年没有通讯关系的，或者是在婚姻法公布前与家庭已有两年以上没有通讯关系的，或者是在婚姻法公布后又与家庭有一年无通讯关系的，"其配偶要求离婚，也得准予离婚"。对军婚的特殊保护是结合当时特定的社会背景的，虽然一定程度上限制了军人配偶的离婚权，但是对稳定军心起到了促进作用，同时，这一具体规定解决了战争结束后军人与军人配偶的婚姻关系存续问题。

（2）对离婚后子女的抚养和教育问题的规定

夫妻离婚后，子女跟随父亲还是跟随母亲生活，直接关系到子女的权益，也是离婚后容易发生争议的问题，第一部婚姻法第六章对此作出了规定。首先，关于离婚后的父母和子女之间的关系。该法规定"父母与子女间的血亲关系，不因父母离婚而消灭"，强调了离婚后父母对子女的抚养和教育的义务。其次，对于子女的抚养权问题，根据子女的年龄大小和利益规定了不同的分配原则：哺乳期内的子女，以随哺乳的母亲为原则；哺乳期后的子女，如双方均愿抚养发生争执不能达成协议时，由人民法院判决。最后，为了给父母离婚的子女成长提供良好的物质条件，在确定分配原则的同时，该法进一步规定了关于负担子女成长所需生活费和教育费的问题。"离婚后，女方抚养的子女，男方应负担必需的生活费和教育费全部或一部，负担费用的多寡及期限的长短，由双方协议；协议不成时，由人民法院判决。"婚姻法将照顾子女的责任强加给父母，充分保护子女的合法权益，为子女的成长和发展提供了法律保障，体现了对未成年儿童的负责任态度，特别是对子女抚养教育费问题的相关规定表现出婚姻法对未成年儿童合法利益的保护态度。

(3) 对离婚后财产和生活的规定

离婚后不仅面临着夫妻关系的解除，夫妻之间的财产分配也是婚姻法调整的重要问题，因此，第一部婚姻法除规定离婚后子女的抚养和教育的分配问题外，还规定了夫妻双方离婚后的财产问题的分配原则。首先，对于财产的分配问题，第二十三条规定，"离婚时，除女方婚前财产归女方所有外，其他家庭财产如何处理，由双方协议；协议不成时，由人民法院根据家庭财产具体情况、照顾女方及子女利益和有利发展生产的原则判决"。其次，对夫妻关系存续期间所负债务的分配问题，第二十四条规定，"离婚时，原为夫妻共同生活所负担的债务，以共同生活时所得财产偿还；如无共同生活时所得财产或共同生活时所得财产不足清偿时，由男方清偿"；而对于男女一方单独所负的债务，则由其本人来偿还。最后该法规定对离婚后生活困难的一方要提供帮助，"一方如未再行结婚而生活困难，他方应帮助维持其生活；帮助的办法及期限，由双方协议；协议不成时，由人民法院判决"。可以看出，新中国第一部婚姻法在各个方面都体现出对弱势群体的关爱和照顾，这是社会主义法治优越性的表现。

4. 家庭制度的规定

为了巩固稳定的婚姻关系，营造幸福的家庭氛围，第一部婚姻法肯定了夫妻在家庭和社会中的平等地位。对于夫妻间相处的共同义务，该法规定"夫妻有互爱互敬、互相帮助、互相扶养、和睦团结、劳动生产、抚育子女，为家庭幸福和新社会建设而共同奋斗的义务"。

同时，该法赋予了女子与男子一样的权利。首先，夫妻双方"均有选择职业、参加工作和参加社会活动的自由"，女子的社会地位得到了法律保护和认可，广大妇女有参加各种社会活动和谋取职业的充分自由。其次，妇女"对于家庭财产有平等的所有权与处理权"，这说明妇女在家庭中开始掌握相应的经济权，结束了女子在经济上完全依附于男子的状态。最后，夫妻有"各用自己姓名的权利""互相继承遗产的权利"，这使妇女开始摆脱对男性的依赖，获得了平等的社会地位和家庭地位。

关于父母和子女之间的关系，第一部婚姻法规定，"父母对于子女有抚养教育的义务；子女对于父母有赡养扶助的义务；双方均不得虐待或遗弃"，养父母与养子女之间的关系也适用于此项规定。父母子女之间有相互继承遗产的权利，否定了嫁出去的女儿没有父母财产继承权的思想。同时该法规定，继父母不得虐待或歧视继子女，非婚生子女享受与婚生子女同等的权利，不得歧视非婚生子女，改变了继子女、非婚生子女过去备受歧视、生活无保障的悲惨处境。

5. 婚姻法的特殊规定

第一部婚姻法的"附则"首先规定了违反婚姻法的刑罚责任，"违反本法者，依法制裁。凡因干涉婚姻自由而引起被干涉者的死亡或伤害者，干涉者一律应并负刑事的责任"。据此，以刑罚的威慑力保障婚姻法的贯彻执行，充分发挥法律的教育和惩罚功能。其次对少数民族婚姻问题予以规定。由于我国是多民族国家，不同民族有不同的风俗习惯，因此，婚姻法中规定"在少数民族聚居的地区，大行政区人民政府（或军政委员会）或省人民政府得依据当地少数民族婚姻问题的具体情况，对本法制定某些变通的或补充的规定，提请政务院批准施行"。刘少奇在起草《中央关于处理少数民族问题的指示》时指出：关于各地少数民族内部的社会改革，特别是有关少数民族的宗教信仰、风俗习惯及婚姻制度的改革等，必须从缓提出，不得各中央局和中央的批准，各地党委不得在少数民族的人民中提出这些改革和发布有关这些改革的决议和口号，不得在报纸上进行相关改革的宣传煽动[1]。可见，中央在处理少数民族婚姻问题时主张持谨慎处理的态度，并最大限度地尊重少数民族的风俗习惯。

---

[1] 中共中央文献研究室、中央档案馆编《建国以来刘少奇文稿》（第二册），中央文献出版社，2005年版，第219—220页。

四、新中国第一部婚姻法在全国的宣传和贯彻

（一）婚姻法宣传与贯彻的初级阶段（1950年5月—1951年9月）

1. 广泛宣传发动

新婚姻法颁布之初，新的婚姻家庭制度只停留在法律文本上，新民主主义的婚姻观还没有形成。封建主义婚姻家庭观念在广大人民群众头脑中根深蒂固，成为推行新婚姻法的障碍。因此，宣传婚姻法任务繁重且艰巨。

婚姻法公开施行后，党、政府以及各人民团体在全国开启贯彻宣传婚姻法的活动。如婚姻法贯彻执行得较好的山西省，在中央颁布婚姻法后，为使婚姻法走进群众，摧毁封建婚姻制度和清除封建婚姻思想的影响，建立新民主主义的婚姻家庭制度，树立良好的社会主义婚姻家庭风尚，在宣传上付出了很大努力。

从1950年4月13日婚姻法审议通过到4月30日，是婚姻法实施的准备阶段，也是宣传婚姻法的重要时期。这一时期主要宣传了婚姻法颁布的时代意义、解读了婚姻法的基本精神，为后来的婚姻法宣传和司法工作做了理论上的准备。

1950年4月16日，《人民日报》全文刊登了《中华人民共和国婚姻法》，为全国人民学习婚姻法提供了权威的文本。4月17日，《人民日报》发表署名文章《切合需要的婚姻法》。文章主要论述了婚姻法颁布的时代意义，指出它顺应了历史潮流，符合时代的需要。同时文章还指出，当时的婚姻状况令人担忧，全国封建婚姻普遍存在、干涉婚姻自由的状况不容忽视。

这一时间发表的一些文章和谈话，还具体提出了当时婚姻关系中的一些不正常状况，以说明新婚姻法的重大意义。《新中国妇女》1950年第2期的文章指出：在农村，干涉婚姻自由的情况比较严重。据1949年下半年不完全统计，华北四省（平原、河北、察哈尔、山西）离婚案件数目占民事案件总数50.21%—68.52%。一般老解放区农村的离婚案件中，有50%—80%为女方提出。

据《人民日报》的4月17日文章披露：统计河北省邯郸专区1949年最后5个月，婚姻案件中有80%为买卖婚姻，辽东省通化县1949年统计中买卖

婚姻甚至占90%；据河北兴县分区1949年1月至11月的统计，婚姻案件占民事案件总数的99%，盂县1949年9月份婚姻案件占民事案件总数的97%；哈尔滨自1946年8月23日至1946年底受理婚姻案件108件，1947年全年受理婚姻案件628件，1948年受理婚姻案件1081件，1949年1月至4月448件；天津自1949年1月起，受理的婚姻案件逐月增加，至6月，增至117件。上海法院自1949年8月起，受理的婚姻案件逐月增加，至9月，增至501件。

以上统计说明，在当时的中国社会，不管农村还是城市，都严重缺乏婚姻自由。从离婚案件审理统计来看，首先提出离婚的绝大多数是女性。离婚的理由主要包括买卖婚姻、父母包办婚姻所引发的殴打女方、婆婆虐待媳妇、早婚、重婚等问题。封建婚姻制度的最大受害者是女性，广大妇女渴望婚姻自由，迫切希望摆脱痛苦的婚姻生活。婚姻法主要就是为了解决这些问题，积极扶助妇女争取婚姻自由，摆脱封建婚姻制度的束缚。

正如时任司法部部长史良在一次谈话中指出的那样："这个婚姻法不仅是进步的，而且是革命的。它不是一部徒具形势的条文，而是在实际上积极扶助妇女、保护儿童、摧毁封建残余的大法。"[①] 可以说，这代表了当时中央政府高层对婚姻法的解读。婚姻法基本精神确立的逻辑是：中国社会男女不平等已经几千年了，要达到真正的男女平等，绝不是形式上规定平等就可以达到的，必须加倍扶植实际处在弱势地位的妇女。土地改革实行后，一般农村妇女也分得了土地，提高了自己的经济地位，不再单纯依赖男人，妇女迫切要求挣脱不合理婚姻的枷锁。婚姻法及时地给她们提供了法律上的保证。所以，婚姻法是一部进步的、革命的、根据客观需要来合理解决问题的大法。它确定了婚姻自由的制度，体现了男女平等的精神，代表了各方面的意见，既照顾了城市，又照顾了乡村；既照顾了妇女，也照顾了男子，充分体现了民主精神。

在谈到如何贯彻执行婚姻法时，史良提出了以下几个要点。

首先，从宣传教育工作入手，各有关机关、群众团体，特别是妇女团体

---

① 《史良与新中国第一部婚姻法》，《中外文摘》2021年第18期载，第44—45页。

必须密切和区乡人民政府、县市人民法院的联系，协助其了解问题、处理纠纷。

其次，在婚姻法实施中的许多问题主要还是要法院去掌握，人民法院在处理婚姻纠纷时要正确掌握婚姻法的基本精神，所有司法干部特别是县级司法干部对这部婚姻法应特别加以研究学习，才不会在处理问题时发生错误与偏差。

再次，妇女本身应加紧学习、宣传这个法令的精神，树立起正确幸福的婚姻观念，使沉浸在封建婚姻的苦海中的妇女能正确地在这部婚姻法的保护下挣脱出来，和男性一起为促进社会进步、国家富强而奋斗。

史良的这次谈话提出了婚姻法宣传、学习、司法的重要环节，突出了妇女团体和人民法院在婚姻司法中的作用，将现代法治基本原则和中国实际结合起来，反映了党的政策对婚姻法宣传和司法工作的准确把握，对婚姻法的贯彻执行作用非同小可。

婚姻法颁行后，全国各地开始行动起来，大张旗鼓地学习和宣传婚姻法。1950年4月18日，北京市妇联、市总工会等邀集北京市各人民团体负责人座谈《中华人民共和国婚姻法》，受邀的各方代表都踊跃发言。他们的观点部分地反映了当时人民团体对婚姻法的看法，其中一些观点具有启发性。比如："婚姻法本质上是革命的、建设的，它是共同纲领第六条的具体化。""婚姻法将使广大劳动人民的感情得到解放。""美满的家庭生活是会鼓舞生产热情、提高生产积极性的。""婚姻问题在目前的青年中，还是一个很重要的问题，即使是在婚姻自由程度较大的青年学生中，也还有为封建婚姻所苦恼或受着封建思想束缚的，婚姻法对于城市和农村的青年，都是同等重要的。""新婚姻法是中国婚姻史上的大革命，它规定了父母子女的正常关系。""随着新婚姻法的颁布，除解除了妇女们思想上的束缚，将要产生新型的女性。"其他地区也举行过类似的座谈会。由于人民团体在当时社会中有不可替代的纽带作用，在他们之间举行婚姻法座谈会，有利于婚姻法更快地进入寻常百姓家。

有关部门在宣传婚姻法的过程中很快发现，妇女婚姻自由是婚姻法首先必须解决的问题。不管是在农村还是在城市，随着人民政府各项民主政策的逐步实施，妇女普遍要求婚姻自由，但不少地方司法机关与区、乡、村干部轻视妇女甚至压制妇女的思想作风尚未改变，对封建婚姻制度的罪恶熟视无睹，对党和国家的婚姻政策不加研究，甚至本身就带有封建的思想，因而对妇女的婚姻自由问题未能引起应有的重视，其表现形式多种多样。

（1）对婚姻案件不加处理或拖延处理。比如，河北省遵化县司法部门1949年共收到婚姻案件176件，只处理了39件。

（2）对婚姻案件虽加处理，但极不慎重，不问是否还能和解，即行草率判离或强行和解。例如，绥远新区丰镇、集宁等县，在处理案件时，有求必应，随便批准，结果发生乱离现象，引起农民的不满甚至恐慌。

（3）机械强调农民内部婚姻问题应尽力和解，应离的不准离，以致酿成人命伤亡的惨剧。有的干部把奸情与婚姻问题混为一谈，不问婚姻是否合理及女方对婚姻不满的情形，只说女方原来不正派而不许离婚。

（4）错误地认为贫苦户娶妻不容易，花过很多钱，如果判决离婚，就失掉了"立场"。

经过半个多月的努力，党中央在宣传婚姻法的意义和基本原则方面，摸索出了一些指导婚姻法工作的方法，为后来大规模学习、宣传婚姻法打下了基础。

有关部门在宣传婚姻法过程中发现的问题尽管是在婚姻法实施以前出现的，但是，在婚姻法实施后这些问题仍在一定程度上存在，这也为后来有针对性地开展工作提供了借鉴。

2. 学习和宣传全面启动

1950年4月30日，中央人民政府主席毛泽东颁布主席令，宣布《中华人民共和国婚姻法》自1950年5月1日起公布施行。自公布之日起，以前各解放区颁布的有关婚姻问题的一切暂行条例和法令均予以废止。这对婚姻法学习和宣传工作提出了更高的要求。

（1）党群系统对婚姻法的学习和宣传

1950年4月30日，中共中央发出《关于保证执行婚姻法给全党的通知》（以下简称"通知"）。通知明确表示："中央人民政府已明令于五月一日公布《中华人民共和国婚姻法》。中共中央委员会完全同意这一婚姻法，我党全体党员应一致拥护与遵守这一婚姻法。"[①] 通知指出，正确地实行婚姻法，不仅将使中国男女群众尤其是妇女群众从几千年野蛮落后的旧婚姻制度下解放出来，而且可以建立新的婚姻制度、新的家庭关系、新的社会生活和新的社会道德，以促进新民主主义中国的政治建设、经济建设、文化建设和国防建设的发展。因此，党中央要求全党认真研究婚姻法，各级党委要动员和组织党员向广大群众宣传解释婚姻法，使婚姻法成为家喻户晓、群众乐意执行的法律文件。通知要求，在人民政府婚姻登记机关、司法机关、妇女团体和青年团体中工作的共产党员更应在宣传和执行婚姻法工作中起积极作用。

通知对党内一些干部的错误做法提出了尖锐的批评。通知指出：在党内有一部分党员，特别是在区乡政府中工作的某些党员，甚至少数在下级司法机关中工作的个别党员，由于受了封建意识的影响，或者对一部分群众中干涉男女婚姻自由和虐待妇女以及虐待子女等非法行为采取袖手旁观的态度，因而未能依法给干涉者和虐待者以应有的法律制裁和思想教育，并给被干涉者和被虐待者以应有的法律保护和事实保护，甚至本身有时也做出干涉男女婚姻自由的非法行为。

通知还要求各级党委必须负责进行有关执行婚姻法的有系统的说服教育工作；提高共产党员和人民群众的政治觉悟，使他们积极执行党和人民政府反对封建主义婚姻制度和实行新民主主义婚姻制度的政策，使人民政府的工作人员无论是在婚姻登记工作方面，还是在婚姻案件的调解和判决工作方面，都采取严肃慎重的态度，通过调查研究合情合理地解决问题；而在反对一切压迫、虐待、侮辱妇女行为和保护妇女合法利益方面，能够站在正确的立场上。同时，应使共产党员明白：如果共产党员有干涉男女婚姻自由行为以及因干涉婚姻自由而造成被干涉者的伤害或死亡的行为，将不仅应负民事的和刑事的责任而受到国家法律制裁，并且将受到党的纪律制裁。通知还要求各级党委和全体党员，把保证婚姻法正确执行的宣传工作和组织工作当作当时的和

---

① 《新华月报》，1950年第1期载。

经常的重要工作任务之一。

通知是配合婚姻法的颁布而发出的，它对党员、领导干部的严格要求体现了党的先进性。通知是后来党内婚姻法宣传工作的指导性文件，同时对其他各相关部门开展婚姻法宣传和学习工作有重要的指导意义。

同一天，中华全国总工会、中国新民主主义青年团中央委员会、中华全国民主青年联合会、中华全国学生联合会、中华全国民主妇女联合会发布《关于拥护〈中华人民共和国婚姻法〉给各地人民团体的联合通知》。通知认为这是中国人民革命战争在全国基本胜利后，进一步肃清封建残余的重大社会改革。通知阐述了婚姻法的基本精神和对妇女解放的重大意义。通知重点强调婚姻法实施问题。

当时，中国社会普遍残留着封建的传统思想与恶习，要使新的婚姻法贯彻实行，必须经过长期的宣传教育工作和思想斗争。通知号召各地人民团体的干部认真学习、大力宣传婚姻法，尽力协助当地区乡人民政府及县市人民法院贯彻执行婚姻法。通知还鼓励妇女打破传统的依赖思想，积极参加生产，谋得经济独立，努力学习，掌握实际工作的本领，参加各种社会建设。

在中共中央的领导下，婚姻法宣传和执行工作全面展开。各级党政机关、社会团体都积极学习和宣传婚姻法。北京市各区干部学习及宣传婚姻法；察哈尔省政府指示各地严禁阻挠婚姻自由，摧毁封建制度，解放妇女；天津市人民法院邀有关单位研讨婚姻法执行问题；中南地区许多妇女依据婚姻法争取婚姻自由，解除封建婚姻束缚。

全国妇联的领导同志分头到各地调研、检查工作。1950年5月12日，全国妇联副主席邓颖超赴张家口市了解婚姻法宣传和执行情况，并作了《关于中华人民共和国婚姻法的报告》。报告最后提出："婚姻法本身的制定，曾经过了与各种思想斗争的过程；而使其贯彻执行，更需要经过长期的多方面的斗争过程。因为一个法令或决议的制定、公布，仅仅是问题得到解决的开始，并不等于已全部解决与实现了。婚姻法要确实贯彻下去，一方面在广大男女人民中长期不断地提倡新的风气，培养有利于婚姻自由的社会环境；另一方面，则在于干部对于婚姻法能否正确地认识，善于掌握和坚决执行，

第四章 新中国第一部婚姻法诞生

这是首要和决定的关键。"① 这具有很强的理论指导意义。

（2）司法系统对婚姻法的学习与宣传

司法系统认真学习婚姻法是婚姻法能够正确实施的基本保证。婚姻法颁布以后，全国各级司法机关都采取各种方式认真学习婚姻法。

中央人民政府法制委员会干部从婚姻法草案拟出后，就开始了讨论、学习。最高人民法院各级干部学习婚姻法由全院干部学习委员会统一布置，分组集中学习。他们在学习中特别注重联系过去已处理过的婚姻案件。各组在学习讨论中都提出了许多问题和意见。过去有些同志对婚姻法的基本精神了解不够，经过学习后，已清楚地认识了婚姻法的意义和作用。有的同志过去只是孤立地看条文，经过学习后能全面理解婚姻法了。司法部以及北京市人民法院等单位的各级干部也分别展开了学习。有的进行分组讨论；有的在听取有关婚姻法的报告后，结合具体条文进行自学。司法部还开办司法干部轮训班组织司法干部学习婚姻法。首都各级司法机关干部和执法人员注重将学习婚姻法和案件结合起来总结问题，效果不错。

最高人民法院民事庭第二小组是专门办理婚姻案件的，他们在实际处理婚姻问题中已有一些经验。因此，他们对婚姻法的学习讨论就显得更加生动：有争辩、有疑问、有解答。他们在学习中提出的很多问题，对在全国适用和执行婚姻法有指导意义。这些问题大致可分为以下四个方面。

第一，关于"婚姻自由"和"一方坚决离婚"的问题。过去，很多人对结婚自由认识比较明确，而对离婚自由认识却不够。有人问：婚姻自由是不是有条件、有限制的？讨论结果一致认为不是无条件无限制的。所谓自由是针对封建主义婚姻制度的不自由而言的，而新的自由的婚姻是要建立在新民主主义的道德基础上的。婚姻法第五章第十七条规定："男女一方坚决要求离婚的，经区人民政府和司法机关调解无效时，亦准予离婚。"这条在实际办案中应如何具体掌握？他们认为应从两方面来看：一方面，婚姻是需要双方的感情来维系的，感情一旦完全破裂、不能恢复时，若不准离婚，对于男

---

① 《人民日报》，1950年5月26日。

女双方来说都是一种痛苦；另一方面，如果单从感情着眼，城市里一些羡慕虚荣的妇女和一些对婚姻采取轻率态度的男人，又可借此钻空子了。所以任何一方的"坚决"是要有正当理由做后盾的。对企图滥用离婚自由或误解离婚自由的人，应给予教育和说服，并纠正其错误思想。

第二，关于结婚登记的问题。有人问结婚登记是不是一种"形式"？如一切条件皆合乎婚姻法，就是没登记，这算不算合法？这个问题讨论了很久，结果都认为登记不是形式，而是政府审查、认可的必要手续。审查的意义，主要是反对封建包办、强迫婚姻制度的继续存在。不登记的婚姻，原则上是一律不予承认的。

第三，关于夫妻双方对于家庭财产有平等的所有权与处理权的问题。有人提出如一方任意挥霍、发生纠纷时，该如何处理？讨论后他们认为夫妻双方在按照婚姻法中第三章第七条、第八条的精神共同生活时，对财产的所有权与处理权才会是平等的。如一方任意挥霍，甚至发生纠纷时，则国家法律就要保护进步的一方，对落后的一方加以教育，并慎重处理财产问题。

第四，关于非婚生子女享受与婚生子女同等的权利问题。有人问这样是否会发生偏差，鼓励了"打游击"的非婚男女？讨论后他们认为，新民主主义社会执行一夫一妻的婚姻制度，应坚决反对对婚姻采取不正确、不负责任的态度。关于非婚生子女，婚姻法第四章第十五条规定，"其生父应负担子女必需的生活费和教育费全部或一部分，直至子女十八岁为止"。这一条，一方面保护了儿童的利益，另一方面加重了生父的经济负担，实际上是对不合法婚姻的一个很好的警告和限制。

这种集中讨论学习的方式较快达成一致意见，对问题进行集中思考，最后得出的结论一般来说是比较合理的。

在司法系统中，另外一种较好的学习方式是从检查错误案件中学习。这在南京人民法院取得了比较好的效果。南京市人民法院干部联系自己经办的婚姻案件，集中学习了婚姻法，检查自己的思想。在学习、检查中发现某些干部还存在着封建思想的残余，在处理婚姻案件的过程中发生了不少错误与偏差，严重违反了国家的婚姻政策。有的干部为了了结案件，单纯地强调和解，而不顾政策原则。经过集中学习婚姻法之后，南京市人民法院的司法干部对婚姻法有了比较深刻的认识，并认识到要正确地掌握婚姻法的精神，必须清除自己从旧社会带来的封建思想残余。他们还要求司法干部从过去处理婚姻案时所犯的错误中检讨自己。这种从错误中学习的方式效果最为明显。

3. 初步开展婚姻法执行工作

在宣传婚姻法的同时，司法机关在同级党委和上级司法机关的领导和监督下，积极处理婚姻家庭案件，用实例帮助广大干部和群众学习婚姻法。

这一时期，司法实践的一个突出特点是注重对婚姻法立法精神的合理运用，而不是运动式的"一刀切"。

以感情破裂为标准，同时要有理，方可准许离婚，这是处理离婚案件的基本原则。例如，天津一城市妇女结婚后与丈夫感情原本不坏，但她不愿从事劳动生产。夫妻原住乡下，她对丈夫提出：如果不搬到城市（天津）居住，就坚决要离婚。天津市人民法院看她那么坚决，遂准她离婚。但男方不服，上诉到最高人民法院，经最高人民法院仔细调查、研究后，认为女方虽然坚决，但是无理，如果轻易批准，不但助长了女方的不正确思想，而且对社会也是不利的。因此，最高人民法院认为天津市人民法院的处理不妥，发回重审。最高院认为，一般来说，在双方没有虐待行为、确有感情不好的情况下，应采取说服教育的办法，使他们认识自己的错误，放弃过去不正确的意见，不应轻率批准离婚。这一案例体现了婚姻法以感情破裂为标准的离婚原则与必须有理由支持感情破裂的立法精神。

这一时期，司法实践的另一个突出特点是各地司法机关根据新颁布的婚姻法的基本精神清理积案。司法机关对包办、强迫、买卖、早婚、重婚、纳妾、童养媳以及丈夫虐待与迫害媳妇等婚姻案件，都给予了果断、慎重、合理的解决。

（1）包办婚姻

这类婚姻因为夫妻缺乏基本的感情基础，夫妻间经常出现矛盾，加上家庭成员的不良作用，容易出现打骂、虐待等更加破坏夫妻感情的问题。婚姻法的颁布，给这些婚姻的解除提供了强大的法律和舆论上的支持，原本强加维持的婚姻经过司法机关的介入可以解除。

【案例】1950 年 5 月,庆元县原告吴某在 12 岁那年便由父母做主嫁给被告周某,并在封建礼教压迫下勉强度过了 8 年。婚姻法正式实施后,吴某不想再被压迫,1950 年 5 月将一纸诉状递到了庆元法院,希望以此获得自己婚姻、爱情的自由。该案由时任庆元法院院长的杨荣亲自审理。杨荣审理该案时,深入双方的亲戚、邻居中了解案情,并找到平时与吴某、周某来往较紧密的亲朋好友谈话。通过多方了解后发现,双方因为是包办婚姻,婚后感情确实不和,周某不同意离婚,主要还是因为彩礼问题。杨荣多次组织双方当事人进行调解,以情理释法,但双方的矛盾依然无法解决。后经开庭审理,依法判决准许原被告双方离婚。最后,双方同意离婚,并由法院发给离婚调解成立书结案[①]。

像吴某这样的妇女在当时并不少见。婚姻法正式实施后,她们开始重新认识自己的价值,原先能忍受的事情再不能忍受了,她们依照婚姻法精神,争取婚姻自由、走出痛苦的婚姻。

【案例】1947 年,沔阳县十区 13 岁的闵全贵由表姐做主,许配给洪湖县六区的丁家旸。1951 年冬,17 岁的闵全贵出嫁。婚后两人性情不合,经常闹矛盾。1952 年 3 月,闵全贵向沔阳县法院起诉,要求离婚并拿回陪嫁财物。闵全贵起诉离婚后,婆家不能住,娘家也没有温暖。嫂子骂她,"有本事就离婚,不然的话,梁上有绳子,河里有水,随你的便"。闵全贵走投无路,只得借宿亲戚家。洪湖法院审理后准予离婚。10 月 30 日,闵全贵收到一纸离婚证书,但陪嫁财物没有解决。湖北省法院及司法改革委员会知悉情况后,派人检查。省司改委工作组走访男女双方所在村,闵全贵勤快能干,丁家旸不求上进、不爱劳动,整个家庭不和睦、生产不积极,工作组一致认为闵全

---

① 《一份手写离婚判决书,一段捍卫婚姻自由的司法记忆》,丽水市中级人民法院,2021 年 12 月 25 日。

贵要求离婚是应该的。工作组委派丁家旸所在乡的乡长找丁家人谈心,乡长住进了丁家。丁母说:"婚姻法是离婚法,把穷人的老婆给翻掉了。"丁家二弟说:"闵全贵不知足,婚都离了,还要东西,弄个丢人又掉财。"

乡长整宿耐心细致地做工作:新社会提倡男女平等,恋爱、结婚、离婚是双方自由,不是丢人;土地改革分田分地,男女都是一样地分的,陪嫁财物是她从娘家带来的,带走自己的东西不过分。丁家人思想工作做通后,工作组又去帮闵全贵把财物搬回了娘家。闵全贵很感激,表决心要在修堤中积极工作,争当模范[①]。

当时,像闵全贵这样的离婚案很多。以前的婚姻制度是完全维护男权和宗法制度的,这种包办婚姻毫无感情可言,但是因为性别差异或经济压力,女方只能忍辱负重,在痛苦不堪的家庭生活环境中维持着痛苦的婚姻。这样的封建婚姻,只有进行制度的根本性变革才能改变。婚姻法承担了这个责任。

(2)事实重婚、纳妾等不合理同居关系

重婚、纳妾等不合理婚姻是封建专制制度的产物,是男女不平等的集中表现,是违反婚姻法男女平等、一夫一妻立法精神的婚姻现象。婚姻法颁行以后,对这类婚姻的处理涉及尊重妇女的问题,人民法院或政府办理这种案件时采取的是具体问题具体分析的方法,效果不错。

【案例】重庆的杨素贞和胡清云婚后感情不融洽。于是,杨素贞便声称自己未婚,生活困难,与罗绍清结婚。审判中杨素贞坦白是因受不了胡清云的打骂而选择另行再嫁。重庆市一中院审理认为,杨素贞的重婚虽是被逼的,是迫于安家活命的无奈,但和胡清云未办理离婚手续就与罗绍清结婚,系犯重婚罪无疑[②]。

当时,对待旧社会遗留下来的重婚、纳妾等行为,人民法院认为:如果女方提出离婚的,政府或法院即予批准或判离,在财产上给予照顾;如果男

[①] 《湖北日报》,1953年1月8日。
[②] 李金莲《20世纪50—70年代西南地区重婚案件与司法裁判》,《文史天地》2019年第7期载,第27—31页。

方提出和后娶的离婚，亦批准或判离，财产上亦给予照顾。对于婚姻法公布前男方的重婚行为，法律上可以既往不咎（即不判重婚罪）。但对其他罪行如虐待、遗弃等罪，则要依法制裁。这种处理办法既有助于社会稳定，避免不必要的人身和财产上的伤害，也尊重了在旧式婚姻中的一些男女自由选择的权利，体现了婚姻法的价值追求和法治精神：尊重权利，维护公平！

（3）童养媳

童养媳现象违反了婚姻法的基本精神，也违反了人发展的基本生物规律，理应受到法律的禁止。

【案例】浙江青田县的孙娇翠4岁那年嫁给小她2岁的丈夫。1950年，新中国第一部婚姻法《中华人民共和国婚姻法》颁布，明令禁止重婚、纳妾、童养媳。然而，从未走出过山区，也从没读过书的孙娇翠却对此一无所知。1952年，随着这部法律在农村的贯彻普及，青田各个乡镇都建立了民主妇女联合会，有出路的童养媳都跑去离婚了。1953年，孙娇翠决定与命运抗争，她找到石矾乡政府，找到乡干部，提出离婚，并要求分家产。在乡村干部的调解下，孙娇翠与丈夫解除婚约，并最终分得家产：100斤番薯干、100斤稻谷，还有七分田。在调解书上按上大红手印之后，孙娇翠带着番薯干、稻谷回了娘家。那一年，她18岁[①]。

童养媳在民间作为一种习惯或者说一种制度，存在了几千年。这种用金钱交易不知世事的小孩的行为是相当残酷的。出现这种现象的根本原因还是生产力水平低下和分配不公，人们的生活水平参差不齐，穷人在万般无奈之下，用亲骨肉换取基本的生存条件。像孙娇翠这样的童养媳是无辜的，因为年幼无知，无力维护自己的权利。当代中国制定婚姻法的目的就是要解放妇女，实现男女平等，尊重人的基本权利。所以，人民法院在处理童养媳要求脱离关系的案子时，是很果断的。

以上几个案例，不管是包办婚姻、买卖婚姻、一夫多妻还是童养媳，都

---

① 《浙江法制报》，2019年10月17日。

是对婚姻自由、男女平等、一夫一妻制的挑战。它们在新的婚姻家庭制度下是不应该有生存空间的，至少在形式上应该消失。这些旧社会遗留下来的制度可以在短时间消失，但改变这种制度背后隐藏的社会意识则需要很长的过程。在社会生活中，特别是老少边穷地区，群众对这些封建制度的危害认识还不够，甚至在很大程度上自觉不自觉地维护这种落后的婚姻家庭制度。婚姻法精神要真正走进他们的心里还需要些时日。

这一时期，司法实践还有一大突出特点是基层党员干部干涉婚姻自由和违反婚姻法的情况比较严重，在群众中引起不良影响。党和国家在婚姻法的宣传和学习中，在帮助群众提高认识的同时，也通过司法手段让他们承担违反婚姻法的责任和后果，更加深刻地理解婚姻自由的精神。

【案例】20岁的河北省永年县姑娘王娥狄1949年与本村的丈夫离婚后与临村郑鸿生（23岁）结婚，两人感情很好。婚后郑母高氏经常打骂王娥狄。王娥狄在受气时揭发了婆婆高氏跟村支部书记通奸的短处，郑高氏便更加虐待王娥狄。1950年2月，郑鸿生因一件小事打了王娥狄，王娥狄立即到村政府要求离婚。村干部们并不调解，反而利用职权压制王娥狄的离婚要求。村公安员董挪狄还无理训斥王娥狄。王娥狄没办法，只好回娘家。后董挪狄和青年团村支部书记郑堡狄硬逼着王娥狄回到婆家。郑堡狄还说："你想离婚比登天还难！死到他家里也离不了。"王娥狄走投无路，曾一度想跳井自杀。

1950年4月17日，王娥狄与婆婆吵架时又说到了婆婆的短处。郑鸿生便对王娥狄打骂交加。他堂哥郑生华也在旁助威喝打。王娥狄一时气愤，就投入院东北角的井内自杀[①]。

从上面的案例看，在婚姻法执法过程中，容易对执法造成心理和实际阻碍的是基层干部。他们手中掌握有一定的权力，在执法过程中特别是涉及自己切身利益的时候容易滥用权力，做出一些违法乱纪的事情，降低了党的威信，损害了法律的尊严。

---

① 《山东女子学院学报》，2016年第1期载，第51—56页。

在王娥狄自杀事件中，其丈夫和婆婆应负直接责任，各有关村干部亦应负连带责任。所以，在基层的司法过程中，要切实纠正某些干部和群众蔑视女子权利的错误思想，首先要纠正党员干部的错误思想。

在婚姻法的初期施行过程中，司法工作人员对婚姻法理解的准确性至关重要。由于婚姻法原则性的规定多、具体操作的规定少，基层司法人员在处理具体案件时，经常出现很多疑问，需要立法和司法机关对一些带有普遍性的婚姻处理问题作出比较明确的回答。1950年6月26日，中央人民政府法制委员会就有关婚姻法施行的十四个问题作了比较明确的解答，其中包括婚约的有效性、重婚纳妾、童养媳、婚龄的计算、近亲结婚、家庭财产、非婚生子女、离婚后子女抚养费、少数民族婚姻等问题。这些都是司法部门在婚姻法实施过程中经常碰到或者人民群众在学习婚姻法中经常产生疑问的问题，中央人民政府法制委员会给出的明确回答和解释具有全局性的指导意义，这种融立法解释和司法解释于一体的方式，在当时中国的法治环境下具有重要的现实意义。

4. 初步宣传和执行婚姻法工作中的问题

虽然婚姻法初步宣传和执行取得了较好的成绩，但也存在一些问题，需要在后来的工作中得到妥善处理。主要表现在以下几个方面。

（1）封建思想和夫权思想尚存

在广大农村地区，一些区、村干部和群众还有着相当浓厚的封建思想和夫权思想。比如，东北地区有些区、村干部，因为有着封建意识，把登载婚姻法的报纸锁在抽屉里，不向群众宣传。有些干部认为宣传婚姻法就会妨碍生产。山东有些村干部，不敢宣传婚姻法，或是片面地宣传婚姻法，如只宣传结婚，不宣传离婚。有的干部甚至歪曲婚姻法，进行恶意宣传。有的在执行政策过程中纵容封建势力，偏袒男方，压制妇女。处理离婚案时，男的提出来离婚可以离，女的提出来就不能离。有的干部甚至为了保护村子的"好名誉"而限制离婚。

有的干部存在着严重的重男轻女思想，简单地将男女间的不合理现象归罪于妇女，而不追求其社会根源。他们不懂得妇女的某些弱点是生理条件所造成的，或是旧社会所留下的。他们不去多方面照顾女同志的困难，不去耐心地、有计划地培养提拔女干部，甚至把一些女同志由这一机关送到那一机关，推来推去，不给予适当的工作，或虽然给了工作，也很少给她们应有的指导和帮助。

当时某些党的干部，一方面错误地利用党的组织力量或人民政府机关的权力，强迫党员离婚与结婚，或干涉男女群众的婚姻自由；另一方面又对自己的婚姻问题采取不严肃、不负责任的态度，轻率地结婚和离婚。有些男干部把妻子当作自己的附属品。

不仅部分男性，而且部分女性也存在轻视妇女的思想。一些女干部不愿做妇女工作，一是她们从内心轻视妇女工作，二是觉得妇女工作困难，缺乏斗争勇气，采取消极态度和逃避的办法。

（2）有些司法干部草率判处婚姻案件，给群众造成误导

在执法过程中，有干部认为离婚自由会造成混乱，因此"名正言顺"地干涉女方离婚后的婚姻自由。例如，妇女张某与人姘居，丈夫告到法院，请求离婚。法院允许离婚，却在和解书上规定"女方不得与姘夫同居"，以致原告对已离婚的妻子的婚姻加以干涉，还借口说是法院给了他这个干涉权。她以后结婚，要经他的许可。

有的司法干部错误理解婚姻法的精神，无原则判决案件。例如，徐某以一石米为交换出卖了自己的妻子，米收足后，徐某到法院告状，说米未收足。法院查清事实之后，"教育"徐某说："米已收足，不应再告。"就此了事。这样处理，等于承认了封建的买卖婚姻制度的合法性。又如，女孩兰某被其养母以三钱金子许给陈某作童养媳，她的父亲到法院告状，法院为他们和解的结果是："兰认陈为女婿，男不得另婚，女不得另嫁，否则受法律制裁。"这样，实际上是保护了封建的童养媳制度。又如，法院"和解"了一件"小老婆"控告丈夫和"大老婆"虐待的案件之后，和解书上说："三人建立正常夫妻关系，如再有争论，当以丈夫王某违犯和解论。"人民法院处理案件，竟把一夫多妻认定为"正常"的夫妻关系。这反映了一些基层司法人员的观念陈旧，没有领会婚姻法的基本精神。

(3) 群众对婚姻法存有一些错误理解和看法

婚姻法公布以后，离婚人数增加，有些人因此对婚姻法有疑问或误解。有人认为"离婚太自由了"；有人错误地认为"婚姻法太偏向妇女了"，"提高女权走了极端"；有的干部错误地认为"婚姻自由只对妇女有利"，所以对妇女提出的离婚要求拖延不理；有的还强迫妇女继续过着痛苦生活；有的干部无原则地迁就群众的落后意识，无理地阻挠青年男女自由恋爱；还有少数司法干部不根据政策原则处理婚姻案件，却听信区、村干部不正确的意见；也有一些干部处理婚姻问题不慎重，一提离婚就批准。这些现象，都妨害了男女婚姻自由，特别是阻碍了妇女的解放。因为婚姻问题解决得不适当或不及时，造成了不少的妇女自杀事件。根据察哈尔省1950年的不完全统计，在该省219起自杀案里面，有51件是因为婚姻问题而自杀的。河北省石家庄专区自1949年下半年至1950年2月，因不合理婚姻而发生的命案共有21起，死伤达22人[①]。

封建的婚姻制度和婚姻习惯，是在几千年的历史中形成的，要想在几年之内将它们从形式到制度上全部摧毁是不现实的，要想在短时期内消除封建思想的影响尤其困难。"封建思想的残余，在广大人民群众中，甚至在我们党内一部分党员中，却仍然存在着。这种封建思想，当然是残存于多方面的。但在婚姻问题上，却表现得最为明显与突出，遗毒人民也最广。"[②]使婚姻法思想深入人心，不是一蹴而就的事情，还需要党和政府的各级机关领导广大人民群众在社会婚姻实践中不断努力，用新的婚姻思想武装头脑，让婚姻法治的基本精神渗透到社会的各个角落。

总之，自1950年5月起，婚姻法的宣传和执行社会效果明显，给广大男女群众特别是青年男女群众带去了光明与幸福，为后来继续摧毁封建婚姻制度，加速新民主主义婚姻制度的发展奠定了基础。当然，在宣传和执行婚姻法过程中出现的一些问题也说明贯彻执行婚姻法是一个艰苦的任务，婚姻法

---

① 《河南师范大学学报（哲学社会科学版）》，2009年第4期载，第146—149页.
② 安子文《实行婚姻法与肃清封建思想残余》，《新中国妇女》1950年第8期载，第9页。

的宣传需要继续深入。

（二）婚姻法宣传、贯彻的深入阶段（1951年10月—1952年12月）

鉴于封建思想和封建婚姻制度仍然大量存在，许多人民群众甚至是党员干部依然深受其影响，1951年底，中国共产党决定继续开展贯彻婚姻法运动。

针对婚姻法初步宣传贯彻工作中发现的问题，1952年，中国共产党中央委员会下发了《中国共产党中央委员会关于保证执行婚姻法给全党的通知》，指明"各级政府组织应负责对共产党员和人民群众进行宣传教育，提高他们的思想觉悟，以便积极配合国家贯彻婚姻法运动的政策举措。使各部门工作人员正确处理各种婚姻案件，维护广大妇女的合法权益。对于共产党员或干部干涉妇女婚姻自由，而致妇女伤亡的，应当给予法律上的严厉制裁"①。

各地区采取具体措施，加强了对宣传贯彻婚姻法工作的领导。县委在各种会议上号召干部认真学习，带头宣传贯彻婚姻法。组织干部和积极分子深入基层群众中进行检查，通过座谈会、报告会、家庭访问等方式了解和处理群众的婚姻家庭问题。这些会议活动在宣传婚姻法、教育群众的同时，还增进了邻里之间的亲密关系。

妇联等基层组织广泛向代表们作了关于宣传贯彻婚姻法的报告，号召妇女与封建婚姻制度作斗争。1952年3月2日在平湖县妇女代表会议上，县妇联主任张筠秋作了关于宣传贯彻婚姻法的报告。在这次会议组织的诉苦会上，有12名妇女用她们的亲身经历控诉了封建婚姻制度给自己造成的痛苦。她们中有的7岁就被送给人家做童养媳；有的知道男方有癔症，本人不愿意，也被迫结婚；有的丈夫死后，被婆家赶出门，成了"无巢鸟"；有的不堪虐待，被迫到庵堂去做尼姑；有的无法承受折磨几次自杀。字字血，声声泪，台上台下哭声一片。通过新旧婚姻制度对比，代表们加深了对旧婚姻制度的仇恨，提高了宣传贯彻婚姻法的自觉性。

举办婚姻法宣传广播大会。江西、湖南、河南等省都举办了贯彻婚姻法

---

① 中华全国妇女联合会编《中国妇女运动重要文献》，人民出版社，1979年版，第204页。

运动广播大会。据不完全统计,在江西省40个市县的300多个收听会场,有近40万人收听了大会的实况广播。1952年1月24日,黑龙江省妇联与省人民广播电台联合召开了贯彻婚姻法广播大会,全省有10万多人收听,省人民政府主席于毅夫在广播大会上作了题为《大张旗鼓坚决贯彻婚姻法》的讲话,要求各级人民代表大会、各级人民政府要做出决议,认真贯彻婚姻法,揭露封建婚姻制度的罪恶,提倡男女平等、婚姻自由,并支持人民争取婚姻自由。一切群众团体、宣传机关都要动员起来,把这一精神坚决贯彻到广大人民中间去。许多备受封建婚姻制度压迫的妇女在广播中讲述自己的经历,如妇女陈小妮讲述了自己与虐待她的丈夫离婚,另与她心爱的人结婚后,由消极劳动变为积极劳动。李克书夫妇自由结婚后,生产学习都好,将生字写在手背上互教互学,双双加入青年团。妇女薛巧花在广播大会上痛哭流涕地讲述自己的痛苦经历:新中国成立前,她的父亲因生活逼迫,把她卖给地主王临祚为妻,当时她只有14岁。出嫁后,丈夫和婆婆常常打骂她,把她当牛马一样使唤,她除做家里的一切家务外,还要和雇工一起下地,每天侍候丈夫和婆婆吃白面、吃馍馍,她吃粗砂面、苦菜,甚至有时没得吃……

一些报纸、杂志也大力宣传婚姻法。如为配合婚姻法宣传,截止到1951年12月,《天津日报》刊载稿件109篇,《新生晚报》登载194篇;《广州妇女》从1951年第10期开始,加强了对婚姻法的宣传。其中1951年第11期被称为"婚姻法专号",专门刊登宣传婚姻法的文章。该期侧重于宣传婚姻法条文,其刊载的《中华人民共和国婚姻图解》占用了该期一半印张,对婚姻法条文逐条进行了浅显的解释,并附有插图,可谓图文并茂,使抽象、乏味的婚姻法条文变得浅显易懂,又有趣味性。1952年的第1—3期则注重运用广州市的真人真事宣传婚姻法的好处,如1952年第1期的《陈桥和张文幸福地结合了》、1952年第3期的《寡妇李惠卿找到了合意的对象》等。1951年11月,《浙江日报》《解放日报》连续8次刊登了嘉善的典型事例。内容有《从痛苦的包办婚姻中冲杀出来——杨婉芳婚姻自由的故事》《婚姻带给肖爱宝的幸福生活》等。浙江人民广播电台也连续广播了嘉善贯彻婚姻法后涌现出来的先进典型人物。

一些地方在生产过程中贯彻婚姻法,给女工人讲解婚姻法的内容和精神,使人们了解了婚姻法的基本情况,了解了婚姻法就是要给予妇女婚姻自由、让她们自主决定自己的婚姻,自由恋爱,同时可以通过参加生产劳动来争取经济独立,以便提高自己的经济地位,提高自己在婚姻家庭中以及社会上的地位。还有些地方由于将婚姻法落实到生产中,始终坚持男女平等的观念,使女性职工也能按照自己的劳动得到应得的工资,而不像以前那样,即使干的比男性工人多,拿到的钱却比男职工少,如此一来,女职工对自己得到的报酬都很满意,因而更加精神饱满地对待自己的工作。也就是说,在那些妇女分得了土地、接受过男女平等思想的教育、热爱劳动的地方,妇女在各方面的地位都有了翻天覆地的变化。她们充满幸福感,受人重视,好多妇女还被推选为妇女代表和领导干部。我们还要认识到:妇女积极参加劳动,既是为了解放妇女本身,同时也是为了国家的经济建设,为了社会事业的蓬勃发展。

(三)婚姻法宣传贯彻的高潮阶段(1953年1—4月)

1. 宣传贯彻

1952年底,抗美援朝告一段落,民主运动以及土地改革运动也胜利完成,国家将要集中精力进行经济建设。但是由于包办买卖婚姻,妇女受虐待、迫害等封建婚姻制度仍大量存在,家庭关系不和睦,男女对于即将开始的集中恢复经济的生产活动普遍不热心。党认识到只有家庭关系搞好了,夫妻之间才会同心协力地投入生产建设当中,为社会事业的发展作出贡献,于是决定将1953年3月定为贯彻婚姻法运动月,进行一次轰轰烈烈的贯彻婚姻法和检查婚姻法执行情况的群众运动。

1953年2月,中央人民政府政务院、中华全国民主妇女联合会、中国共产党中央委员会分别发布了《关于贯彻婚姻法的指示》《为拥护和执行中共中央及中央人民政府政务院关于贯彻执行婚姻法的指示、补充指示及纪念今年"三八"国际妇女节给各级民主妇联的通知》和《关于贯彻婚姻法运动月工作的补充指示》。这三个重要文件对贯彻婚姻法的任务、方针、方法和具体政策作了明确规定。文件指出,这次贯彻婚姻法运动以废除封建婚姻制度,推行新民主主义婚姻制度，普遍实现婚姻自由、男女平等，建立团结和睦的新式家庭，增强国家经济建设与文化建设的力量为目的。

文件认为，婚姻制度的改革，虽是一种反封建的民主改革，但它不同于农村中的土地改革和其他社会改革。因为婚姻制度的改革是人民内部的思想斗争，是以先进的思想反对落后的思想——封建思想，从人们思想中清除旧社会遗留下来的关于婚姻问题方面的封建意识，这就需要有长期的、细致的、耐心的工作，而不能采取粗暴急躁的态度与阶级斗争的方法，不能想着在一次运动中就完全解决问题。

因此，文件要求，贯彻婚姻法运动一方面需要展开一个大张旗鼓的群众性的宣传婚姻法及检查婚姻法执行情况的运动，使广大人民群众和干部与封建思想划清界限，把几千年的封建婚姻制度根本摧毁，正确地实行新民主主义婚姻制度；但另一方面在运动中又必须坚持教育的方针。对于大量的既成的包办买卖婚姻及因婚姻不自由而造成的家庭不和睦现象，基本上应采取批评教育、提高觉悟、改善与巩固夫妇关系的办法；对极少数严重违反婚姻法，夫妇关系十分恶劣，确实无法继续维持的，应该准许离婚，但必须经过认真的调解说服工作，以取得广大群众的同情；对于一般干涉婚姻自由和违反婚姻法行为但未造成严重恶果致民愤很大的严重犯罪分子，则须按法律予以应得的惩处。为了集中力量摧垮封建主义婚姻制度，绝不要把问题扩大到一般的男女关系和家庭关系方面去，以免把运动搞乱。

根据中央的指示，全国上下成立了大量的贯彻小组，各地的法院、基层组织也积极协助领导组，对民众进行大范围的宣传教育，同时对虐待、迫害妇女严重的罪犯给予严惩，对广大人民群众起到了很好的警示教育作用。

各地对于贯彻婚姻法运动非常重视。纷纷召开各种基层会议，明确婚姻法运动的目的、性质、方针以及准备任务等问题。如准备宣传资料、训练领导干部、召开各级人大代表会议及政协会议进行全体总动员等，为运动的顺利开展打下了良好的基础。各地分别建立贯彻婚姻法运动委员会，作为婚姻法运动的领导机构，统一领导地区婚姻法运动，并在其下设立各种分支，为运动提出各种指示并负责日常工作，以保证运动的顺利展开。

贯彻婚姻法运动开展前夕，为了使干部充分领悟婚姻法的原则及内容，以便更好地向群众宣传讲解、更好地贯彻，各地区召开各种会议，为干部们做思想工作，同时动员广大人民群众积极参加这场运动，指出贯彻婚姻法运动是一场除旧迎新的运动，关系到男女群众的幸福，关系到人们参加生产活动的热情以及社会主义新社会的建设，关系到党对于人民群众的向心力、凝聚力，关系到党的领导，具有十分重要的政治意义，动员群众务必参加到这场运动中来。

从3月11日到4月中旬，在各方力量的大力支持配合下，各地政府、法院、妇联等组织采取各种宣传方式，开始了广泛的宣传活动。

（1）培训干部

由于封建社会遗留下来的封建思想对人们的影响并不能随着封建的政治制度和经济基础的消灭而消灭，所以在群众和干部中，都还存在着不同程度的重男轻女的封建残余思想，及由此而产生的对婚姻法的各种不正确的认识。

各地按照中央关于宣传贯彻婚姻法的步骤，在干部中展开了反对封建残余思想的斗争，以便领导干部以身作则，保障婚姻法的正确执行，以大力提高男女人民群众的政治觉悟。通过学文件、听报告、小组讨论，使干部对婚姻法的认识有了进一步提高。在此基础上与会干部按中央补充指示内容和范围进行认真的自我对照检查。有的检查了存在的"怕出事""怕死人""怕麻烦""怕挨骂""怕负责"的"五怕"思想；有的检查了自己原来认为婚姻法是"离婚法""拆家法"，"只对妇女有利"的错误看法；有的检查了自己过去对婚姻法不重视，因而造成婚姻纠纷不断、积案增多的问题，决心今后一定要认真学习，带领群众把婚姻法宣传好贯彻好。

通过学习和检查，干部提高了对婚姻法的正确认识，他们认识到了新婚姻制度的自由、平等的理念，它有助于建立民主幸福的新式家庭，推动生产力的发展，有利于国家的生产建设，有利于后代子孙的身心健康。在宣传教育中，必须对封建婚姻制度的残余思想及其种种毒害进行具体分析，让人们认识到封建婚姻制度的危害性，从干部到群众进行各种思想上的批判，以便从思想精神上打好贯彻婚姻法的牢固基础。事实证明：只要党的组织、政府机关和人民团体的领导干部，注意和加强了政治思想教育，就能够正确地执行婚姻政策并正确地向人民进行宣传，婚姻法的执行就会有显著的成绩。反过来，如果不是这样，那么干部在执行婚姻法过程中就容易发生各种各样的偏差，妇女争取婚姻自由的斗争就得不到应有的支持与保障。

（2）进行试点工作

为了在大范围内贯彻婚姻法，一些地区选取了较具有代表性的地方，优先开展运动，以便获取贯彻婚姻法的经验。例如，浙江省武义县三港乡试点在1953年3月中下旬进行，历时15天。为了加强领导，县委派出工作组到该乡进行指导，在整个试点工作中，坚持以生产为中心结合开展了宣传贯彻婚姻法运动，工作分三步进行：第一步是训练基层干部、摸清情况、交待政策，稳定干部情绪。由乡长作关于贯彻婚姻法与搞好生产的关系的报告，统一乡村干部的认识。第二步是向群众广泛深入宣传婚姻法，在试点工作中，各级妇联在党委的统一领导下，注意结合妇女的特点，开展一家一户的宣传教育工作，做一人一事的思想发动工作，引导妇女回忆旧社会妇女婚姻之痛苦，讲新社会妇女婚姻自主之幸福。同时各级妇联注意抓正反两方面的典型，大张旗鼓地宣传婚姻自主的典型，配合法院打击包办买卖婚姻，取得很好效果。第三步是从检查生产着手，整顿与巩固互助组，把婚姻法精神体现在日常生产和家庭生活中。在试点中，由于始终贯彻了坚持教育的方针，紧密结合生产，在贯彻婚姻法运动后，干部群众基本上划清了新旧两种婚姻制度的思想界限，普遍地拥护婚姻法，婚姻自主的新风气开始树立，改善了家庭关系。

三港乡以生产为中心结合开展贯彻婚姻法运动的经验主要有三点：一是在领导思想上明确认识到，贯彻婚姻法是为了进一步发展生产，而贯彻婚姻法必须以搞好生产为前提，两者必须密切结合、互相穿插。二是在婚姻法的宣传教育中突出了其与发展生产的关系，从而树立群众对婚姻法的正确认识，并引用家庭关系好坏对发展生产有显著关系的典型事例，充实宣传内容，在具体宣传婚姻法时，一般都是从发展生产讲起，以真人实例说明婚姻法与男女老少以及发展生产都有很大关系。三是通过互助合作组织进行工作，这是使贯彻婚姻法与生产紧密结合、穿插并进的好方法。三港乡在全面宣传婚姻法过程中，主要以互助组为单位吸收其他群众参加。在谈婚姻法中谈生产，在谈生产中又联系到贯彻婚姻法。如三港乡三北村褚顺明互助组在讨论到男女平等时，大家检讨了过去只发动妇女参加田间劳动、男女同工不同酬、有事也不与妇女商量的男尊女卑思想，认识到今后要听取妇女对生产的意见，坚决执行同工同酬政策，以调动妇女们参加农业生产的积极性。

（3）层层会议促贯彻

为了促进婚姻法贯彻落实，全国各地组织了层层会议，逐级逐层传导。河北组织了100多万人的宣传力量，在广大群众中展开宣传活动。天津各区共组织600多名报告员深入大街小巷，分别向市民作了有关婚姻法的报告。各街道听过报告的居民，举行了片会或小型座谈会进行讨论。陕西西安自3月3日运动开始后，已召开群众会700余次，受到宣传教育的群众达11万余人。辽宁沈阳在运动开始后，举行群众性的代表大会，用生动的典型报告把新旧婚姻制度作了鲜明对比，把到会人员变成运动中的积极分子，扩大了宣传队伍。11月12日，天津市民主妇联、市人民法院、市人民广播电台举办了关于婚姻法的广播讲座。讲座的内容主要包括婚姻法的基本精神、什么是婚姻自由、父母应如何对待子女的婚姻、婚姻登记、妇女应如何与旧的封建婚姻制度作斗争、如何建立和睦民主的家庭、怎样认识离婚问题、各种离婚案件的处理、离婚后子女财产问题、各种刑事婚姻案件的处理等。讲座的同时，播放正反婚姻典型、市人民法院婚姻案件审理情况。

在群众对婚姻法有了一定认识的基础上，举办各种婆婆会、媳妇会、青年会、男人会等深入细致的会议。如婆婆会主要谈论如何当个好婆婆；媳妇会讨论怎样做个好媳妇，怎样与公公婆婆和谐相处；青年会则教育大家应树立正确的婚恋观念，积极努力地争取自己的终身幸福。

妇联干部深入妇女群众中去，和女青年、童养媳、寡妇以及思想阻力大的老婆婆促膝谈心，反复讲解婚姻法的精神，坚决支持青年争取婚姻自由的权利，为受迫害妇女伸张正义。妇女们称赞妇联干部比娘家人还亲。在举办这些会议的同时，帮助群众订立"家庭公约""丰产计划"，建立民主和睦、团结生产的新家庭。

（4）举办贯彻婚姻法展览会

天津地区通过编写婚姻法贯彻以来的典型事例，准备各种材料，于3月13日至4月8日，由市贯彻婚姻法运动委员会主办了"贯彻婚姻法展览会"。展览会上，通过图片、照片、实物、真人真事现身说法，宣传婚姻法和妇幼卫生知识，对婚姻法内容进行解释，让人们了解政府在婚姻方面的政策。同时，还展出了揭露旧婚姻制度罪恶的图片，其中有些图片揭露了青年妇女因婚姻不能自主而投河、童养媳不堪虐待而自杀、寡妇被迫殉夫的现象。这些典型事例揭露、批判了封建婚姻制度的罪恶及其实质，为进一步贯彻婚姻法铺平了道路。展览会上还展出了殴打残害妇女的凶器，如扁担、三节鞭、尖刀、烙铁、绳索等。展览反映的都是真人真事，引起了观众对封建婚姻的愤恨。一位59岁的老年妇女观看后说："封建婚姻真是害死人。"第二天她动员了7位老年妇女来观看，自己给她们做讲解员。一个带孩子改嫁的妇女说："从前人家都叫我的儿子'拖油瓶'，以后再也不会受人侮辱了。"展览会上还展出了获得婚姻自由、建立美满幸福家庭的连环画，展示了人民群众如何与封建婚姻制度作斗争并最终取得胜利，建立了新民主主义的婚姻思想，成立了新式家庭，到处呈现出喜气洋洋的婚姻新气象。展览会期间，市民主妇联组织广大妇女参观。一个月内有17万群众参观展览会，很多妇女一再要求讲解员反复讲给她们听，宣传效果非常好。通过参观展览会，广大群众更加深刻地认识了封建婚姻制度的罪恶，深切体会到了婚姻法的好处。来自各个领域的人们，如教师、军人、医生、工人等也热情地参加了这些活动，纷纷称赞婚姻法给男女群众的婚姻幸福带来了光明、带来了希望。

（5）开展各种以婚姻法为主题的文娱活动

为深入宣传贯彻婚姻法，全国各地组织了系列文娱活动。如河北省滦县（今滦州市）农村有82个业余剧团，配合宣传婚姻法，几乎所有剧团都排演了《刘巧儿》《小二黑结婚》《小女婿》。该县罗古庄业余评剧团历史较长，演出剧目也多，他们排演了《刘巧儿》《喜鹊登枝》《都满意》，还根据真人真事自编自演了《白素贞》；大下五岭的业余评剧团除排演《小女婿》《小二黑结婚》《刘巧儿》外，还排演了针对性很强的《新婆媳》《婚姻法》两个新剧目①。又如浙江平湖县电影放映队结合宣传贯彻婚姻法放映幻灯片及《白毛女》《二家春》等有关影片；新华书店发行婚姻法图释本 2 万多册；农村业余剧团配合贯彻婚姻法演出 387 场次，观众达 99320 人次，演出剧目有《罗汉钱》《不再做童养媳》《幸福生活自己找》《梁山伯与祝英台》等；城关镇在这次运动中有 30 个居委会、45 个同业公会、4 个产业工会都召开了群众大会进行宣传，到会人数 5551 人，6 支宣传队每天在街道里弄宣传，听众有 15000 多人；书场艺人弹唱《婚姻自主》等节目，黑板报、夜光报及时登载了有关婚姻法的宣传资料，广播员深入每个茶店进行宣传，有线广播也同时展开了宣传，将所有宣传工具都运用起来，呈现出大张旗鼓宣传贯彻婚姻法的强大声势和生动景象。黑龙江省一些县、区、村妇联配合学习贯彻婚姻法，组织演出了《赵小兰》《小女婿》等剧，宣传效果很好。密山县二区三里村李桂梅母亲不同意女儿的自主婚姻，"三八"节那天看了《赵小兰》一剧后，她很受教育，同意了女儿的婚事。密山县十区新发村副村长有严重的封建残余思想，荣军公司赵会计打骂老婆，有一次把媳妇打昏了，他也不闻不问。"三八"节看了宣传婚姻法的剧后，他深受教育，在村妇联组织召开的纪念"三八"节大会上，他坦白承认了错误，表示今后一定铲除封建残余思想，为妇女撑腰，为她们解除痛苦。

3 月下旬，贯彻婚姻法运动月转向总结阶段。评选、表扬了模范家庭和模范人物，这当中有好家庭、好夫妇。群众在向模范夫妻、模范家庭学习的过程中，解决了大量的家庭纠纷。

通过大规模宣传贯彻婚姻法，婚姻法的内容已大体上为人民群众所了解。广大群众受到了教育，婚姻观念开始转变，积极主动地反对封建婚姻制度的压迫，婚姻自主权也逐渐为妇女个人所掌握，各地出现了大量夫妻婆媳关系融洽的家庭。

---

① 中共滦州市委党史研究室著《中国共产党滦县历史》（第二卷），中共党史出版社，2015 年版，第 27—31 页。

2. 贯彻婚姻法运动中发现的问题及其纠正

贯彻婚姻法运动在全国大部分地区开展起来，由于采用的群众运动方式，参加人员众多且水平参差不齐。因此，这次运动出现了以下几个方面的问题。

（1）在贯彻婚姻法运动中束手束脚。这在武汉地区表现明显。主要表现为三个方面：一是很多报告员在报告时，仅仅照着中央贯彻婚姻法运动委员会发布的宣传提纲解释一下，不敢联系实际和联系群众思想，因此群众对报告不感兴趣，宣传作用不大。二是不敢大胆运用基层干部，导致一些经过训练的干部没有担负起向群众宣传的工作。郊区一些基层干部甚至不敢动员群众，怕犯"强迫群众到会"的错误。三是基层干部对中共中央关于贯彻婚姻法运动月工作的补充指示上所规定的"对一般人民群众应以进行婚姻法宣传为限"的精神体会不够，害怕群众提出具体问题后不能解答和解决，因此不敢组织群众座谈和讨论。

问题出现以后，武汉市召开各区贯彻婚姻法运动委员会主任联席会议，讨论如何纠正这种现象。会议认为，要解决这个问题，首先要求各区必须有计划、有步骤地开展运动。报告员作报告时必须从具体情况出发，联系实际，从群众最易接受的方面着手，宣传婚姻法。对受过训练的基层干部，必须放手使用，督促他们在报告员报告后，积极地组织群众座谈和反复讨论，并主动地引导群众分析自己的思想认识，及时掌握群众所提出的问题，能够作正确解答的就及时解答，解答不了的，集中向区或市一级的领导机关请示后，再向群众解答。

（2）干部敷衍了事，不发动群众，运动无法展开。这种现象在天津一些工厂表现明显。根据天津市总工会当时的调查，天津某些工厂因为没有认真宣传贯彻婚姻法，许多已婚女工受着公婆丈夫的虐待，她们劳动所得的工资全部或绝大部分交与家庭，自己营养极差，严重地影响了生产和自己的身体健康，甚至影响了子女的健康。

（3）干部对中央指示的精神领会不够，对运动的目的、性质、方针和具体作法把握不准，因而在运动中发生了死人现象和违法乱纪事件。比如，河南郑州专区7个县从1953年2月22日到3月9日连续发生死人事件21起（男6、女15），其中自杀身亡的12人，被杀死的2人，经救活的6人，逃亡失踪的1人[①]。

针对这种情况，最高人民检察署通报各地人民检察署，严密防范贯彻婚姻法运动中发生命案。

出现这些事件的原因，主要有两个方面：一是由于妇女觉悟提高，积极争取婚姻自由，遭受反对者的报复、杀害；二是有些基层干部不懂政策，乱宣传，乱找典型，乱追往事，引起群众恐惧，造成命案，还有个别地区在处理婚姻案件中严重违反中央政策。如江西省乐平县各区都成立了婚姻法庭。县领导机关决定在贯彻婚姻法运动中全县要惩办60人，并规定判处徒刑五年以下者不必向县里请示。结果已判处的37人中很多人是不应该判刑的。该县有个农民因打老婆被区婚姻法庭判了一年半徒刑，他老婆带着孩子跑了70多里路哭哭啼啼跑到法院，请求释放她丈夫。该县有个地主老婆的儿媳在解放前因难产死去，该县婚姻法庭的干部认为这个儿媳的死应由婆婆负责，因此判了这个婆婆三年徒刑，丢下5岁的小孩无人照顾。群众看到这种情况，都恐惧不安。最高人民检察署认为，这些都是违法乱纪的行为。各级人民检察署如发现类似情况，应立即注意纠正，并协同当地人民法院重新审查处理，不该判刑的应立即提请撤销原判。

（4）在广大农村，人们普遍担心婚姻法运动会影响农业生产。这种担心是可以理解的，但是不能因为这种担心影响了整个运动的开展。于是，舆论方面就找典型，推广经验，解除广大农民的顾虑。《人民日报》连续刊发几篇文章，介绍山东聊城、安徽杭口、贵州乌当如何将以生产为中心与贯彻婚姻法相结合，如何做到贯彻婚姻法与生产两不误，取得很大成绩。他们的经验主要是：从解决干部思想入手，贯彻婚姻法时要重视生产；训练干部也是结合生产进行的；向群众宣传也是紧密结合生产进行的。

---

① 《人民日报》，1953年4月1日。

五、新中国第一部婚姻法实施的成效

《中华人民共和国婚姻法》的实施破除了人们的封建婚姻观念，废除了几千年的封建婚姻制度，使广大群众特别是妇女从封建婚姻制度的桎梏中解放出来，使妇女在政治、经济、文化、社会生活各方面的地位显著提高，出现了无数团结和睦的新式家庭，婚姻家庭关系逐步趋于稳定。

（一）废除了旧的封建婚姻制度，形成了婚姻新气象

贯彻婚姻法运动废除了延续数千年的封建婚姻制度，使人们深入了解了新婚姻制度的好处，人们的婚姻观念逐步转变，纷纷结束了痛苦的婚姻生活，寻求美好幸福的新生活。

1. 破除了包办、买卖的旧习气，婚姻自由风气逐步形成

传统的包办买卖婚姻以父母之命、媒妁之言为特征，约束了无数人的婚姻自由，有的人为此丧失了性命，这都是包办婚姻带来的恶果。婚姻法颁布后，这种恶劣的婚姻习气有了改观。据统计，山西省武乡县从1950年5月到1951年11月结婚的1695对夫妇中，真正自主自愿的就占82%左右，五六十岁的老年人自由结婚的也很多，白家庄一村就有10对老人自由结婚。北京市郊姚家园村在运动前，两年内只有4对自主结婚，运动后仅一个月内，就有20多对青年找到了满意的对象[①]。青年男女普遍认为过去包办婚姻不自由，如今自由恋爱自做主，自找对象自称心，是婚姻法给了他们幸福。群众说婚姻法是"挖掉封建根，栽上幸福花"，很多父母都不再干涉、包办子女婚姻，支持他们婚姻自主。

还有些妇女群众主动同包办、强迫婚姻作斗争，争取婚姻自由。如河北河间县的刘国义向该村妇女李秀英提亲，李秀英因受过人民政府的教育，知道婚姻应该自主自愿，不然就是妇女终身痛苦，便很干脆地拒绝了。后刘国义又三番五次来提亲，李秀英均未答应。她怕刘国义等人上门来找麻烦，于是躲到了姑姑家，刘国义便要开了流氓无赖手段，派人抓了李秀英的母亲和

---

① 马慧芳《试论建国初期党对农村妇女婚姻家庭解放的积极推进》，《农业考古》2018年第3期载，第77—80页。

叔叔并严刑拷打，逼问李秀英的去处，李秀英马上跑到河间人民法院去控告。在法院的调查审理下，刘国义被撤职查办并被判处有期徒刑一年。像这样的例子有很多，反映了婚姻法颁布后封建婚姻观念在民间仍有很大影响，而贯彻婚姻法运动在妇女争取婚姻自由的过程中发挥了巨大的作用。

2. 废除了纳妾、重婚等陋俗

婚姻法明文指出实行一夫一妻的婚姻制度，不允许有重婚纳妾的行为出现，婚姻法的相关补充规定进一步说明："在婚姻法颁布之前已经形成的重婚、纳妾的情况，除了女方主动提出离婚的，可以'不管不理'。"这些规定为废除旧的婚约提供了保障。新中国成立初期，不少重婚者解除了婚约，除已婚的重婚者解除婚姻关系外，更主要的是，在新中国成立以后的新生婚姻中，重婚、纳妾的现象除在一些偏远地区还存在外，其他地区基本上没有了，中国历史上第一次实现了真正的一夫一妻制，冲击了延续数千年的纳妾习俗。

3. 通过离婚结束自己不幸的婚姻

到新中国成立初期，离婚情况发生了巨大变化，人们纷纷诉诸离婚来结束自己的悲惨婚姻生活。据统计，仅在婚姻法颁布后的两年时间里，全国上百个县市，离婚结婚比高达42.6%[1]，是新中国成立以后离婚率最高的时期。1953年后，离婚率仍维持在较高水平上，据统计，1951—1956年全国约有600万对夫妇离婚[2]。在旧社会，只有丈夫休妻的可能，女子无法提出与丈夫离婚，但是在婚姻法颁布后，离婚案件中，女方提出的占大多数，如江西1个专区法院和8个县法院受理的6255件婚姻案件中，有4871件是由女方提出的[3]。

4. 通过再婚开始新的婚姻生活

与离婚高峰相对应，新中国成立初期，再婚也处于一个高峰期，许多寡妇也纷纷再婚。再娶在中国历史上，于礼于法都无禁忌；而寡妇再嫁则被视

---

[1] 袁永熙主编《中国人口·总论》，中国财政经济出版社，1991年版，第413页。
[2] 储兆瑞《市场经济条件下感情与理智的两难选择》，《社会学家的观点：中国婚姻家庭变迁》载，中国社会出版社，1998年版，第216页。
[3] 马肇嵩《对于贯彻婚姻法运动的基本认识》，《新建设》1953年第2期载。

为失节，饿死事极小，失节事极大。因此，即便到了民国时期，寡妇再嫁仍难为社会所宽容。婚姻法禁止干涉寡妇的婚姻自由，为寡妇再嫁提供了法律保障，寡妇再嫁渐被社会认可。如广州市白云区石牌乡新庆村贫农何蝉，在新中国成立前死了丈夫，留下一个7岁的女儿。何蝉一向和丈夫的弟弟陈功泉同住，叔嫂间感情很好，但由于封建习俗，他们不敢结婚。新中国成立后，二人的感情日益浓厚，何蝉怀孕，被邻居发现后，大家对陈功泉与何蝉冷言冷语，使他们感到十分恐惧和苦闷。区妇联和区政府的工作人员知道后，给他们讲解婚姻法，鼓励他们登记结婚，并向群众说明干涉寡妇再嫁的错误，于是何蝉和陈功泉欢天喜地地去区政府登记结了婚。

5. 童养媳获得到了婚姻自由

在贯彻婚姻法运动中，许多童养媳也终于结束了自己不幸的婚姻。如黑龙江省双城县八区新立村谭徐氏，自7岁起就在谭家当童养媳，他们家让她推碾子拉磨，拿她当牲口使唤，冬天不给棉衣穿，稍有不是，不是打就是骂，还动不动就让她下跪。村妇联知道后，将情况反映给了司法机关，法院在该村召开了公审大会，判处其公婆有期徒刑，同时教育了她的丈夫。群众对此莫不拍手称快。婚姻法明文规定禁止童养媳，是新中国成立初期童养媳等落后婚姻形式消失的重要原因。

（二）择偶观念发生了转变

随着贯彻婚姻法运动的深入，人们渐渐改变了自己选对象的条件。以前无论男方女方，选对象看的是对方门第是否与自己般配、是否有钱、是否有权势，而经过婚姻法的宣传教育，人们再择偶时看的不是对方有没有钱，而是是否爱劳动、爱学习、爱上进，思想是否进步。例如，山东冠县许多妇女在找对象时要求对方要参加民校、各种会议以及互助组，深刻地体现了新时期人们择偶观念的变化。

当时有民谣："现在婚姻自当家，不用媒人两头夸，自由恋爱找对象，劳动英雄才嫁他。"新中国成立初期，与军人结婚变得很流行，好多女同志择偶时都倾向于选择军人。有一首民谣："石榴花开叶叶青，情哥出门去参军。哥妹相隔千里远,我俩人分情不分。保卫祖国你努力,勤俭持家我操心。朝朝暮暮相思念,寄封书信表深情。"这首民谣很好地说明了当时女同志的择偶观念。

(三)家庭关系变得和睦融洽

在贯彻婚姻法运动中,由于受到婚姻法的宣传教育,许多男人开始转变男尊女卑、不把媳妇当人看的旧观念,转而好好对待妻子。夫妻劲儿往一处使:一起种地,一起生产劳动,一起学习,一起抚养教育孩子,共同享有家庭财产,共同承担责任,真正实现了婚姻法倡导的男女平等观念。

《中华人民共和国婚姻法》让已婚家庭和睦、融洽、尊老爱幼,未婚男女团结有爱。"家和万事兴",美满和谐的家庭促进了生产,增加了收入,改善了生活,更使广大妇女能自信地面对事业、面对人生。旧有的婆媳关系也得到改善。旧社会里,很多婆婆封建思想严重,倚仗自己的长辈身份任意支使媳妇,对媳妇呼之即来、挥之即去,把媳妇当奴隶使唤,动辄打骂、虐待媳妇。婚姻法实施后,这种情况逐渐缓和。

(四)促进了生产发展

全国许多地区结合生产贯彻婚姻法。中共陕西省渭南地委曾指示各级领导机关及干部,在思想上和工作步骤上,在布置、检查、总结工作中,都要把生产和贯彻婚姻法运动结合起来。河北省满城县南陵山村在贯彻婚姻法过程中密切结合生产,使婚姻法做到了家喻户晓,生产也获得了良好成绩。

经过婚姻法运动的宣传,人们克服了男尊女卑的传统旧观念,逐渐建立起男女平等的新婚姻思想。在家庭内部,丈夫尊重妻子,妻子关心丈夫,夫妻间相敬如宾,关系变得前所未有的和谐。在社会生产中也实现了男女同工同酬,极大地调动了人们的生产积极性。

(五)提高了妇女的地位和素质

新中国成立,广大妇女从帝国主义、封建主义、官僚资本主义的压迫下解放出来了，尤其在婚姻法实施后，她们在政治、经济、文化、社会上的地位大大提高了。

妇女的文化素质有了提高。新中国刚成立的时候，全国绝大部分妇女都是文盲，在某些地区，这一比例甚至达到了百分之百。没有文化知识，缺乏独立生存的能力，妇女很难有长足的发展。对于这一问题，党开展了大规模的扫除文盲运动，鼓励妇女积极参加各种识字班、学习班，努力学习各种文化知识，提高自己的文化素养，以便更好地发展自己。广大妇女群众积极响应党的号召，学习文化的要求日益迫切，她们提出"学好文化、提高技术、建设社会主义"的口号。广大农村妇女上冬学学文化，出现了许多"夫妻同上学""婆媳同读书"的动人事例。中小学校中女生人数逐年增加，在各种生产技术培训班中，女学员也占有相当比例。农村许多青壮年妇女学会了使用打稻机、喷雾器等新式农具，还学会了选种、种子消毒、治虫等技术。在城镇，女工们把学文化与学技术紧密结合起来，把学到的知识运用到生产工作中去，家庭妇女也积极参加各种文化技术学习，做好就业准备。文化技术素质的不断提高，使广大妇女在建设社会主义事业中发挥出越来越重要的作用。

（六）结婚方式更加正规

新中国成立初期，结婚方式各式各样：有在教堂结婚的；有在家里拜堂成亲的；有不办任何仪式和手续直接住在一块就算结婚的；等等。这些不正规的结婚方式造成了许多问题，事实婚、重婚、近亲结婚大量存在，男女双方身体情况不满足结婚条件，导致生出的孩子有先天疾病等。贯彻婚姻法运动开始后，党开始实施婚姻登记工作。婚姻法对于结婚有一项重要规定，就是它只承认经人民政府登记过的婚姻。结婚由男女双方亲自到所在地区人民政府登记，由人民政府发给结婚证。这个结婚证比一切证明婚姻事实存在的仪式和文件都更有力量。因为政府用所有权力承认这种法定的婚姻关系，证明它，支持它，并用法律保护它。同样，离婚也要办理离婚登记，发离婚证。这一措施保证了婚姻的严肃性和规范性，也保证了妇女的合法权益。在进行婚姻登记的同时，要求男女双方做婚前健康检查，以确保满足结婚、生育条件，维护婚姻幸福，保障后代的健康。

（七）婚姻礼俗发生了变化

传统婚礼是形成婚姻的礼仪程序，是婚姻礼俗的核心，多含封建性糟粕，因此成为婚姻制度改革的重要内容。婚姻法规定婚姻关系成立的标志是领取结婚证，至于办不办婚礼，无强制规定。因而，婚姻礼仪方面产生了巨大变化。新中国成立后，结婚时办婚宴的人越来越多。其他结婚仪式如旅行结婚、集体婚礼也渐渐多了起来。这些婚宴形式非常简朴，与以往铺张浪费、讲排场的婚宴仪式形成鲜明对比。结婚时在家里或饭店摆若干酒席，请亲朋好友赴宴，在宴会中举行简单的婚礼仪式，或互致贺辞，或由婚者、家长致答辞。茶话会是一种非常普遍的结婚仪式。结婚时，单位领导、同事和各自的亲朋好友纷纷到会，举行仪式也相对简单，程序有宣读结婚证书、互行鞠躬礼、向全体来宾行礼、主婚人讲话、证婚人讲话、介绍人讲话、来宾讲话、新郎新娘分享恋爱经过等。结婚仪式在农村也发生了巨大的变化。有些地区，新郎用马、驴把新娘接回家就算完婚了，不用坐轿子、摆酒席；结婚时仍旧贴对联，但内容已有了变化，如上联为"自由结婚全家乐"，下联为"发家不忘毛主席"，横批为"婚姻自主"。这些都反映了新中国成立后婚姻制度和婚姻礼俗的变化。

（八）结婚年龄普遍延后

为了保证婚姻生活的美满，也为了下一代的健康，婚姻法对结婚年龄和限制结婚事项作了极重要的规定。关于结婚年龄的限制，婚姻法规定"男二十岁，女十八岁，始得结婚"。在结婚的限制条件方面，婚姻法的规定有两种：一是禁止近亲结婚；二是男女一方有任何生理缺陷的，禁止结婚。患花柳病或精神失常的人，在没有治好以前，禁止结婚。患麻风病和其他医学上认为不应该结婚的疾病的人，也禁止结婚。婚姻法以结婚登记为婚姻成立的唯一法定形式，使各种形式的早婚丧失了法律基础。

新中国成立初期，妇女初婚年龄提高速度加快，说明妇女的社会经济地位开始上升，她们有了一显身手的条件，不用再早早地把自己嫁出去来保障自己的生存，也反映了由包办婚姻向自主婚姻演变的趋势。以前父母包办婚姻时习惯在自家闺女还很年轻时就把她嫁出去，现在男女婚恋自由了，一切随着他们自己，初婚婚龄自然而然就往后推了。

新中国成立初期，颁布、实施婚姻法取得了很大成效。它清除了群众中的封建婚姻思想，使男女平等和婚姻自由观念深入人心；妇女在家庭社会中的地位有所提高，逐渐过上了有地位、有尊严的幸福日子，因而参加生产劳动的积极性也有所提高，为进一步建设社会主义事业、为党改造旧社会打下了坚实的群众基础。

第 五 章
1980年《婚姻法》的修订与实施

一、1980年《婚姻法》的公布实施

"文化大革命"期间，我国的社会生活包括婚姻家庭生活发生了巨大的变化。经过拨乱反正，我国进入了社会主义建设新时期。自1978年党的十一届三中全会以来，我国的社会主义民主和法制建设有了很大的发展，婚姻家庭方面的法制建设也进入了一个崭新的阶段。随着社会政治生活的正常化，人们的思想意识又一次发生了巨大的变化，1950年颁布的《婚姻法》已经滞后于时代的发展。而且"文化大革命"结束之后，在一些地区尤其是偏远地区，本来已经基本破除的陈规陋习又死灰复燃，包办婚姻、买卖婚姻、借婚姻索要财物而造成的悲剧在各地的家庭中一遍一遍地上演，妇女的权利又被罔顾。这一切都在呼唤着婚姻法的修订。于是在1950年《婚姻法》完成了废旧立新的伟大使命之后，为了加强对婚姻家庭领域的法律调整，健全婚姻家庭法制，惩治婚姻家庭领域内的违法现象，1980年9月10日，经第五届人大三次会议通过，颁布了修改后的《婚姻法》，自1981年1月1日起施行。1950年颁行的《婚姻法》，自新法施行之日起废止。1980年《婚姻法》是在1950年《婚姻法》的基础上修改而成的，是对1950年《婚姻法》的发展。

1980年《婚姻法》可以说是一部拨乱反正的法律。10年"文化大革命"使民主和法治遭到践踏，婚姻家庭领域也受殃及。在这种情况下，我国对1950年《婚姻法》进行了修改，原则上重申了婚姻自由、一夫一妻、保护妇女和子女合法利益、禁止包办婚姻和禁止重婚等规定，删除了禁止纳妾等规

定，补充了保护老年人合法权益、实行计划生育等具有现实意义的基本原则。

在1950年《婚姻法》实施了30年后，纳妾、童养媳陋习已基本绝迹，男女平等、恋爱婚姻自由的思想已被普遍接受，旧的关于家庭婚姻方面的封建糟粕几乎已全被扫荡，诸如禁止纳妾这样的思想已被广大人民群众认为是天经地义的事情，自然没必要再写进《婚姻法》中。1980年《婚姻法》在总则中删去了废除"男尊女卑"以及禁止"纳妾""童养媳"和"干涉寡妇婚姻自由"等内容，这也是中国妇女思想的变化及在婚姻家庭中地位的提高体现在1980年《婚姻法》中的一个方面。

1980年《婚姻法》是在1950年《婚姻法》的基础上，根据实践经验和新情况制定的。它修订了原《婚姻法》中某些不符合社会实际情况的内容，如法定婚龄；增加了适应新情况的新规定，如实行计划生育、约定财产制等；制定了行之有效的惩治婚姻家庭领域违法行为的措施，如对干涉婚姻自由、非法同居、包办买卖婚姻等行为的惩治。它标志着我国婚姻立法进入了一个崭新的历史发展时期。

二、1980年《婚姻法》对1950年《婚姻法》的补充与修改

1980年《婚姻法》分为五章共37条。第一章：总则；第二章：结婚；第三章：家庭关系；第四章：离婚；第五章：附则。它既是对1950年《婚姻法》的继承和发展，又是对1950年《婚姻法》的重要补充和修改。主要修改补充的内容如下。

（一）对基本原则的重要补充和修改

1980年《婚姻法》在1950年《婚姻法》规定的四个基本原则的基础上，增加了实行计划生育原则和保护老人合法权益的内容；增加了禁止买卖婚姻、禁止家庭成员间的虐待和遗弃的规定。

实行计划生育是社会主义制度下人口再生产的客观要求，也是实现"四化"建设的重要条件。恩格斯指出：社会生产包括两方面，"一方面是生活资料即食物、衣服、住房以及为此所必需的工具的生产；另一方面是人类自

身的生产，即种的繁衍"①。人口的生产和再生产是受一定社会物质资料的生产方式制约的。人口状况虽然不能决定社会制度的性质，却能促进或延缓社会的发展。我国是世界上人口最多的国家。新中国成立前，经济十分落后，人民生活极端贫困，人口再生产处于盲目状态。人口生产率高，死亡率也高，因此增长不快。新中国成立后，经济发展了，人民生活条件普遍改善了，人口出现了高出生率、低死亡率的局面，增长速度很快，这样就给国家的"四化"建设带来了很大的困难。我国是社会主义的国家，国民经济的发展必然遵循市场经济规律和有计划按比例发展的规律。只有自觉地、有计划地调节人口再生产，才能正确处理生产和需要、积累和消费以及经济和社会发展中的各种重要比例关系，促进社会主义现代化建设，提高人民的物质文化生活水平。同时，实行计划生育，还可提高人口素质，保障中华民族的兴旺发达。

1980年《婚姻法》总结多年的实践经验，并根据当时的现实情况，补充了保护老人权益的内容。这一基本原则体现了我们社会主义国家关怀妇女、爱护儿童、尊敬老人的精神。尊敬、赡养和爱护老人是中国人民的传统美德，老人为国家、民族、社会和家庭贡献了毕生的精力，创造了巨大的财富，为民族培养了后代。当他们年老体衰、丧失劳动能力的时候，有权利获得来自国家和社会的物质帮助以及来自家庭的赡养扶助。作为子女，应当在生活上对父母给予关心，在经济上给予帮助，在精神上给予安慰，使他们能够幸福地安度晚年。这是子女的法定义务，也是他们的道德责任。家庭成员对老人的赡养扶助和精神安慰是国家或集体无法完全取代的。我们要确立社会主义赡养观念，即要批判地继承以孝为核心的传统赡养观念中体现中华民族美德的合理成分，应建立在男女平等、老幼平等的基础上，以社会主义制度为保障。对老人的赡养，子女都应负有责任。那种"嫁出去的姑娘泼出去的水"的陈旧观念已经遭到社会的唾弃，相反，"一个女婿半个儿"的观念越来越为人们所称道。从一定意义上来说，女性特有的心理和性格，使得她们在照料老

---

① 中共中央马克思恩格斯列宁斯大林著作编译局编译《马克思恩格斯全集》（第二十一卷），人民出版社，1965年版，第29—30页。

人生活、关心老人精神中具有特殊的作用。夫妻一起照顾双方的父母已经成为未来的趋势。而且封建社会那种"父为子纲"的观念已经一去不复返了。子女对老人不必"无违",更不必"为尊者讳"。"夫死从子"的陈腐观念也已消失了,母亲和儿子在家庭中的地位是平等的,母亲和父亲一样都应受到子女的赡养和尊重。在有些地方个别家庭出现了虐待、遗弃老人的现象,鉴于此,保护老人合法权益的问题应当受到全社会的普遍关注。

1980年《婚姻法》就规定了许多保护老人合法权益的条款,如子女对于父母有赡养的义务,孙子女对于祖父母有附条件赡养的义务;禁止家庭成员间的虐待和遗弃。这些规定从根本上保障了老人的合法权益,使得社会主义赡养观念不仅是一种伦理道德的反映,而且附于法律的形式之中。

婚姻自由的口号是社会发展到一定阶段才提出来的。古代缔结婚姻主要是为了实现家族利益,满足传宗接代的要求。父母、家长对子女的婚事享有人身特权,实行包办强迫婚姻。从世界范围来看,在欧洲中世纪结束以前,各国的法律一般都把子女的婚事置于家长权、亲权的支配之下。现代意义上的婚姻自由是在资产阶级反对封建制度的斗争中产生的。在社会主义制度下,生产资料公有制的建立和两性社会地位的深刻变化为男女实行真正的婚姻自由开辟了广阔的道路。我国婚姻法中的婚姻自由原则,既是对封建包办婚姻的根本否定,又同资产阶级婚姻自由有着本质的区别。

婚姻自由包括结婚自由和离婚自由,结婚自由是指缔结婚姻关系的自由,即当事人有权依法决定自己与谁结婚,任何第三人包括父母都无权干涉。社会主义公有制的建立、男女平等的实现,为婚姻自由提供了社会保障和法律保障。随着社会主义物质文明和精神文明建设的不断深入和妇女地位的提高,以爱情为基础的自由婚姻有了广泛的发展,这是我国婚姻制度与婚姻法制定与改革的重要成果。

但是在现实生活中还有不少妨碍婚姻自由实现的消极因素。包办婚姻和买卖婚姻是干涉婚姻自由的两种主要形式。在我国社会主义制度确立以后,尤其在1950年《婚姻法》颁布之后,婚姻自由得到了很大程度的实现,但由于种种原因,如我国中小城市和农村的政治、经济、文化发展比较落后,在

1980年《婚姻法》制定前，大量的包办买卖婚姻仍然存在。为了依法保障婚姻自由，1980年《婚姻法》中增加了禁止包办、买卖婚姻等干涉婚姻自由的行为的内容。

（二）修改了结婚条件

关于法定婚龄，男女各提高了2岁，将原男20周岁、女18周岁，提高为男不得低于22周岁、女不得低于20周岁，晚婚晚育应予以鼓励。

婚姻的建立必须具备许多主观、客观的条件，其中婚龄是一个最基本的客观条件，它既是男女结合的生理指标，也是男女结合的社会指标。在以传宗接代为最高目标的社会里，追求的是多子多孙。因此，一旦男女当事人生理上出现成熟的标志，就由父母之命、媒妁之言，在包办下早婚。早婚是传宗接代思想的直接反映，也是那个时代的普遍习俗。随着近代和现代社会的发展，人们的婚龄普遍向后推延，在不同的年代里，妻子、丈夫的初婚年龄有很大变化。新中国成立以前，我国男女青年的结婚年龄相对于封建社会时期是提高了，但对于今天来说还是偏低。例如，在17岁以下结婚的男女仍占有一定的比率。这些早婚者中有一些也是由童养媳等封建包办买卖婚姻制度所造成的。新中国成立以后，这种情况就发生了变化。新中国成立初期还有少数人的婚龄在17岁以下，到20世纪60年代，这种早婚现象已经完全绝迹。

人的结婚年龄是由许多条件影响和决定的，其中既有生理条件，也有社会条件。但是，一定的生理条件并不能完全决定人们的婚龄，婚龄还得受许多其他社会条件和因素的影响。新中国成立前，封建社会中的多子多福、传宗接代等思想在人们中的影响很深，那时人们多选取早婚早育的模式。但到新中国成立后，尤其是20世纪80年代，人们则开始崇尚晚婚晚育，追求以爱情为基础的婚姻，希望有幸福的婚姻家庭生活，从观念上不愿过早地结婚。而且旧时代的妇女囿于家中，是生育的机器和传宗接代的工具，现代妇女地位大大提高，在我国社会主义社会中，妇女日益取得和男子平等的政治、经济和社会地位。她们走出家门，接受教育，参加工作，妇女地位的这种变化，也必然导致她们选择晚婚的模式。同时，20世纪60年代末，我国开始注意计划生育，提倡晚婚晚育，我国的人口政策也与1980年《婚姻法》中有关婚龄的规定有着密不可分的关系。

同时，婚龄的大小还有一个重要的因素，那就是"与个人的素质有关，特别是婚姻当事人双方的文化程度的高低对于他们婚龄的大小有着很大的影响"[①]。从对京、津、沪等5个城市所做的一个家庭调查来看，"妻子的文化程度和她们的结婚年龄有着很大的关系"[②]。即妻子文化程度越高，其婚龄也越长。新中国成立后，中国妇女开始接受教育，尤其是改革开放以来，妇女中受过教育的比例越来越高，这在不同程度上影响了婚龄的大小。由此，我们可以看出，在制约婚龄的各种条件中，既有生理条件，也有社会条件。但生理条件对于人的婚龄的决定已经没有太多实际意义了。"生理之外的其他社会条件和个人条件对人的婚龄影响很大。""有关的政策和社会风俗制约着整个社会的初婚年龄的实际普遍水平，在这总的前提下，个人素质的不同则影响着每个人的具体的结婚年龄。"[③]而法律则是根据这些现实的情况所作的规定，使之更能适应与促进社会的发展。从这个意义上来说，1980年《婚姻法》对法定婚龄的修改是符合社会发展的。

此外，关于禁婚亲中旁系血亲的范围，1980年《婚姻法》将原"兄弟姐妹之外的其他五代内旁系血亲间"禁止结婚，改为"三代以内的旁系血亲间"禁止结婚，依法严格禁止了近亲结婚。关于禁婚疾病，删除了"有生理缺陷不能发生性行为者禁止结婚"的条款，从中可以看出该法将夫妻感情列为最重要的婚姻构成因素。该法还明文列举"麻风病未经治愈者"禁止结婚，其他改为概括性规定，即"患其他在医学上认为不应当结婚疾病"禁止结婚。这样一来，1980年《婚姻法》就更具有科学性与可操作性。

（三）增加了登记结婚

增加了登记结婚后，根据男女双方约定，可以互为对方家庭成员的规定

---

① 潘允康主编《中国城市婚姻与家庭》，山东人民出版社，1987年版，第37页。
② 潘允康主编《中国城市婚姻与家庭》，山东人民出版社，1987年版，第37页。
③ 潘允康主编《中国城市婚姻与家庭》，山东人民出版社，1987年版，第39页。

第五章 1980年《婚姻法》的修订与实施

这一条，充分体现出了1980年《婚姻法》在男女平等方面做出的努力，将男女平等用法律条文的形式明确展示出来。夫妻关系是家庭中的一种关系。不同性质的家庭关系中，妇女在家庭中的地位是极不相同的，妇女的家庭地位是夫妻关系和家庭关系性质的微妙表现。如果说，社会的进步可以用女性的社会地位来衡量，那么，家庭关系的变化可以用妇女在家庭中地位的变化来显示。

在漫长的封建社会中，许多中国妇女是作为封建家长制的牺牲品、夫权统治下的"家庭奴隶"的。她们被剥夺了受教育的权利、参加社会活动的权利以及婚姻自由的权利。女子在出嫁后，便丧失了独立的人格，处于受丈夫支配的依附地位，她们没有使用自己姓名的权利，她们被剥夺了一切经济权利，在家务劳动的重压下，充当家庭奴隶。恩格斯曾指出："随着家长制家庭，尤其是随着一夫一妻制个体家庭的产生……家务的料理失去了自己的公共的性质。它不再涉及社会了，它变成了一种私人的事务；妻子成为主要的家庭女仆，被排斥在社会生产之外。"[①] 社会主义使妇女获得解放。新中国成立后，妇女得到了解放。一切歧视妇女的婚姻家庭制度均被废除，妇女的各项权利得到国家法律的保障。社会主义制度彻底改变了中国妇女传统的家庭地位。男女平等是社会主义婚姻家庭制度区别于一切旧婚姻家庭制度的一个重要标志。男女平等原则在1950年《婚姻法》中也被作为一个重要基本原则确立下来。新中国成立后，我国妇女的家庭地位确实发生了巨大的变化。但我们还可以清楚地看到，当前中国妇女的家庭地位，在许多方面与男子相比仍存在着事实上的不平等，仍需要进一步提高。1980年《婚姻法》专门增加了登记结婚后，根据男女双方约定，可以互为对方家庭成员这一条款，将男女平权用法律条文形式明示，可说是1980年《婚姻法》相对于1950年《婚姻法》而言的一大进步。

---

① 中共中央马克思恩格斯列宁斯大林著作编译局编译《马克思恩格斯全集》（第二十一卷），人民出版社，1965年版，第87页。

（四）增加了制裁办法和强制执行

1980年《婚姻法》规定对违反婚姻法的行为分别给予行政处分或法律制裁。对拒不执行人民法院有关抚养费、扶养费、夫妻财产分割和遗产继承等具有财产内容的裁定、调解协议或判决者，人民法院得依法强制执行。这对于维护法律的严肃性、权威性起到了作用。

总之，婚姻法是保护公民婚姻家庭合法权益的法律。1980年《婚姻法》作为我国的第二部婚姻法，是在"文化大革命"结束不久，在拨乱反正的新形势下出台的。它总结了新中国成立以来建立社会主义婚姻家庭制度的经验，是在1950年《婚姻法》的基础上作了必要的修改和补充而修订的。它规定的婚姻自由、一夫一妻、男女平等、保护妇女儿童和老人的合法权益、禁止重婚、禁止家庭成员间的虐待和遗弃等基本原则是正确的，有关夫妻、父母子女等家庭成员权利义务的规定是可行的。它的实施对于建立和巩固我国的社会主义婚姻家庭关系，维护社会安定团结，保障社会主义现代化建设都起到了重要的积极作用。它在一定历史时期和一定程度上满足了调整我国婚姻家庭关系的需要。

三、1980年《婚姻法》的宣传贯彻

1980年《婚姻法》是在1950年《婚姻法》基础上修改而成的。国家颁布、实施1980年《婚姻法》，通过调整人们的婚姻家庭关系，建立起民主、文明、和睦的社会主义婚姻家庭关系，树立社会主义婚姻家庭新风尚。

1980年《婚姻法》颁布不久，全国妇联主席康克清发表署名文章《认真学习、积极宣传和执行新婚姻法》。这篇文章对全国宣传婚姻法工作有重要的指导意义。文章指出，"婚姻家庭问题，大量是人民内部的问题，主要靠广泛深入的宣传教育工作来解决"。这次宣传"要批判封建主义和资本主义的婚姻观点，要用社会主义思想处理婚姻、家庭问题，建立革命的民主和睦的新家庭"[①]。文章认为，要着重宣传三个问题，即大力宣传婚姻自由；遵守

[①] 康克清著《康克清回忆录》，解放军出版社，1993年版，第508—509页。

法定婚龄，提倡计划生育；提倡建立民主和睦的新家庭。在谈到解决婚姻家庭问题的长期性和艰巨性时，文章指出，"由于中国经过几千年封建社会，虽然推翻了三座大山，但思想领域里的封建遗毒，并不能装进棺材一起埋葬，资产阶级的腐朽思想，不时侵蚀着人们的头脑；再加上经济、文化落后，中国婚姻家庭关系中存在的问题，不是一两次宣传活动就能解决的"。所以，文章提出在婚姻法宣传中注意"两个结合"，即"集中的宣传工作要同经常性的宣传工作相结合""宣传工作要同解决实际问题相结合"[1]。1980年10月3日，中共中央宣传部发布了《关于〈中华人民共和国婚姻法〉宣传工作的通知》，要求各级党委宣传部门在党委统一领导下，组织报刊、广播、电视、文艺、出版各单位，妇联、工会、共青团等群众团体以及政法部门的力量，通过各种渠道，运用各种宣传手段和宣传形式，针对各地区、各单位群众处理婚姻家庭关系中存在的问题，集中进行一次广泛深入的、生动活泼的宣传活动，并作为一项宣传任务经常进行下去，务必使其家喻户晓、深入人心。其目的是要通过宣传，提倡婚姻家庭关系中的社会主义新风，肃清封建遗毒和批判一些腐朽的东西，增强守法观念，促进安定团结和"四化"建设，保证新婚姻法的顺利实施。

随后，中共中央宣传部和中华全国妇女联合会共同制定了《中华人民共和国婚姻法宣传要点》，主要包括"实行新婚姻法的重要意义""新婚姻法的主要内容""如何保证新婚姻法的贯彻实施"等三个方面。

1980年11月30日，全国妇联会同有关部门联合发出《关于深入宣传婚姻法的通知》，要求全面宣传婚姻法，以勤俭办婚事、婚姻自主、用社会主义道德观处理婚姻、家庭问题等为重点，使婚姻法家喻户晓，成为每个公民遵循的自觉行为。

1980年12月30日，《人民日报》发布新婚姻法宣传要点：第一，大力宣传婚姻自由。第二，遵守法定婚龄，提倡计划生育。第三，提倡建立民主和睦的新家庭。文章还要求，各地运用典型事例，结合当地实际，边宣传边

---

[1] 康克清著《康克清回忆录》，解放军出版社，1993年版，第508—509页。

解决实际问题,在城乡普遍开展新婚姻法宣传试点工作。随后,全国有24个省、自治区、直辖市开展了新婚姻法的宣传试点工作。

在各地的宣传试点中,密切结合实际,边宣传边解决实际问题是一个突出特点,而且效果很好。在试点过程中,一些包办买卖婚姻被解除;一些青年男女的婚姻自由受到保护;婆媳关系得到改善;一些不赡养老人的问题得到解决;不少青年男女表示要婚事新办,搞好计划生育,坚持晚婚。进行试点的地区,运用典型事例宣传婚姻法,收到很好的效果,在婚姻家庭关系上普遍出现了新的气象。

广西壮族自治区新地公社两个姓李的社员1970年自由恋爱,1974年申请结婚,但由于当地有"同姓不能结婚"的封建习俗,他们的婚姻受到家人和同族的干涉。1975年2月,两人被迫外逃,后被遣送回乡,其婚姻继续受到干涉。在新婚姻法宣传中,县妇联对这一问题进行了调查,证明他们的婚姻符合新婚姻法的规定,经过多方面的工作,为他们补办了结婚登记手续,解除了他们多年的精神压力。

吉林省双阳县齐家公社关家大队有位70多岁的老人,他的两个儿子生活都很好,可是谁也不愿意养活老人。在新婚姻法宣传中,他的两个儿子提高了认识,都拿出扶养费来赡养老人,使老人非常满意。

河北省馆陶县沿村公社西苏村大队有26名女青年提出婚姻要自己做主,不要彩礼;有13名青年表示要坚持晚婚;有3名青年带头破了旧俗,勤俭办了婚事。许多人说:"新婚姻法,婚姻自主,青年满意;男女平等,妇女满意;喜事新办,家长满意;老有所养,老人满意。"

在试点中,一些地区针对学习宣传中反映出来的一些有关政策性问题进行了深入研究,引导群众划清以下几个界限:父母善意关心与包办儿女婚事的界限;正当的馈赠礼品与大要彩礼的界限;一般的招待亲友与请客送礼、铺张浪费的界限;男女婚姻自由与作风不正派的界限;等等。这样,既讲清了婚姻问题上的是非界限,又保护了群众的正当利益,使问题得到合情合理的解决。许多试点还通过评比、表彰"五好家庭"或模范家庭巩固了宣传成果,为新婚姻法的深入宣传贯彻打下了良好的基础。

为了运用正反两方面的典型事例，引导青年树立革命人生观和高尚的道德品质，实行社会主义的婚姻自由，《人民日报》连续刊登各试点中将婚姻法执行得很好的典型事例。比如，浙江省奉化县第一棉纺厂党支部积极宣传新婚姻法，教育青年女工适当晚婚晚育；武汉金属压延厂广泛宣传新婚姻法，新人新事不断涌现；北京卫戍区某师党委认真做思想工作，帮助干部战士正确对待婚姻问题，自觉坚持晚婚，收到了良好效果。

在取得良好效果的同时，各婚姻宣传试点也反映出一些突出问题，1981年2月11日，国务院法制办公室副主任武新宇通过与新华社记者谈话的方式解答了这些问题，解除了人们的疑虑。

1981年12月2日，最高人民法院、司法部、民政部、全国总工会、共青团中央、全国妇联六部门联合发出《关于深入宣传婚姻法的通知》。通知强调，在冬春交替之际深入宣传婚姻自由，加强社会主义婚姻道德教育，大力提倡节俭办婚事，婚事新办，移风易俗。通知同时指出，新婚姻法的贯彻实施取得了一定成绩。但是，由于宣传活动开展得还不够广泛和深入，在全国城乡各地，干涉婚姻自由，包办买卖婚姻和借婚姻索取财物，拐卖、摧残妇女，喜新厌旧，破坏他人家庭以及办婚事铺张浪费等现象依然存在，有的地方还比较严重。这些都直接危害了青年和妇女的利益，败坏了社会风气，影响了社会的安定。

1981年12月26日，国务院发出通知，要求各地进一步宣传贯彻婚姻法。通知强调指出，要充分认识宣传和贯彻婚姻法的重要性。"婚姻家庭问题，是一个关系到全国人民切身利益和社会安定的大问题，关系到建设社会主义物质文明和精神文明的大问题。对婚姻家庭问题处理得好坏，直接影响中国社会的发展。"通知还指出，大量的宣传工作，要依靠各种基层组织去做，把重点放在广大青年身上。通知要求，各级干部都应模范地遵守婚姻法，以身作则，移风易俗，提倡共产主义道德风尚，提倡节俭办婚事，教育好自己的子女，并勇于同违反婚姻法和不道德的行为作斗争；对那些干涉他人婚姻自由，拐卖、残害妇女儿童，虐待和遗弃家庭成员等触犯刑律的犯罪行为，要坚决依法惩处。经过一年多时间的宣传，中国的婚姻家庭生活出现了很大变化，大多数人婚姻自主了，婚事新办，文明、良好的家庭风尚开始形成。但是，其中也出现了一些偏差。比如，有些地方举行集体婚姻，领导人当证婚人，将婚姻仪式作为婚姻合法的必经程序。这种方式遭到了有关方面的严厉批评。有关方面认为，不仅要提倡婚事新办，还要注意依法办婚事，不要盲目提倡新事新办，要表扬那些登记后不举行任何仪式的青年[①]。

到1982年底，我国集中宣传婚姻法的工作告一段落。这次集中宣传效果很好，1980年《婚姻法》家喻户晓，婚姻自由观念深入人心，促进了夫妻在家庭中地位的平等，进一步批判了封建主义的婚姻观念，形成了民主和睦的家庭风气。

到了20世纪90年代，随着改革开放向纵深推进，中国婚姻家庭生活发生了较大的变化。一方面，由于社会生产力的迅猛发展，中国人民的物质生活水平大大提高；另一方面，物质生活丰富了，人们的婚姻家庭观念也发生很大变化。

在这个时期，婚姻法宣传工作与两项工作分不开。一是计划生育工作的落实，二是讨论婚姻法的修改工作。这两项工作在20世纪90年代中国的婚姻法宣传工作中占很大的分量，同时也取得了不小的成绩。

1990年4月14日，民政部、中共中央宣传部、司法部、国家计生委、文化部、广播电影电视部、解放军总政治部、全国总工会、共青团中央、全国妇联联合发出《关于在全国开展宣传〈婚姻法〉活动的通知》。要求各地、各有关部门在1990年4至5月间，在全国开展一次宣传婚姻法的活动。

通过宣传教育，增强广大群众的婚姻法治观念，遵纪守法，依法办事；教育广大群众坚持晚婚晚育、婚事新办、婚事简办，破除旧婚俗，树立文明新风，在全国形成一个讲解婚姻法、维护婚姻法、执行婚姻法的热潮。通知要求各党政机关、部队，各企事业单位和人民团体、街道居委会在宣传活动期间，要普遍组织学习婚姻法。农村由县、乡（镇）民政、司法、妇联、文化等部门组织宣传队、讲法团，进村入户开展普及婚姻法教育，做到家喻户晓。

---

① 《人民日报》，1982年3月10日。

计划生育既是婚姻法的基本原则之一，也是中国的一项基本国策。它的执行情况直接关系国家发展的大局。在宣传婚姻法过程中，结合计划生育政策的贯彻，是一个很好的思路。很多地方的计划生育工作都借了国家大力宣传婚姻法的东风，在 20 世纪 90 年代取得较好的效果，同时它也大大促进了婚姻法进入寻常百姓家。

1990 年恰逢 1950 年《婚姻法》颁布 40 周年和 1980 年《婚姻法》颁布 10 周年，全国各地深入开展了婚姻法宣传贯彻活动。

当时，在中央的倡导和统一部署下，全国各地都借此机会对婚姻法进行了大力宣传。通过宣传，人们普遍感受到了婚姻法的重要性。在不同的历史阶段，它在中国人民社会生活中，为维护公民在婚姻家庭方面的合法权益，建立幸福和谐平等的婚姻家庭起了重要作用。家庭是社会的细胞。依据法律处理好婚姻家庭关系，对于整个社会的稳定和发展来讲，意义重大。

到 1990 年，中国婚姻家庭形态发生了重大变化。封建、包办、强迫、买卖婚姻和漠视子女利益的旧式婚姻制度已被废除；婚姻自由、一夫一妻、男女平等、保护妇女儿童的合法权益的新型婚姻制度已经确立；婚姻家庭方面的法律、法规日臻完善，婚姻管理体系也在逐步形成；平等、自愿、自主的合法婚姻已占主导地位；改革婚姻陋习已成为人民群众的自觉行动；婚事新办、简办已成为全社会的共同愿望。人们的恋爱观、婚姻观、生育观发生了深刻的变化。

实践证明，婚姻法在保护公民的合法权益、维护社会的安定团结和婚姻家庭的稳定、保证计划生育基本国策的顺利实施、促进社会主义物质文明和精神文明建设等方面，都发挥了重要的作用。同时，由于当时中国还处在社会主义初级阶段，经济、文化还比较落后，地区发展很不平衡，一些地方仍然存在封建思想和封建婚姻制度。特别是 20 世纪 80 年代后期，中国思想教育工作抓得不紧，一些地方对婚姻法的宣传贯彻不力，致使一些已经灭绝的社会丑恶现象在一些地方又死灰复燃。保护妇女、儿童的合法权益，进一步破除封建陋习，依法处理好婚姻家庭关系，纠正违反婚姻法的各种现象，加强社会主义婚姻法治建设和保护当事人的合法权益，保护妇女儿童的身心健康和计划生育基本国策的顺利实施，仍然是当时中国社会面临的重要任务。

四、1980 年《婚姻法》的执行

（一）20 世纪 80 年代 1980 年《婚姻法》执行状况

1978 年以后，中国司法工作发生了一个重大变化，那就是法律取代政策成为裁判案件的依据，揭开了中国司法的新篇章。

1980 年《婚姻法》施行后不久，全国妇联会同有关部门联合发出《关于深入宣传婚姻法的通知》，指出各地在处理有关婚姻家庭问题时，要严格按照有关规定办事，做到有法必依、执法必严，不能随意变动。通知指出，有些地方在婚龄、婚姻登记办法等方面各自做过一些暂行规定，自新婚姻法实施之日起，凡与该法不一致的有关规定一律无效。各级政府干部都要模范执行婚姻法。尤其是司法、民政部门的干部，更要奉公守法，认真学习和掌握新婚姻法的精神和条文，坚决依法办事，维护妇女、儿童、老人的合法权益，惩办违法犯罪分子，伸张正义，为贯彻新婚姻法作出贡献。1980 年 12 月 10 日，国务院发出了《关于认真贯彻执行新婚姻法的通知》。通知要求，人民司法机关积极行动起来，依照新婚姻法原则处理和判决婚姻家庭案件。所有这些通知，都是强调依法办事，把法律作为最高权威。尽管婚姻法对很多婚姻问题作出了比较详细的规定，但是司法机关在审判实践中还是经常碰到一些不好解决的问题，比如涉及军人的婚姻案件、感情破裂的标准等。

随着婚姻法宣传工作的深入开展，人民法院受理了大量的离婚案件，其中涉及较多是的早婚、重婚和事实婚姻。其中新旧法律的适用和过渡问题是司法中的一大难题。

从总体上看，20 世纪 80 年代，中国的婚姻司法走上了正常化，人民法院成为解决婚姻家庭纠纷的主要部门，婚姻法治观念深入人心。1980 年《婚姻法》颁布以后，中国人民法院受理的婚姻案件急剧上升，社会上掀起了离婚的高潮，平均离婚率逐年上升。

司法实践中收集的资料表明，这个时期离婚案件有"四多"：一是 35 岁以下的青年人离婚多；二是结婚时间短的离婚多；三是女方提出离婚的多；四是没有孩子或者子女少的离婚的多。这反映了 1980 年《婚姻法》比较切合当时中国社会的需要，且已经深入人心、家喻户晓。

这一时期离婚率逐年上升的原因主要有以下几点。

一是长期以来，不正常婚姻、畸形婚姻、"爱情死亡"家庭的积压，特别是1957年以后，知识青年去劳动改造，上山下乡进行"锻炼"，许多美满的姻缘被无奈地拆散，许多不相爱的人却违心地结合。还有许多知青因为生活无着落，嫁给当地人，回城后，解决不了对方户口问题只能离婚。

二是生活水平的提高使人们对爱情生活有了新的要求。夫妻之间因为兴趣、爱好、思想、追求的不协调而造成离婚的纠纷增加。

三是改革开放促进人们的婚姻观念的变化。新婚姻法的颁布，给"理由论"转向"爱情论"提供了机会。

可见，这一时期的离婚纠纷中，外在的因素（如政治的、社会的）明显减少，感情因素越来越多，表明中国在司法中特别是离婚判决中以"感情是否破裂"作为判决是否离婚的标准是正确的，是符合当时社会需要的。1980年《婚姻法》在调整婚姻关系中的作用日益增强，为中国公民法治观念的形成提供了良好的条件。

（二）20世纪90年代1980年《婚姻法》执行状况

改革开放以后，中国的婚姻家庭情况发生了很大的变化，人们的婚姻家庭观念逐渐改变。到了20世纪90年代，特别是1992年邓小平南方谈话以后，发展社会主义市场经济被确定为中国特色社会主义经济建设的目标，改革开放的步伐大大加快。随着经济的发展、人民生活水平的提高，人们的物质生活日渐丰富，婚姻家庭关系产生了前所未有的变化。这种变化在婚姻司法中也得以体现，越来越多的婚姻家庭的新现象对中国的婚姻家庭制度提出了挑战，立法理论和立法技术的滞后性越来越明显。修改婚姻法成了社会的强烈需要。在新的婚姻法还没有颁行之前，婚姻法司法实践不会停滞，只能是带着问题边执行边补正。

1. 无效婚姻和可撤销婚姻

中国存在大量无效婚姻和可撤销婚姻（早婚、事实婚姻、重婚等），但是1980年《婚姻法》中没有设立无效婚姻和可撤销婚姻制度，因而在司法实践中常导致司法混乱和尴尬。

【案例】1992年，原告张红经他人介绍与被告沈学明认识。后由于被告单位要分房子，原、被告为了排名要房子，于1994年1月27日托他人帮忙伪造出生年月后办理了结婚登记手续。双方登记后未同居生活，也未生育子女，亦未置办共同财产。原告现向瓦房店市人民法院起诉称：她与被告相识不长时间，因被告单位要分房子，他们俩才于1994年1月办理了结婚登记手续。登记后双方没有在一起共同生活。因双方性格不合，难以相处下去，要求与被告离婚。他们之间无财产纠纷①。

人民法院公开开庭审理了本案。法院认为：原告张红是于1974年9月13日出生的。原、被告办理结婚登记手续时，原告尚未满20周岁，违反了《中华人民共和国婚姻法》关于结婚法定年龄的规定，因此，该婚姻关系无效，不受法律保护。法院于1997年9月18日判决如下：原告张红与被告沈学明的婚姻关系无效。在案件处理过程中，有以下几种不同的意见：

第一种意见认为，《婚姻登记管理条例》第二十五条规定："申请婚姻登记的当事人弄虚作假、骗取婚姻登记的，婚姻登记管理机关应当撤销婚姻登记……宣布其婚姻关系无效，并收回结婚证。"因此，此案不属于法院受理范围，应告知原告向婚姻登记机关申请撤销结婚登记；有财产纠纷的，可就财产部分诉至法院解决；当事人坚持起诉的，应裁定驳回起诉。

第二种意见认为，原告在与被告办理结婚登记时，没有达到法定结婚年龄，违反了《中华人民共和国婚姻法》关于法定婚龄的规定，婚姻关系应属无效，法院应当受理，判决解除原、被告间的婚姻关系。

第三种意见即判决所采纳的意见认为，原、被告办理结婚登记时违反了结婚法定婚龄的法律规定，其婚姻关系应属无效，其行为从开始起就没有法律约束力。对此种无效民事行为只要确认即可，无须判决解除婚姻关系。因此，人民法院只要判决原、被告间的婚姻关系无效即可。本案当事人已认识到：

---

① 选自中国审判案例数据库。

要解除违法取得身份关系,只有通过合法程序,得到国家有关机关的确认后,婚姻自由的权利才能得到法律的保护。

长期以来,由于1980年《婚姻法》中欠缺关于无效婚姻的规定,法院对很多应以婚姻无效进行审判的案件,是按离婚案件来受理和审判的,违背了基本的法治原则,把本来没有的法律关系当成法律关系处理,违反了立法的本意,同时降低了法律的权威性。

这个案例案情简单,但法理深刻。判例反映了两个问题,一个是中国婚姻制度中存在的一个疏漏,那就是无效婚姻[①]和可撤销婚姻制度的欠缺;另一个就是因制度缺位带来的法院和婚姻登记机关在公民婚姻关系法律效力的确认上存在权责不明的矛盾。

随着商品经济的发展,中国的婚姻关系也愈来愈复杂,采取欺骗手段结婚、以离婚为条件的缔结婚姻等违法现象不断出现,其结果既违背社会公共道德,损害了国家、集体的利益,又造成婚姻家庭秩序的混乱。国家应该通过对相关制度的完善和依法行政的行动来解决类似的婚姻问题,维护公民的合法权益和法律的权威,体现和倡导依法治理婚姻的理念。

2. 离婚时财产的分割

随着社会生产力的发展,公民的个人财富不断积累,人们财产权利意识日渐增强。在不同的所有制和分配制度中,人们拥有的财富的形式也逐渐多样化。这些变化反映在婚姻司法实践中,就是夫妻财产的确认和离婚案件中夫妻财产的分割将日益复杂。

【案例】刘玉坤诉郑宪秋离婚及财产分割纠纷案[②]:原告刘玉坤诉称:原告与被告郑宪秋婚后性格不合,彼此理想、事业、志趣均有所不同,结婚13年始终没有培养和建立起真正的夫妻感情。被告对原告参加一些社会必要活

---

① 所谓婚姻无效,在实行登记制度的国家里,是指对已经在婚姻登记机关登记发给了结婚证的当事人,因该婚姻不符合结婚的实质要件或形式要件,宣告该婚姻关系自始不成立,原结婚登记应撤销的一种法律状态。
② 《中华人民共和国最高人民法院公报》,1952年第2期载,第71—72页。

动、残疾身体的治疗,横加干涉。1984年以后,原告克服了常人难以想象的困难,曾在全国首届残疾人运动会上夺取3枚金牌,这些荣誉使被告的心理反差增大,进而粗暴地干涉原告参加比赛,将原告打伤住院。原告与被告自1992年5月分居,感情确已破裂,请求法院判决离婚,财产依法分割。

被告郑宪秋辩称:被告与原告婚姻基础好,在原告失去双腿的时候,是被告主动与其结婚。婚后家务活、带孩子以及原告的生活起居等都由被告承担。原告能在国际国内残疾人运动会上多次获奖牌,是与被告对他的支持和照顾分不开的。如果原告实在坚持离婚,但孩子要由被告抚养,原告必须每月给付抚养费150元,房子由被告居住,奖牌17块被告应分一半,奖金29万元,被告要19万元,婚后共同财产依法分割[①]。

齐齐哈尔市中级人民法院审理后于1994年5月6日对此案判决如下。

准予原告刘玉坤与被告郑宪秋离婚;婚生子郑洋由刘玉坤抚养,郑宪秋每月承担抚养费60元,至郑洋独立生活为止;共同财产:金戒指、金项链、轮椅、洗衣机、吸尘器等物品归刘玉坤所有,自行车、组合家具、电冰箱、彩电、录音机等物品归郑宪秋所有。原、被告各人衣物归个人所有;奖碑17块归刘玉坤所有。诉讼费50元,刘玉坤、郑宪秋各负担25元。

第一审宣判后,被告郑宪秋以要求平分婚姻关系存续期间原告刘玉坤获得的奖杯和奖金等为由,向黑龙江省高级人民法院提出上诉。黑龙江省高级人民法院审理认为:一审法院判决事实清楚,适用法律正确,上诉人郑宪秋上诉理由不充分,本院不予支持。

本案曾在中级人民法院辖区范围产生过重大影响。本案在共同财产分割问题上所遇到的一方当事人在体育竞赛中所获得的奖牌、奖金,是否属于夫妻共同财产,并应否予以分割的问题,在现实生活中具有典型法律意义。本案中,人们关注的焦点是,奖牌、奖金能否定性为夫妻共同财产,并按此定性加以分割?

本案审理过程中,人们有以下两种不同意见。

---

① 《中华人民共和国最高人民法院公报》,1952年第2期载,第71—72页。

一种意见认为，夫妻关系存续期间，一方在体育竞赛中获得的奖牌、奖金，应视为夫妻共同财产。理由是：夫妻一方在竞赛中获得的奖牌、奖金，无论是奖牌、奖金的自身价值，还是荣誉价值，都不是个人行为所能获得的，它与另一方在家庭中的奉献和支持是分不开的。"军功章有你的一半，也有我的一半"，就是这个道理。

另一种意见认为，它不具有夫妻共同财产的属性。理由是：一方在体育竞赛中获得的奖牌、奖金，是对其获得的优异成绩的奖励，是运动员个人的荣誉，具有特定的人身性质，应视为个人所有的财产。

案例审判结果告诉我们这样一个道理：奖金、奖牌代表社会对取得优异成绩的运动员个人的一种评价，对获奖运动员来说，是一种荣誉，在法律上即表现为其享有的荣誉权。而荣誉权属人身权的范围，是与特定的人身分不开的。在法律上，人身权只能由特定的人独立享有，不能与他人分享；人身权也不能转让。

正是人身权的这种属性，决定了运动员所获奖金、奖牌的个人所有的属性，它是不能与他人分享的。当然，奖金、奖牌本身又具有物质性，具有一定的经济价值，但它在用于奖励时，其经济价值仅是不同等级的奖励在量上的区别价值，其财产价值属性已经弱化为零，即它不再是财产量的比较和区别，而是运动员竞赛成绩高低的比较和区别的替代物。所以，不能因奖金、奖牌的物质性及其经济价值，即将它等同于一般财产。当然，运动员获得优异成绩和他人，包括家庭成员、教练员等一切为其作出过某种贡献的人的支持、帮助分不开，但这种支持、帮助并不能产生法律上的权利要求，而是一种感情问题。

随着社会的发展，社会财富的存在和流通方式发生了很大的变化，一些无形财产，比如各种比赛的奖杯、奖牌、知识产权等的性质还没有定论，也很难用货币进行衡量。婚姻家庭法领域的财产关系不同于其他民事法律领域的财产关系，它是因参与人之间特定的亲属身份而发生的。中国社会的婚姻家庭中的财产关系较以前更加复杂化和多元化。随着人们财产权利意识的增强，人民法院接到的公民这方面的诉讼请求会越来越多，在中国有关夫妻财产的制度还没有得到完善之前,为了保障婚姻双方合法的财产权益,人民法院需要谨慎认定和判决。

3. 同居与重婚

20 世纪 90 年代以后,随着市场经济体制逐步建立,人们的婚恋观发生了较大的变化。同居和重婚现象日益增多,因此引发的社会矛盾更加突出,人民法院受理的这类案件也越来越多。

【案例】原告黎吉哲与被告谢小艺于 1996 年 5 月在一酒店认识,不久,原告即带被告到自己的宿舍住宿。同年 6 月,被告辞去工作后经常到原告宿舍与原告同宿。在此期间,原告对周围人介绍说被告是其朋友,原告的同事也认为原、被告是男女朋友关系。俩人相处期间,原告反对被告与周围邻居及其同事交往。原告由于工作性质,外出工作较多且时间无规律,引起被告的猜疑,双方为此经常发生争吵。同年 8 月 11 日晚,原告与同事外出工作,被告因阻止未果,便从原告宿舍楼顶跳下,致双腿摔伤,由原告送往医院治疗。现被告双腿已瘫痪,暂时住原告宿舍[①]。

1997 年 3 月 17 日,原告黎吉哲向海口市秀英区人民法院提起诉讼,称:与被告认识后,被告要求我带她到我的宿舍同宿。同居生活期间,因我经常外出工作,被告对我猜疑,双方经常发生争吵。被告为阻止我外出工作跳楼摔伤后,为治被告的伤病,我已花光了借来的 2 万多元。要求法院依法解除我与被告的非法同居关系。

被告谢小艺答辩称:我在酒店当服务员时与原告认识,认识后是原告带我去他宿舍同宿。后来原告知道我不是处女后,对我态度大变,经常找一些小事和我吵架,甚至打我。原告发现我怀孕后,还骗我吃打胎药。我不知道原告是在与我谈恋爱,还是欺骗我。

海口市秀英区人民法院经审理认为:原、被告的行为只是恋爱过程中的越轨行为,不属非法同居关系,原告的起诉不属于人民法院受理的民事诉讼

---

① 选自中国审判案例数据库。

范围，不符合法定的起诉条件，驳回其起诉。

合法同居即婚姻，是指符合婚姻法上关于结婚的实质和形式要件的同居，是一种民事法律行为。非法同居从内涵上讲，是不具备婚姻法上关于结婚的各种要件的规定而发生的男女同居，是一种事实民事行为，不为法律所支持。我们在审判实践中所说的事实婚姻，从实质上讲是非法同居的一种表现形式。

实际上，在当时中国的很多这类审判中，人民法院将很多以事实婚姻为表现形式的非法同居关系当成了婚姻关系来处理，在司法上混淆了合法同居与非法同居的关系，导致社会上对此问题认识的模糊和混乱。当然，在当时国家还没有颁布专门规范同居问题的制度之前，人民法院为保证当事人的基本权利，根据实际情况作出适当的判决也是可以理解的，但是从依法治国的角度来讲，这种状况只能是一种过渡，而不是长久之计。

依据最高人民法院《关于人民法院审理未办结婚登记而以夫妻名义同居生活案件的若干意见》的精神，未办结婚登记而以夫妻名义同居生活的男女，依据不同的事实，其关系可能被认定为事实婚姻关系，也可能被认定为非法同居关系。认定为前者的，案件审理按普通离婚案件的原则处理；认定为后者的，案件审理应一律判决予以解除。但根据该意见第3条的规定，事实婚姻关系的认定受到时间限制，即在"民政部新的婚姻登记管理条例施行之日起，未办结婚登记即以夫妻名义同居生活，按非法同居关系对待"，不再有事实婚姻关系的认定问题。所以1994年《婚姻登记管理条例》施行后所发生的未办结婚登记即以夫妻名义同居生活的，就只有一种性质，即非法同居关系性质。国家从制度上解决了同居和事实婚姻的问题。

1994年12月14日，最高人民法院作出《关于〈婚姻登记管理条例〉施行后发生的以夫妻名义非法同居的重婚案件是否以重婚罪定罪处罚的批复》（以下简称《批复》）。《批复》认为："新的《婚姻登记管理条例》（1994年1月12日国务院批准，1994年2月1日民政部发布）发布施行后，有配偶者与他人以夫妻名义同居生活的，或者明知他人有配偶而与之以夫妻名义同居生活的，仍应按重婚罪定罪处罚。"

1994年《婚姻登记管理条例》规定，《婚姻登记管理条例》施行后所发生的未办结婚登记即以夫妻名义同居生活的,只是非法同居关系,而不是重婚。这类情况,当事人只有申请人民法院解除非法同居关系时,才会予以受理。而从最高人民法院作出的《批复》来看,对于有配偶的人与他人以夫妻名义同居生活的,或者明知他人有配偶而与之以夫妻名义同居生活的,仍按重婚罪定罪处罚。这就是说,刑法实际上在一定条件下又承认了"事实婚"的存在,只是把这种"事实婚"改称为"以夫妻名义同居生活",并把它作为重婚行为的一种形式对待。这种立法和司法解释不一致,立法本意可能是出于保护受害一方,但是在立法技术上还需提高。

随着社会的文明进步,人们对两性关系的处理更加自由,但这种自由容易产生矛盾,解决这种矛盾时,就直击中国法律的疏漏。所以,1994年新的《婚姻登记管理条例》颁布以后,同居和重婚案件的审理成了人民法院最头疼的案件。其主要原因包括两个:一是同居关系和重婚的认定较为复杂,取证和采信困难,加上婚姻或者同居关系的隐秘性,第三人很难知道事实真相,当事人之间的陈述也难辨真伪;另外一个就是法律规定上的冲突,给司法工作带来难度。所以,立法的科学性是时代发展的要求,在法治国家中,法应该是科学的法、是良法。

4. 探视权问题

探视权作为婚姻权利的延续,它保护的是子女和非监护一方的亲权。这种立法本意是很人性化的,同时也是很先进的,但是在中国婚姻法的司法过程中,探视权却是一个争议较大、难度较高的民事纠纷问题。

【案例】原告张德明与被告丁石于1989年4月15日经广汉市人民法院调解离婚,婚生子张成玺(生于1983年2月27日)随母亲丁石生活,张德明一次性给付张成玺生活费、教育费3000元。张德明与丁石离婚后从事个体工商经营活动,为生计经常东奔西走,且未再婚。

张成玺随母亲丁石和继父黄宗赋生活,相处融洽。1990年6月,被告丁石将张成玺的姓氏改为其再婚丈夫黄宗赋的姓氏,取名黄忆丁。自原、被告离婚后,严禁张德明接近张成玺。为此,双方多次发生纠纷。1994年2月28

日，张德明书面向丁石提出：约定看望儿子的时间。丁石不予理睬。张德明遂向人民法院起诉：请求人民法院依法将婚生子张成玺变更为原告抚养，并由原告承担张成玺的一切生活费、教育费。如张成玺坚决不愿与原告一起生活，请求法院判令被告将黄忆丁恢复为原来的姓名张成玺，并依法保护原告探视张成玺的权利。在诉讼中，张成玺向法院表示，不愿随父亲张德明生活[①]。

广汉市人民法院最后判决：驳回原告张德明要求变更儿子张成玺抚养关系的诉讼请求；责令丁石在本判决生效后一个月内将黄忆丁恢复为原姓名张成玺；原告张德明可于每月第一、第三个星期日早10点到晚8点探望其子张成玺。但张成玺拒绝接受探视时，张德明不得强行探视。

这是一起典型的探视权案件。随着中国离婚人数的增加，因为探视子女发生的纠纷也越来越多。社会对此越来越关注，急需法律给出合情合理的处理办法。

中国有关法律的立法本意主要是保护子女的身心健康，同时保护公民的亲权。关于子女抚养问题，离婚判决时，应以有利于子女身心健康成长为标准。《中华人民共和国婚姻法》规定："……哺乳期后的子女，如双方因抚养问题发生争执不能达成协议时，由人民法院根据子女的权益和双方的具体情况判决。"最高人民法院《关于贯彻执行民事政策法律若干问题的意见》第22条规定："哺乳期后的子女，由谁抚养发生争执时，应根据有利于子女身心健康成长的原则处理。子女有识别能力的，应征求子女本人的意见。"从法律和司法解释的规定可以看出，父母离婚后，子女由谁抚养，包括是否变更子女的抚养关系，均应以子女的权益为重，以有利于子女身心健康成长为标准确定。

关于父或母一方能否变更子女姓氏的问题，最高人民法院曾指出：父母离婚，除因协议变更子女姓氏或子女已成年得以自己意志决定其从父姓或母姓外，并无使其子女改变原用姓氏的必要，子女姓氏依抚养责任而变更是不妥当的。中国一直沿用这个原则。故广汉市人民法院在张德明起诉后，判决

[①] 选自中国审判案例数据库。

丁石恢复张成玺本来的姓名,是恰当的。

关于父母对子女享有探视权问题。从民法理论上讲,父母对子女的探视权,是亲权中的一项基本权利。所谓父母对子女的探视权,是指父母离婚后,与子女分居的一方(父或母)享有的探望性探视和逗留性探视其子女的权利。关于探视权问题,大陆法系和英美法系国家的法律都有明确规定。在中国,法律对探视权未设专门条款,只有"父母与子女间的关系,不因父母离婚而消除"等。离婚后,子女无论由父方还是由母方抚养,仍是父母双方的子女,父母对于子女仍有抚养和教育的权利和义务。由此可见,中国法律在本意上是承认和保护离婚父母探视子女的权利的,离婚父母享有的探视子女的权利应当受到司法保护。

5. 生育权与子女抚养

随着科学的发展,辅助生殖技术越来越发达,人们的生育观念发生很大变化,因此而产生的法律问题也越来越多。

【案例】严某和汤某于 1978 年 7 月登记结婚,婚后多年不育,经医院检查,汤某无生育能力。

1985 年初,二人找到某厂医务室一退休医师,实施人工授精手术三次。不久,严某怀孕,于 1986 年 1 月生育一子。之后,双方常为生活琐事发生争吵,加上分居两地,致使夫妻关系紧张。

严某于 1996 年 3 月向杭州市拱墅区人民法院起诉。诉称:双方婚后感情不和,经常争吵,被告对我及家人从不关心,致使夫妻感情彻底破裂。要求与被告离婚;孩子由我抚养,被告承担孩子抚养费[①]。

杭州市拱墅区人民法院受理后认为:原、被告双方感情确已确裂,经法院调解和好无效,双方均表示同意离婚,可予准许。孩子系双方一致同意实施人工授精所生,应视为婚生子女。

孩子现已超过 10 周岁,经征求孩子意见,其愿随母亲生活。该院于

---

① 选自中国审判案例数据库。

1996年7月15日判决：准予原告严某与被告汤某离婚；孩子由原告严某抚养教育，被告自1996年7月份起每月支付原告抚养费130元至孩子独立生活时止。

本案争执的焦点，或者说本案的典型意义所在，是对婚姻期间人工授精所生子女在父母双方离婚时应由谁抚养的问题。1980年《婚姻法》囿于当时的条件，对人工授精子女的法律地位未作明确规定。随着现代医学科学技术的发展，经人工授精而生育的子女日趋增多，由此带来的法律问题也摆在了审判实践的面前。

1991年7月8日，最高人民法院《关于夫妻关系存续期间以人工授精所生子女的法律地位如何确定的复函》指出："在夫妻关系存续期间，双方一致同意进行人工授精，所生子女应视为夫妻双方的婚生子女，父母子女之间权利义务关系适用《婚姻法》的有关规定。"

由于孩子一直不知道自己是人工授精所生，在诉讼过程中，法院采取了保密措施和不公开开庭审理的办法，在判决书中也回避了这一问题。法院这样做，既是为了保护当事人的隐私权，又是为了保障孩子的声誉不受损害或歧视，显示了中国婚姻司法的人性化特征。

最高人民法院的复函，首先肯定了人工授精所生子女的法律地位与婚生子女的法律地位相同，由此产生的父母子女之间的权利义务关系应适用《婚姻法》有关父母子女权利义务关系的规定。其次确立了人工授精所生子女作为夫妻双方的婚生子女的条件，即人工授精是夫妻双方一致同意的。这种一致同意的意思表示，可以是书面的，也可以是口头的，还可以是从实际行为推定的。

应当认识到，承认夫妻双方在婚姻关系存续期间一致同意经人工授精所生子女具有婚生子女的法律地位，父方虽然与该子女无血缘关系，仍然应对该子女尽抚养义务，此点在法律上是不难确立的。但对人工授精所生子女所引起的法律问题，中国当时遇到的基本上仅涉及其在父母离婚后的抚养问题，将来还会遇到什么实际问题，这些实际问题应从理论上如何解释，从立法上如何规定，则是难以预料的。因此，我们需要随时注意发生的新情况、新问题，并随时予以研究解决，为立法提供丰富的实践经验。

6. 涉外婚姻

随着中国改革开放格局的全面形成，20世纪90年代以来，中国公民和外国公民结婚的越来越多。如何依据国家公约和中国的法律裁决案件，也是中国婚姻司法工作必须面临的问题。涉外婚姻案件主要涉及中国有关司法机关对外国婚姻关系判决认定的问题。

【案例】申请人李庚与丁映秋（同为居住在日本的中国人）于1974年11月结婚，婚后感情尚好，1975年2月生一女孩李落落。1980年11月，李庚赴日本留学，此后，双方感情逐渐淡漠。1988年1月，丁映秋赴日本留学，双方在日本共同生活了一段时间之后，于同年年底开始分居。1989年春，丁映秋向日本地方法院提起离婚诉讼，因手续不全，地方法院未受理。1990年12月，丁映秋再次提起离婚诉讼，日本地方法院受理并进行了调解，于1991年2月27日调解解除李庚、丁映秋的婚姻关系；丁映秋在中国、日本的财产归自己所有；李庚给付丁映秋生活费200万日元；李庚在日本的财产归自己所有；女儿李落落由丁映秋抚养，李庚给付抚养费200万日元。按照日本法律规定，双方领取了离婚申请受理证明书。事后，丁映秋准备回中国，向日本地方法院要求提取李庚已交付于法院的生活费、抚养费。日本地方法院提出，李、丁双方解除婚姻关系的证明书得到中国法律的认可后，才能将上述费用交给丁映秋。因此，李庚、丁映秋分别向中国北京市中级人民法院申请承认日本地方法院解除双方婚姻关系的调解协议[①]。

北京市中级人民法院受理申请后，经审查认为，日本地方法院对李庚、丁映秋离婚一案作出的解除双方婚姻关系的协议书，与中国法律规定的承认外国法院判决、裁定的条件不抵触，在中华人民共和国境内具有法律效力。

1991年7月5日，最高人民法院审判委员会通过《关于中国公民申请承认外国法院离婚判决程序问题的规定》，对申请或者请求承认和执行外国法院作出的发生法律效力的判决、裁定有明确的规定。对当事人依照《中华人

---

① 选自中国审判案例数据库。

民共和国民事诉讼法》的规定，向人民法院申请承认外国法院作出的发生法律效力的调解协议的，人民法院应在国家主权原则下，认真行使司法审查权，审查认为有关调解协议不违反中国法律的基本原则或者国家主权、安全、社会公共利益的，可裁定承认其效力。

本案中有一个应注意的问题，日本法院的离婚调解协议书中，不但包括解除双方婚姻关系的内容，还包括财产分割和生活费、抚养费的给付及子女抚养的内容。按照最高人民法院《关于中国公民申请承认外国法院离婚判决程序问题的规定》第二条的规定，对该调解协议书中除婚姻关系以外的各项内容，是不在承认范围之内的。也就是说，申请承认的范围，仅应限定在婚姻关系上。中国的法律在承认外国法院离婚判决的有效性上是有条件和有范围的。这表明中国在司法上与国际接轨的过程中是实事求是的，体现了国家主权在婚姻司法中的作用，符合司法为民的主旨，具有历史进步性。

第 六 章
《中华人民共和国婚姻法（修正）》出台

一、《中华人民共和国婚姻法（修正）》出台的背景

1980年《婚姻法》实施以来的实践证明，其所规定的基本原则是正确的，有关夫妻、家庭成员间的权利和义务的规定也是可行的。但随着我国改革开放的深入、市场经济和社会的发展、物质生活水平的不断提高，人们的思想观念发生了一定的变化，在婚姻家庭关系方面出现了一些新问题。

（一）离婚率上升

离婚是配偶生存期间，依法解除婚姻关系的法律行为。婚姻自由既是宪法赋予的基本人权，又是婚姻法的基本原则。结婚、离婚，他人不得非法干涉和强迫。但是，现实生活中有些人对待婚姻不严肃，视婚姻为儿戏，婚前未经深思熟虑，凭着一时的感情冲动就草率结婚，由于婚姻基础不牢，离婚的不少；有些夫妻一发生争执就离婚，离婚后又后悔，复婚的也不少；有些比较自私的人，只考虑自己的利益、自己的幸福，全然不管家庭、子女，在婚姻问题上一变再变。自20世纪80年代以来，我国的离婚率在逐年上升，1998年，全国的离婚数占全国结婚数的13%左右，在某些大城市已达20%—30%[1]。而这与同时期的西方国家恰恰相反，20世纪90年代以后，西方各主

---

[1] 巫昌祯著《我与婚姻法》，法律出版社，2001年版，第15页。

要资本主义国家离婚率在下降。有些人曾呼吁通过立法来限制离婚，降低离婚率，这是不可取的。结婚自由、离婚自由是我国婚姻法的基本原则，限制离婚则是对婚姻自由的破坏。法律不能限制离婚，但可以通过对结婚与离婚进行规范，来减少离婚，降低离婚所带来的危害。因此，如何进一步规范有关结婚、离婚方面的法条就成为婚姻立法中迫切需要解决的问题。

（二）婚外同居等现象严重

改革开放以后，一些人的婚姻观、价值观发生了变化，在配偶之外与第三人通奸、姘居，造成了严重的社会危害，破坏了婚姻家庭的稳定、和睦，导致夫妻离婚、家庭解体，受害者在情感上受到极大摧残；破坏了一夫一妻制；破坏了计划生育，很多同居者都生有子女，而这些子女都是不符合政策要求、在计划外生育的，由于他们的同居关系不在法律调整之内，因此他们又成了计划生育管理工作的盲区；婚外同居现象还导致了许多恶性案件的发生，婚外同居者为了达到与他人同居的目的，对配偶实施暴力甚至残害配偶，也有受伤害的配偶不堪忍受另一方配偶的变心或遗弃，杀害第三者，杀害配偶，有些案件惨不忍睹、令人发指；婚外同居现象还引发了腐败，权钱交易、贪污受贿等在婚外同居的人群里比比皆是。

我国由一夫一妻制婚姻而建立的家庭，作为文明社会的基石，作为人类文明传统中不可动摇和替代的基础，具有不可摧毁的生命力。因此，为了维护一夫一妻的婚姻制度，我们需要修改婚姻法以应对并解决上述情况。

（三）家庭暴力时有发生

20世纪后期，我国的家庭暴力现象日益严重，发生率呈逐年上升趋势。据统计，20世纪90年代的家庭暴力比20世纪80年代上升了25.4%[1]。在"清官难断家务事"的传统观念影响下，一些司法机关不愿介入家庭暴力纠纷案件，对可能酿成恶果的家庭暴力也没有给予足够的重视，最终导致恶性案件的发

---

[1] 巫昌祯著《我与婚姻法》，法律出版社，2001年版，第15页。

生。值得注意的是，家庭暴力对女性的侵害，又引发了女性犯罪案件的增加。由于当时我国尚无有效的防治家庭暴力的法律措施，故在婚姻法中增加家庭暴力的内容，成为社会各界的一致要求。

上述新情况、新问题对家庭、对社会都造成了极大的危害，如不及时加以解决，则会影响到我国现代化建设的宏伟大业。因此修改婚姻法，解决当前反映强烈、亟须解决的问题，已成为大势所趋。

当然，修改婚姻法也是建设社会主义法治国家立法总形势的要求。党的十五大及九届全国人大都提出要实行法治，建立社会主义法治国家，近年来，我国也加速了法治化进程。实行法治，首先必须有法可依，即要完善立法。立法可通过两个途径来完成：一是制定新法以弥补空白；二是对现有的法律进行修改，使之更加完善，更能适应社会的需要。我国已有婚姻立法，但是随着现实情况的变更，我国婚姻法已不能满足社会发展的需要，它本身存在着很多缺陷和空白，故需要对其进行修改、完善，以便在婚姻家庭领域真正实现有法可依。

同时，修改婚姻法，也是婚姻法自身完善的需要。婚姻法具有极大的广泛性，但是，1980年《婚姻法》却存在着不少缺陷。如在结婚制度方面，法律规定了结婚必须具备的实质要件和形式要件，但却没有关于不符合结婚要件的婚姻该如何对待、当事人该承担何种责任的相应条文。再如在夫妻财产关系方面，法律仅仅规定了婚后所得财产为夫妻共同财产，允许夫妻实行约定财产制，然而共同财产的范围、夫妻如何约定彼此间的财产关系，法律却没有具体规定，明显缺乏可操作性。类似的问题在1980年《婚姻法》中还有许多，因此，修改婚姻法中不当之规定，填补婚姻立法的空白，既是科学立法的要求，也是司法实践的迫切需要。

二、《中华人民共和国婚姻法（修正）》出台的经过

1990年，中国法学会在纪念现行《婚姻法》通过10周年、1950年《婚姻法》颁行40周年的活动中，提出了修改婚姻法、完善婚姻家庭法律制度的建议。许多学者积极撰文，最终汇编成《当代中国婚姻家庭问题》一书，由人民出

版社于1990年出版。一些婚姻法专家在文章中对中国改革开放十多年来婚姻家庭领域发生的变化、婚姻法在宣传和执行中碰的问题，以及当时的婚姻法无法很好解决的情况进行了深入的研究，并提出了很多修改婚姻法的建议。学者们还经常通过讲坛、学术刊物、报纸、电台、电视台等向社会发表自己的看法，引起社会的关注和争论。这种争鸣方式往往比那种教条式的宣传方式更能让人们理解婚姻法的立法精神，更加利于婚姻法深入人心。

中国法学会还组成"走向21世纪的婚姻家庭——关于完善婚姻家庭法的立法研究课题组"。学会经常召开婚姻法修改的专题研讨会，以集思广益。一些专家通过全国人大内务司法委员会向全国人大提出修改婚姻法的立法建议。全国人大内务司法委员会为此专门召开讨论会，最高人民法院、民政部、全国妇联、国家计生委、国家民委等相关部门人员都应邀参加。与会各部门形成的比较一致的意见是：婚姻家庭领域中存在的问题，单靠司法解释只是权宜之计，需要通过立法解决。

1995年9月至10月，内务司法委员会在全国范围内进行适用婚姻法的执法检查，征求对修改婚姻法的意见。10月底，内务司法委员会在第八届全国人民代表大会常务委员会第16次全体会议上作提案审议报告。1995年10月30日，全国人大常委会正式通过了审议报告，决定把修改婚姻法列入立法规划。由于中国每年的两会都受到国内外媒体的关注，修改婚姻法的立法建议也因此受到高度关注，成为人们议论的话题，无形中使婚姻法得到了广泛的宣传。

1996年1月，由中央各有关部委领导参加，民政部组织，最高人民法院、全国妇联、国家计生委、国家民委、解放军总政治部相关人员共同参与的修改婚姻法领导小组成立。一些国内的婚姻法专家开始起草初稿，做立法的前期准备工作。

在试拟稿起草和修改过程中，全社会都对婚姻法的修改倾注了空前的热情，各行各业都纷纷发表自己的看法，专家组内部也是纷争不休，各路媒体更是积极投身到这场宣传和争论婚姻法的洪流中来，使婚姻法得到了前所未有的深入宣传。

1998年九届全国人大常委会把修改婚姻法正式列入立法规划。1999年上半年，前期准备工作全部就绪，修改婚姻法领导小组撤销。领导小组负责将婚姻法初拟稿报送全国人大常委会法制工作委员会。全国人大常委会法制委员会参考了领导小组的初拟稿，采纳了初拟稿的部分内容。

1999年10月12日，中国法学会在江西吉安召开婚姻法修改研讨会。这次会议受到各大媒体的关注。全国人大常委会法制工作委员会在北京、上海、广东、新疆等地召开过几十次座谈会，既听取城市居民的意见，又到农村听取村民的意见。在对该稿讨论修改的基础上，2000年7月公开发表《中华人民共和国婚姻法》（法学专家建议稿），以供我国立法机关参考。2000年8月，在专家试拟稿的基础上形成了征求意见稿，还把它发到十几个省市、中央有关部门、法律院校听取意见。根据这些意见，研究修改，形成了《中华人民共和国婚姻法修正案（草案）》。2000年8月，全国人大常委会法制工作委员会拟定《中华人民共和国婚姻法修正案（草案）》提交全国人大常委会审议，经全国人大常委会两次会议审议和修改后，2001年1月11日，《中华人民共和国婚姻法修正案（草案）》公开发表，提交全民讨论，广泛征求各方面的意见。在充分听取各方面意见之后，《中华人民共和国婚姻法修正案（草案）》经过再次修改补充，提交全国人大常委会第三次会议审议并审议通过，2001年4月28日，九届全国人大常委会第21次会议通过了《关于修改〈中华人民共和国婚姻法〉的决定》，修正后的《中华人民共和国婚姻法》于2001年4月28日公布施行。

历经数年的准备与努力，修正后的《婚姻法》终于出台了。修正后的婚姻法仍然是1980年《婚姻法》，故其全称为《中华人民共和国婚姻法（修正）》。

三、《中华人民共和国婚姻法（修正）》修正的主要内容

（一）增加了保证基本原则实施的措施

在总则中，增加了"禁止有配偶者与他人同居，禁止家庭暴力"。"夫妻应当互相忠实，互相尊重；家庭成员间应当敬老爱幼，互相帮助，维护平等、和睦、文明的婚姻家庭关系。"

增加的条款，鲜明地提出了社会主义婚姻家庭的建设方向。《中华人民共和国婚姻法（修正）》打破传统禁锢，明确规定"夫妻应当互相忠实，互相尊重；家庭应当敬老爱幼，互相帮助"，充分体现了我国婚姻立法的宗旨。法律还进一步规定了"维护平等、和睦、文明的婚姻家庭关系"，从而指明了我国的婚姻家庭建设方向。婚姻是家庭的基础，家庭是社会的细胞，婚姻家庭建设是我国社会主义建设事业的重要组成部分。家庭在提高物质文明的同时，也必须进行精神文明建设，而夫妻间的互相忠实与尊重、家庭成员之间的敬老爱幼与互相帮助，就是精神文明的重要内容。通过婚姻家庭的精神文明建设，提高每一个家庭成员的道德素质，建立并维护平等、和睦、文明的婚姻家庭关系。平等、和睦、文明的婚姻家庭关系是我国婚姻家庭建设的方向，是婚姻立法的真正目的所在。《中华人民共和国婚姻法（修正）》的这一规定，在道德上具有倡导性，在法律上具有宣言性，它对于培养公民良好的婚姻家庭道德情操，抵制婚姻家庭中的不良风气，将具有积极的引导作用。

（二）对结婚制度进行了修改、补充

1980年《婚姻法》对结婚制度的规定存在的主要不足是未设立无效婚姻和可撤销婚姻制度。这一立法空白使对违法婚姻的处理无法可依，给当事人及其子女和家庭、社会都带来许多恶果。婚姻无效或被撤销是违法婚姻的法律后果之一。凡不符合结婚实质要件或形式要件的男女两性结合，都是违法婚姻。我国1980年《婚姻法》仅规定了结婚的实质要件和形式要件，尚未设立无效婚姻和可撤销婚姻制度，未具体规定欠缺结婚法定要件的无效婚姻和可撤销婚姻如何处理的问题，仅在第三十四条规定，违反本法者，得分别情况，依法予以行政处分或法律制裁。由于此规定太笼统，实际部门往往难以执行，使其成为一纸空文。1986年3月15日施行的《婚姻登记办法》规定了婚姻无效问题，但仍未设立一套较为全面系统的无效婚姻制度。1989年11月最高人民法院的司法解释，对事实婚姻关系和非法同居关系的认定和处理作了规定①。但此司法解释作用的范围有限。1994年2月1日施行的《婚姻登记管理条例》设专章规定了婚姻监督管理制度,该条例虽较《婚姻登记办法》更为全面、具体,但仍未全面规定婚姻无效的原因,对婚姻无效的请求权人和请求权行使的期限以及无效婚姻的法律后果等问题,仍未设立一套较为全面系统的无效婚姻制度。在现实生活中,由于立法不完善,有关部门对违法婚姻的查处仍力度不够,一些地方仍然存在违法婚姻,禁而不止。这不仅给当事人及其子女带来许多危害,而且破坏了社会主义法律的严肃性,使婚姻法成为"软法",可依可不依。因此,设立一套全面系统的无效婚姻和可撤销婚姻制度是完善我国结婚制度的迫切需要。

《中华人民共和国婚姻法(修正)》对1980年《婚姻法》规定的结婚制度,主要作了以下三点修改和补充。

1. 删去了患麻风病禁止结婚的规定,改为"患有医学上认为不应当结婚的疾病",禁止结婚

根据我国1980年《婚姻法》的规定,结婚的法定条件包括必备条件和禁止条件。结婚的禁止条件有两个,有下列情形之一的禁止结婚:一是直系血亲和三代以内的旁系血亲;二是患麻风病未经治愈或患其他在医学上认为不应当结婚的疾病。《中华人民共和国婚姻法(修正)》结合我国实际,原则上保留了1980年《婚姻法》有关结婚条件的规定,仅对禁止结婚的疾病条件作了一定修改,即在禁止结婚的疾病条件中,保留了患有医学上认为不应当结婚的疾病,删除了患麻风未治愈者禁止结婚的规定。

男女结婚,双方须无禁止结婚的疾病。这是婚姻的自然属性和社会属性决定的。结婚不仅涉及当事人双方的利益,而且涉及子女及其他亲属的利益,并且涉及社会的利益。因此,禁止患有一定疾病的人结婚是世界各国立法的通例。我国1980年《婚姻法》规定患麻风病未经治愈或患其他在医学上认为不应当结婚的疾病禁止结婚,是因为患麻风病未经治愈或患有其他在医学上

---

① 最高人民法院《关于人民法院审理未办结婚登记而以夫妻名义同居生活案件的若干意见》,1989年11月21日。

认为不应当结婚的疾病者结婚之后，往往会影响自己和家人的身体健康或生活幸福。例如，有的传染病患者结婚之后，不仅会加重自己的病情，而且会传染给对方和遗传给后代。为保护结婚当事人及其子女的健康，提高中华民族的人口素质，保障当事人的合法权益，维护社会利益，所以我国婚姻法禁止患有一定疾病者结婚。而麻风病在现代已是可治之病，并且在我国已被基本消灭，所以《中华人民共和国婚姻法（修正）》删除了1980年《婚姻法》中禁止麻风病未治愈者结婚的规定，时异境迁，该条规定已不再适应现在的现实情况，没必要再保留下来。

2. 增设了无效婚姻制度和可撤销婚姻制度

《中华人民共和国婚姻法（修正）》针对1980年《婚姻法》对无效婚姻和可撤销婚姻制度的立法空白，新增了无效婚姻和可撤销婚姻制度。其主要内容包括：婚姻无效或被撤销的法定原因、可撤销婚姻的请求权主体及请求权行使的时效期间、可撤销婚姻的宣告机关以及婚姻无效或被撤销的法律后果等。

有配偶者又与他人登记结婚或以夫妻名义同居生活的违法行为，即重婚的；有禁止结婚亲属关系的；患有医学上认为不应当结婚的疾病，婚后尚未治愈的；未到法定婚龄的为无效婚姻。可由婚姻登记机关或人民法院宣告无效。

对违背男女双方自愿受胁迫结婚的，为可撤销婚姻。受胁迫方可在结婚之日起一年内向婚姻登记机关或人民法院请求撤销。被非法限制人身自由的，从恢复人身自由之日起一年内提出。

被宣告无效或被宣告撤销的婚姻，自始无效。当事人不具有夫妻的权利义务。同居期间所得的财产，由当事人协议处理；协议不成时，由人民法院根据照顾无过错方的原则判决。对重婚导致的婚姻无效的处理，不得侵害合法婚姻当事人的财产权益。当事人所生的子女，适用本法有关父母子女的规定。

《中华人民共和国婚姻法（修正）》针对1980年《婚姻法》立法之不足，增补了无效婚姻和可撤销婚姻制度，区别了违法婚姻的不同违法情形，分别予以无效或可撤销的不同处理。这体现了实事求是、严肃执法的精神。《中华人民共和国婚姻法（修正）》对无效婚姻的法定原因作了明确规定。这有利于保障结婚法定条件的实施，保护当事人及其子女的合法权益，并维护社会的利益。至于可撤销婚姻的原因，则仅限于受胁迫而成立的婚姻。该修正案将撤销婚姻的请求权仅赋予受胁迫的当事人一方，这主要是为了尊重当事人对其婚姻关系的意愿。而对于《中华人民共和国婚姻法（修正）》中关于同居期间所得的财产的处理，则鲜明地反映了婚姻法的私法属性，既体现了尊重当事人意愿的私法自治原则，又体现了现代民法注意保护无过错的善意当事人，尤其注重保护合法婚姻当事人权益的公平、正义原则。

然而，《中华人民共和国婚姻法（修正）》的无效婚姻和可撤销婚姻制度仍存在不少缺憾，主要有以下几点：

（1）可撤销婚姻的范围失于狭窄

《中华人民共和国婚姻法（修正）》第十一条规定，"因胁迫而结婚的，受胁迫的一方可以向婚姻登记机关或人民法院请求撤销该婚姻"。立法之所以作出这样的规定，是因为胁迫婚违背了受胁迫方的意愿，是非自愿缔结的婚姻，而婚姻成立的首要条件便是"必须男女双方完全自愿"。但非自愿婚除胁迫婚之外，还包括包办、买卖婚姻及因欺诈而缔结的婚姻等其他一切违背当事人真实意愿的婚姻，而包办婚等与胁迫婚一样，均不符合婚姻成立的实质要件，也为我国法律所禁止，因而也应列入可撤销婚姻的范围，但《中华人民共和国婚姻法（修正）》对包办婚等违法婚姻的法律后果却未涉及。同属违法婚姻，胁迫婚受到法律制裁，而包办婚等则逍遥法外，显然有损法制的统一和尊严。

（2）对无效婚姻和被撤销婚姻之法律后果的规定失于简单化

《中华人民共和国婚姻法（修正）》第十二条规定，"无效或被撤销的婚姻自始无效。当事人不具有夫妻的权利和义务"。就无效婚姻而言，现实中造成无效婚姻的原因多种多样，比如当事人一方重婚，患有医学上认为不应当结婚的疾病或未达法定婚龄，而另一方当事人往往可能并不知情。在此情况下双方都按自始无效处理，无过错的一方将因此而丧失许多权益。这显然是不公正的。因此我国的婚姻法在规定无效婚姻的法律后果时，应对过错方和无过错方有所区分。当然,《中华人民共和国婚姻法(修正)》也并非不保护无过错方,该法第十二条规定,无效婚姻"同居期间所得的财产,由当事人协议处理"。

(3)对可撤销婚姻的确认采双轨制不妥

《中华人民共和国婚姻法(修正)》第十一条规定可撤销婚姻的受理机关为婚姻登记机关或人民法院。但诚如有的学者所言,撤销已存在的婚姻并非单纯事关婚姻的效力,往往还涉及共同财产分割、未成年子女抚养等与当事人及其子女基本民事权益有关的诸多事项。作为国家行政机关的婚姻登记机关对此不仅无能为力,而且它插手其中显然也是越俎代庖,剥夺了人民法院的审判职能[①]。况且通观世界上其他国家和地区,对婚姻的撤销,均以诉讼方式,由法院判决宣告,鲜有采双轨制的。有鉴于此,可撤销婚姻的受理机关应仅限于人民法院,由人民法院依法对当事人的婚姻性质作出判定,并对相关法律后果作出判决。总而言之,尽管婚姻法具有浓厚的固有法特色,但随着全球化趋势的不断加快,法域之间的互相碰撞和适用成为常态,各国法律相互渗透、相互吸收。我国婚姻立法应把握住这种走向和机遇,注意从国情和民族传统出发,大胆地吸收人类社会一切优秀的法律文化成果,充分借鉴各国、各地区立法中的技术性典范,注重采用国际通行做法,从而使婚姻法与时代合流。

(三)对夫妻财产关系的规定更为明确、具体

1. 明确了夫妻共同财产的范围

《中华人民共和国婚姻法(修正)》对1980年《婚姻法》的夫妻财产制作了很大改动,在对夫妻共同财产范围确定的同时对个人财产部分进行了规定,并对夫妻约定财产制进行了修改。我国1980年《婚姻法》对夫妻共同财产采取婚后所得制,凡夫妻在婚姻关系存续期间所得的财产,均归夫妻共同所有。这种婚后所得共同所有制符合当时的社会经济背景。但是,随着

[①] 《如何构建我国的无效婚姻制度》,《人民法院报》,2001年2月14日。

市场经济的发展、个人收入的增加、公民权利意识的觉醒，这种过于强调双方共同性，而忽视一方独立性，与计划经济相适应的夫妻财产制已越来越不适应市场经济社会的实际情况。因此，《中华人民共和国婚姻法（修正）》对夫妻共同财产的范围进行了限定。根据《中华人民共和国婚姻法（修正）》第十七条的规定，在婚姻关系存续期间，夫妻共同所有的财产主要包括夫妻在婚姻存续期间一方或双方所得的工资、奖金，生产、经营的收益，知识产权收益，继承或赠与所得财产（法律另有规定的除外），其他应当归夫妻共同所有的财产。具体而言，主要包括以下几项。

（1）工资、奖金。这主要是指夫妻一方或双方的劳动报酬所得。工资、奖金是我国普遍实行的劳动报酬形式，因此，立法上将其提出来以代表所有的劳动报酬均应属夫妻共同所有。按照立法精神，属于劳动报酬性质的实物、津贴等也应包括在内。根据1980年《婚姻法》及最高人民法院1993年颁布的《关于人民法院审理离婚案件处理财产分割问题的若干具体意见》，在婚姻关系存续期间，不仅工资、奖金，甚至购置的财产也为夫妻共同财产。其实，婚后购置的财产，其支出的来源有些是婚前的，有些是婚后的。用婚前的货币在婚后购置房屋，仅仅是财产的表现形态发生了变化，其财产的性质并无改变。因此，婚后购置的财产有些仍属于婚前财产，将其一律作为夫妻共同财产，既与财产所有权的民法原理相悖，也有失公平。立法者在修正婚姻法时正是注意到了这一问题，而作出了这一修改。

（2）生产、经营的收益。生产经营的具体形式很多，除办厂、设立公司和企业外，还有承包、租赁、投资、个体经济等多种经营形式，凡在婚后从事生产和商业活动的收入都应作为生产、经营的收益，归夫妻共同所有。一方从事生产、经营活动的，虽然另一方未直接参与其中，但其收益离不开另一方的支持，因而一方生产、经营的收益也应为夫妻共同财产。

（3）知识产权的收益。知识产权是基于智力的创造性所产生的权利。它是法律赋予知识产品所有人对其智力创造成果所享有的某种专有权利。知识产权的范围相当广泛，而且应当包括已得收益和期待得到的收益。当然，这种期待得到的收益是将来可以明确取得的收益。

（4）继承或赠与所得的财产，但遗嘱或赠与合同明确指明归一方的除外。凡夫妻在婚姻存续期间通过继承和赠与获得了他人财产，只要被继承人和赠与人没有特别指明死后的财产和赠与的财产只归夫妻一方，那么所继承和受赠与的全部财产都归夫妻双方共同所有。关于继承或受赠的财产，1980年《婚姻法》及其司法解释将一方或双方继承或受赠的财产均作为夫妻共同财产处理。这不仅违背了被继承人、赠与人的意志，而且也容易造成一些居心叵测的人利用结婚、离婚来敛资聚财。因此，《中华人民共和国婚姻法（修正）》将此修改为：除遗嘱或赠与合同中确定只归夫或妻一方的财产外，继承或受赠的财产为夫妻共同财产。

（5）其他应当归共同所有的财产。这是一条概括性规定，立法意图是涵盖其他所有应属于夫妻共同财产的范围。为了避免司法实践中的滥用，司法解释对此作出了明确规定。

根据以上分析可知，《中华人民共和国婚姻法（修正）》中的夫妻共同财产制，实际上采用的是夫妻婚后劳动所得制。劳动成果共享是夫妻双方平等的权利。夫妻双方对婚后劳动成果的拥有是相互渗透、难以分割的。因此，将夫妻婚后劳动所得作为夫妻双方共同财产体现了夫妻权利的平等，是《中华人民共和国婚姻法（修正）》中男女平等原则的自然要求。

2. 明确了夫妻个人财产的范围

夫妻个人财产制是《中华人民共和国婚姻法（修正）》首创的。在中国古代，"别籍异财"当受刑罚，妇女更无独立财产权。自1950年《婚姻法》制定以来，也从未有过专门关于夫妻个人财产制的规定。《中华人民共和国婚姻法（修正）》建立了夫妻个人财产制，填补了我国婚姻法的历史空白，适应了个人权利意识不断增强的现实。根据《中华人民共和国婚姻法（修正）》第十八条的规定，夫妻个人财产有以下内容。

（1）夫妻一方的婚前财产。婚前财产的取得时间发生在结婚之前，与此后的婚姻生活毫无关系，依民法财产所有权取得原理，一方婚前财产不属于夫妻共同财产。一方婚前所有的不动产和生产资料是该方通过诚实劳动和合法经营的方式或者是通过继承、受赠等合法形式所获得的，其取得与另一方没有任何关系。婚后，另一方也只是在使用和消费该不动产或生产资料。倘若另一方不是凭借其自身的劳动使财产发生了增值，又有何理由能够坐享其成地拥有对该财产占有、使用、收益、处分的所有权呢？这对财产的原所有人有失公平，也与所有权取得方式的民法原理相悖。同时这样规定也杜绝了图谋对方财产、为耗时间而拒绝离婚的不良行为。

（2）一方因身体受到伤害获得的医疗费、残疾人生活补助费等费用。医疗费、残疾人生活补助费是与特定人身专属性不可分离的财产权利，是专用于伤残方治疗疾病及今后生活的费用，不能作为夫妻共同财产。否则，可能致伤残方处于极为不利的困境，使法律设立赔偿金的意义无法完全实现。1980年《婚姻法》及其司法解释将一方或双方的其他合法所得以及一方或双方取得的债权统归于夫妻共同财产，其实就是将夫妻人身专有财产混同于一般共同财产，给司法实践带来了很多问题。

（3）遗嘱或赠与合同中确定只归夫或妻一方的财产。遗嘱或赠与合同确定只归夫或妻一方的财产为夫妻个人财产是为尊重遗嘱人或赠与人行使财产处分权的意愿而作出的。

（4）一方专用的生活用品。一方专用的生活用品主要指一方基于生活、学习和工作的需要，而购置由夫妻一方使用的财产。一方专用的生活用品以一方夫妻财产购得，自为一方个人财产无疑，但如果是以夫妻共同财产购得而为夫妻个人财产，则有不妥。随着经济水平的不断提高，个人专用的生活用品也不再表现为首饰、衣物等，电脑、小汽车等已开始步入寻常百姓家，而这些高档消费品也常因各种原因而为夫妻一方专用。这种一方专用的生活用品为一方所有，显为不公。因此，生活用品的外延似应依赖于司法解释予以界定。

（5）其他应当归一方的财产。《中华人民共和国婚姻法（修正）》在列举了上述夫妻个人财产外，再以"其他应当归一方的财产"涵盖列举的不周延，以最大限度保护当事人利益。

3. 完善了约定财产制的内容

规定夫妻对婚前或婚后财产均可进行约定。可以将婚前财产约定为双方共有或部分共有，可以将婚后财产约定为个人所有或一部分个人所有和一部分共有。约定应以书面形式。

当今世界，大陆法系和英美法系均有关于夫妻财产约定的制度，大都规定：夫妻双方可在婚前或婚姻关系存续期间约定采用某种财产制来支配他们之间的财产关系，只有当事人没有以契约约定财产制时，才按法定财产制来处理，也即约定财产制的法律地位高于法定财产制。在我国，夫妻约定财产制是1980年《婚姻法》新增设的夫妻财产制度，1980年《婚姻法》第十三条以"双方另有约定的除外"简单的一语，表示对约定财产制存在与适用的法律认可，作为对夫妻婚后所得共同制的必要补充而存在，而对于约定财产制的具体规定却几乎是一片空白。

《中华人民共和国婚姻法（修正）》对夫妻约定财产制进行了更为详细的规定。《中华人民共和国婚姻法（修正）》第十九条规定："夫妻可以约定婚姻关系存续期间所得的财产以及婚前财产归各自所有、共同所有或部分各自所有、部分共同所有。约定应当采用书面形式。没有约定或约定不明确的，适应本法第十七条、第十八条的规定。""夫妻对婚姻关系存续期间所得的财产以及婚前财产的约定，对双方具有约束力。""夫妻对婚姻关系存续期间所得的财产约定归各自所有的，夫或妻一方对外所负的债务，第三人知道该约定的，以夫或妻一方所有的财产清偿。"根据这一规定，《中华人民共和国婚姻法（修正）》中关于夫妻约定财产制的规定主要有以下内容。

（1）约定财产制的法律地位优先于法定财产制，只有在没有约定或约定不明确的时候才适用法定的共同财产制和个人财产制。这就改变了1980年《婚姻法》规定的夫妻约定财产制仅为补充的从属地位。约定优先也是民法"当事人意思自治"原则的充分体现。这一转变对提高财产约定实现的可能性，确保夫妻能根据实际情况灵活、合理地处理财产，具有重要的现实意义。

（2）约定的时间。我国婚姻法未对约定的时间作出任何规定，是为不受限制，可以于婚前约定，也可以在婚后约定，较为自由，以利于当事人可以根据夫妻之间的情况和财产的变化作出实际的调整。

（3）约定的内容。可以作为约定的财产既可以是婚前财产，也可以是婚姻关系存续期间所得的财产。对婚前财产及婚姻关系存续期间所得财产的归属可作自由的约定，既可以为各自所有或为共同所有，也可以为部分各自所有或部分共同所有，即由当事人任意约定。

（4）约定的形式。1980年《婚姻法》对约定的形式未作任何要求，一旦发生纠纷，无据可查。《中华人民共和国婚姻法（修正）》明文规定，约定应当采用书面形式。

《中华人民共和国婚姻法（修正）》中有关夫妻财产制的规定，是我国社会经济发展的需要，符合市场经济条件下新的婚姻关系的要求，也是我国婚姻法治建设不断完善的结果。不过，从法理和我国的实际情况看，该修正案中有关夫妻财产制度的规定仍然存在一定的缺陷。

首先，夫妻共同财产制存在着缺陷。总体而言，《中华人民共和国婚姻法（修正）》关于夫妻共同财产范围的规定符合我国的国情，有利于保护弱者一方（特别是没有劳动能力或劳动收入的一方）的合法权益，也有利于维持夫妻关系和家庭关系的稳定。但是，通过具体分析，不难发现该修正案的有关规定或者体现了事实上的不平等，或者与相关法律规定存在一定的矛盾。例如，关于知识产权的归属问题。学者刘春田认为，知识产权属于民事权利，它是基于创造性智力成果和工商业标记依法产生的权利的统称。知识产权是人身权与财产权的结合。《中华人民共和国婚姻法（修正）》第十七条规定，在婚姻关系存续期间所得的知识产权的收益归夫妻共同所有。但是，该规定的不足之处是只强调了知识产权的收益所得时间，却忽略了知识产权的取得时间。于是，就有可能出现两种不公平的现象：一是一方婚前取得的知识产权，婚后获得收益而归夫妻共同所有；二是一方婚后创作或者创造并取得的知识产权，离婚后获得收益却又只归一方所有。显然，在前一种情况下，对取得知识产权的一方不利；在后一种情况下，则对取得知识产权的一方配偶不公。

其次，约定财产制也有缺陷。从总体上看，《中华人民共和国婚姻法（修正）》对夫妻约定财产的规定仍然过于简单，没有制度化和体系化。例如，没有明确约定的时间。约定财产制适用于夫妻之间。但在理论探讨中，有学者主张约定的时间可以在婚前,也可以在婚后①。如果允许男女双方在婚前约定,不符合主体资格的要求,因为双方的身份还不是夫妻。同时,还存在以下弊端:一是将婚姻关系财产化,容易导致有婚姻基础的双方因财产约定意见不一而分手、无婚姻基础的双方因财产约定有利可得而匆忙结婚;二是将出现大量的婚前财产约定只是一纸空文,因为婚前作出财产约定并不等于双方此后一定结婚;三是婚前财产约定时有可能预测错误,出现夫妻财产悬殊,从而直接影响夫妻在家庭关系中的平等地位②。《中华人民共和国婚姻法(修正)》第十九条没有明确规定约定财产的时间,这就不可避免地出现在解决大量婚前财产约定纠纷时无法可依的现象。

(四)对离婚制度规定更为明晰、具体化

1. 明确规定夫妻感情破裂的法定条件

凡是重婚或有配偶者与他人同居的,实施家庭暴力或虐待、遗弃家庭成员的,有赌博、吸毒等恶习屡教不改的,因感情不和分居满二年的,或有其他导致夫妻感情破裂的,一方要求离婚,经人民法院调解无效,应准予离婚。

1980年《婚姻法》第二十五条规定,"人民法院审理离婚案件,应当进行调解,如感情确已破裂,调解无效,应准予离婚"。这就是说,除男女双方自愿按行政程序离婚的以外,凡是按照诉讼程序离婚的,不论是调解离婚,还是判决离婚,准予或不准予离婚的基本原则界限或者称作离婚的条件,就是看是否出现感情确已破裂的严重后果。由于感情确已破裂这个离婚条件相当概括,在审判实践中很难把握,最高人民法院在1989年11月21日发布了司法解释文件《关于人民法院审理离婚案件如何认定夫妻感情确已破裂的若干具体意见》,规定了可视为夫妻感情确已破裂的14种情形。

《中华人民共和国婚姻法(修正)》对1980年《婚姻法》第二十五条未作原则性的明显改动,只是将原第二十五条改为第三十二条,在坚持仍然把

---

① 巫昌祯主编《婚姻与继承法学》,中国政法大学出版社,2001年版,第203—212页。
② 熊英著《亲属法学》,学苑出版社,2000年版,第111页。

夫妻感情确已破裂作为准予或不准予离婚的基本原则界限的同时，部分吸收最高人民法院司法解释文件中规定的可视为夫妻感情确已破裂的情形，并进行了提炼和补充，作为该条第三款、第四款的内容，作了列举性规定。第三款规定有下列情形之一，调解无效的，应准予离婚：（1）重婚或有配偶者与他人同居的；（2）实施家庭暴力或虐待遗弃家庭成员的；（3）有赌博、吸毒等恶习屡教不改的；（4）因感情不和分居满二年的；（5）其他导致夫妻感情破裂的情形。第四款规定：一方被宣告失踪，另一方提出离婚诉讼的，应准予离婚。这种列举法的规定虽然没有明显地放宽和从严改变原婚姻法的离婚条件，却使原婚姻法变得具体、明朗，有了较强的可操作性。

《中华人民共和国婚姻法（修正）》调整了离婚标准的立法体例，不仅使离婚标准更加明确、更加规范、更便于司法操作，而且极其鲜明地昭示了其尊重婚姻本质、稳定婚姻家庭关系、维护当事人和社会根本利益的立法宗旨。

修改后的离婚标准的立法体例更加完善。我国1980年《婚姻法》规定的离婚法定条件采用的是概括性的破裂主义原则，即"如感情确已破裂，调解无效，应准予离婚"。尽管概括性的离婚法定条件在一定程度上更能反映婚姻关系的核心内容，但实践证明，界定夫妻感情是否确已破裂的准确性很低，作为离婚标准，其本身存在着不可克服的缺陷，因此，长期以来最高人民法院不得不借助司法解释来指导审判实践工作。本次婚姻法的修改保留了破裂主义的离婚标准，最大限度地满足人们离婚的需求，但同时也例示了准予离婚的具体法定情形，这种立法体例较原婚姻法更加规范。

《中华人民共和国婚姻法（修正）》沿用了原婚姻法"感情确已破裂"这一法定的离婚标准，同时又例示了几种具体的法定情形，作为认定感情确已破裂的依据。该修正案在离婚标准的确定上，仍然坚持了原有的"保障离婚自由，反对轻率离婚"的指导思想，但从离婚标准的立法体例和例示的具体情形来看，本次婚姻法的修改，不仅仅是立法水平的提高和具体条文的完善，最重要的是其强化了婚姻法的基本精神和立法宗旨。其第四条倡导的"夫妻应当互相忠实，互相尊重"和第五章增设的救济措施和法律责任，形成了互相呼应、协调统一的婚姻法律精神，可以看出，《中华人民共和国婚姻法（修正）》的立法宗旨是要建立和弘扬平等、和睦、文明的婚姻家庭关系，维护婚姻家庭的稳定，并以此来促进社会的发展和进步。

2. 增加了父母离婚后对子女的探望权

探望权是指夫妻离婚后，不直接抚养子女的一方有看望、接待未与自己共同生活的未成年子女并与之保持直接联系的权利。这是一项兼顾离婚父母和未成年子女双方利益的重要权利。

长期以来，由于我国相关的法律法规对探望权都没有明确的规定，因而在司法实践中，因父母离婚而引起的对未成年子女的抚养、探望等方面的纠纷大量存在。这在不同程度上既伤害了父母与子女之间的亲情关系，又影响了家庭和社会的稳定。因此，吸取国外的立法经验，结合我国的实际需要，新修改的婚姻法明文规定探望权是十分必要的。

《中华人民共和国婚姻法（修正）》中规定，离婚后，不直接与子女共同生活的父母，对未成年子女有探望权，另一方有协助的义务。探望权在一定条件下可以中止和恢复。

《中华人民共和国婚姻法（修正）》将1980年《婚姻法》第二十九条改为第三十六条，只作了轻微变动。将第三十条改为第三十七条，未作任何变动。针对离婚后未直接抚养子女的一方探望子女存在的实际问题，增加一条，作为第三十八条，对探望权作了专门规定。该条规定，"离婚后，不直接抚养子女的父或母，有探望子女的权利，另一方有协助的义务，行使探望权的方式、时间由当事人协议；协议不成时，由人民法院判决。父或母探望子女，不利于子女身心健康的，由人民法院依法中止探望的权利；中止的事由消失后，应该恢复探望的权利。"该修正案关于探望权的规定，虽不够完整，但实际上是进一步完善了离婚后的子女抚养制度。

《中华人民共和国婚姻法（修正）》增补探望权的规定，是与世界多数国家和港台地区立法的基本精神相吻合的，而且也有利于更好地保障离婚父母和未成年子女的合法权益。然而，我国婚姻法虽增补了探望权的规定，可其中尚有不够明确、应予完善的问题存在。首先，对那些无视法院判决、无故拒绝一方探望子女的当事人，是否可按妨害民事诉讼处理。从《中华人民共和国婚姻法（修正）》第三十八条第一、第二款的规定可知，在探望权的行使过程中最为关键的因素是享有监护权的一方是否给予协助和配合的问题，这也是避免或减少探望权纠纷发生的根本症结所在。司法实践中，在发生关于探望权利的纠纷时，主要的解决方式是当事人之间的协商调解，而没有一定的法条可以依据。其次，在探望权人的范围和探望权的内容方面，是否应作出更加具体的规定。目前，我国对探望权虽已有法可依，但笔者认为，《中华人民共和国婚姻法（修正）》第三十八条的规定仍较笼统，在实际执行过程中仍有一定的难度。

综上所述，我国《中华人民共和国婚姻法（修正）》第三十八条虽然增补了对探望权的规定，但在许多具体问题上，该条规定仍有欠缺和不足，虽然其中有的问题目前可能尚不易细化，但笔者相信，随着社会主义法制建设的不断发展，在今后的司法实践中有关探望权的规定必将得到进一步的充实和完善。

（五）增加了救助措施和法律责任

1. 对家庭暴力和虐待的救助和处理

1995年国务院发布的《中国妇女发展纲要（1995—2000年）》规定："依法保护妇女在家庭中的平等地位，坚决制止家庭暴力。"这是中国政府第一次在政府文件中明确表示制止家庭暴力的态度。由此可以看出，我国对家庭暴力开始关注与重视了。

现有法律中对家庭暴力规定得最为明确的是《中华人民共和国婚姻法（修正）》。该修正案在第一章总则的第三条即明确规定"禁止家庭暴力"，充分体现了法律对家庭暴力的重视程度。第四章离婚第三十二条第二款规定：实施家庭暴力或虐待、遗弃家庭成员，经调解无效的，应准予离婚。第五章救助措施与法律责任有三个条文涉及家庭暴力，分别为第四十三条、第四十五条和第四十六条。第四十三条规定，实施家庭暴力，受害人有权提出请求，居民委员会、村民委员会及所在单位应当予以劝阻、调解。对正在实施的家庭暴力，受害人有权提出请求，居民委员会、村民委员会应当予以劝阻；公安机关应当予以制止。实施家庭暴力，受害人提出请求的，公安机关应当依照治安管理处罚的法律规定予以行政处罚。第四十五条规定：实施家庭暴力构成犯罪的，依法追究刑事责任。受害人可依照刑事诉讼法的有关规定，向人民法院自诉，公安机关应当侦查，人民检察院应当依法提起公诉。第四十六条规定，因实施家庭暴力而导致离婚的，无过错方有权请求损害赔偿。从上述规定可以看出，实施家庭暴力者，根据其实施的暴力所造成的后果和受害人态度的不同，将会承担不同的法律责任。构成犯罪的，承担刑事责任；未构成犯罪的，受害人请求依照治安管理处罚的法律规定予以行政处罚的，承担行政责任；导致离婚的，对无过错方承担损害赔偿责任。

《中华人民共和国婚姻法（修正）》关于家庭暴力的规定也有不足之处，其不足之处主要在于对非离婚中的家庭暴力以及有过错方的损害赔偿权没有予以确认。

《中华人民共和国婚姻法（修正）》第四十六条关于损害赔偿请求权的规定，是婚姻法中有关家庭暴力处罚的最实在的一条法律责任。它维护了家庭中包括妇女在内的弱势成员的权利，是十分必要的，但这仅仅是对那些遭受了家庭暴力而又离婚的妇女的权利保护，而对那些更多的长期遭受家庭暴力又因为这样或那样的原因没有或根本就无法离婚的妇女而言，她们的权利如何维护呢？司法解释明确规定：承担婚姻法第四十六条规定的损害赔偿责任的主体，为离婚诉讼当事人中无过错方的配偶。在婚姻关系存续期间，当事人不起诉离婚而单独依据该条规定提起损害赔偿请求的，人民法院不予受理。由此可见，婚姻法对导致离婚的家庭暴力给予了损害赔偿权，而对非离婚中的暴力没有介入。对无过错方给予了损害赔偿权，而对有过错方的损害赔偿则没有予以认定。难道对有过错方就可以实施家庭暴力吗？如果妻子有婚外情，是不是丈夫就有权对妻子施暴呢？对有过错方实施家庭暴力就可以不用赔偿吗？

《中华人民共和国婚姻法（修正）》仅对离婚诉讼当事人中无过错方配偶给予了家庭暴力损害赔偿权，而对非离婚的家庭暴力的损害赔偿权以及有过错方配偶的家庭暴力损害赔偿权没有规定。这主要是因为立法者认为婚姻法的立法宗旨是为了稳定婚姻家庭关系，婚内赔偿即使是以调解的方式进行也会对夫妻感情造成严重损害，对延续夫妻今后的共同生活十分不利。况且，受害人主张的损害赔偿可能从家庭共有财产或夫妻共有财产中支出，更不利于对受害者的合法权益的保护[①]。

法律应当规定婚内家庭暴力损害赔偿。这是因为：一方面规定婚内家庭暴力损害赔偿十分必要。就法律的示范作用而言，法律就夫妻关系调整中不当的宽容，反过来会造成对婚姻关系内部侵权行为的纵容，家庭暴力以及遗弃、虐待家庭成员等行为发生后，往往因为社会公力在家庭内部事务中的救济不力而使得类似行为屡禁不止，这势必产生恶性循环，导致家庭暴力愈演愈烈。因此，规定婚内家庭暴力损害赔偿，使侵权人在违反民事法律的情形下承担必要的民事法律责任，是教育挽救当事人、制止家庭暴力的必然要求。另外，婚内家庭暴力损害赔偿是可行的。我们可以采用以下方式来解决：以裁决书或判决书的形式对侵权者的侵权事实、损害赔偿数额予以确定，并规定一旦婚姻关系终止，赔偿即予兑现，赔偿款从共同财产分割后的个人财产中支付，这不仅可以给侵害者以威慑，也保护了受害者的合法权益[②]。

2. 对遗弃家庭成员的救助和处理

根据《中华人民共和国婚姻法（修正）》第四十四条的规定，对遗弃家庭成员的，经受害人请求，村（居）委员会或所在单位有劝阻、调解的责任。向人民法院起诉要求追索扶养、抚养、赡养费的，人民法院应当判决遗弃人支付，并负强制执行责任。

（1）遗弃家庭成员的劝阻与调解

《中华人民共和国婚姻法（修正）》第三条规定，"禁止家庭成员间的虐待和遗弃"。遗弃家庭成员是严重妨害婚姻家庭关系的行为，应予以严厉打击。根据《中华人民共和国婚姻法（修正）》第四十四条第一款的规定，"对遗弃家庭成员，受害人有权提出请求，居民委员会、村民委员会以及所在单

---

① 蒋月《夫妻财产嗣之若干重大问题思考》，《现代法学》2000年第6期载，第102—106页。
② 严晓慧《家庭暴力损害赔偿刍议》，《兰州学刊》2003年第3期载，第105页—107页。

位应当予以劝阻、调解"。由此可见，受遗弃的家庭成员可向居民委员会、村民委员会以及所在单位提出请求，居民委员会、村民委员会以及所在单位可以出面劝阻、调解。受遗弃家庭成员的居民委员会、村民委员会等人民调解组织可具体负责此类行为的劝阻和调解工作，其具体工作范围、程序可依《人民调解委员会组织条例》《人民调解工作若干规定》等的规定进行。

（2）人民法院的依法判决

遗弃，是指负有赡养、抚养和扶养义务的一方，对于年老、患病或其他没有独立生活能力，需要赡养、抚养和扶养的人，故意不履行其应尽义务的行为。遗弃行为的表现形式很多，有将无独立生活能力的人丢弃的，如弃婴，或拒不给付生活费等，都会构成遗弃。对于拒不履行赡养、抚养和扶养义务而遗弃家庭成员的，受害人可向人民法院提起诉讼，要求义务人履行义务，人民法院应当依法作出支付抚养费、扶养费、赡养费的判决。

3. 离婚损害赔偿

凡夫妻一方因重婚、有配偶与他人同居、实施家庭暴力，虐待、遗弃家庭成员导致离婚的，无过错方有权请求损害赔偿。

关于离婚过错损害赔偿制度，1980年《婚姻法》没有规定这一制度。只是在最高人民法院于1993年11月3日发布的司法解释文件《关于人民法院审理离婚案件处理财产分割问题的若干具体意见》第十三条中规定："对不宜分割使用的房屋，应根据双方住房情况和照顾抚养子女方或无过错方等原则分给一方所有。"2001年《中华人民共和国婚姻法（修正）》第四十六条规定，有下列情形之一，导致离婚的，无过错方有权请求赔偿：（1）重婚的；（2）有配偶者与他人同居的；（3）实施家庭暴力的；（4）虐待、遗弃家庭成员的。这一规定实际上是确立了离婚过错损害赔偿制度。这一制度的基本内容是：被请求赔偿人，即承担赔偿责任的人仅限于因其重婚，或与他人同居，或使用家庭暴力，或遗弃、虐待家庭成员而导致离婚后果发生的人；请求赔偿人本身没有过错，完全处于精神上受损害的地位；这种赔偿仅仅是补偿性的，不是必须赔偿；是否赔偿、赔偿多少，可在司法实践中根据具体情况酌定。此外，也不存在向夫妻关系以外的第三人求偿的问题。

根据《中华人民共和国婚姻法（修正）》第四十六条的规定，有权主张损害赔偿的是无过错方。这意味着婚姻法中损害赔偿制度的归责原则是过错责任原则，即行为人要承担损害赔偿之责的要件之一是行为人必须要有过错，也就是行为人主观上是出于故意或过失。若缺乏该要件，便使赔偿之责的承担失去了根基。在适用过错责任原则时，以过错为归责的最终要件，这就意味着对行为人的过错应作为最后的因素和基本的因素来加以考虑。

在过错标准确定的前提下，依据过错责任原则主张损害赔偿请求的当事人还要承担举证责任，以说明自己的诉请有着充足的理由，但这一举证并非易事。例如，在有配偶者与他人同居的情形中，最高人民法院《关于适用〈中华人民共和国婚姻法〉若干问题的解释（一）》第二条规定："婚姻法第三条、第三十二条、第四十六条规定的'有配偶者与他人同居'的情形，是指有配偶者与婚外异性，不以夫妻名义，持续、稳定地共同居住。"权利主张者如何来证明配偶与婚外异性该种关系的持续性、稳定性呢？若要提供证人证言，知情者由于受到传统习俗、社会舆论等的制约与影响，不愿染指。在寻求外援无果的情况下，当事人只能靠自己来实现自己的主张。在这期间当事人所采取的方法可谓五花八门了。有雇佣私家侦探或干脆自己充当侦探的，期望借助侦探的一些手段来支持自己的权利请求，但又会因为证据材料的采集及其运用引发权益之间的冲突。由此可知，一味地实行谁主张谁举证，可能会因为证据的不足或缺乏，使权利主张方实现不了所应享有的请求权。这样的话，婚姻法中损害赔偿制度确立的立法价值、该制度所透析的立法精神便荡然无存了。针对这一局面，若能适时地用之以过错推定，实行举证责任倒置，相类似的问题便能迎刃而解。

此外，损害赔偿请求权的权利主体只能是婚姻当事人，并且也只有在婚姻当事人提请离婚时才能提出损害赔偿的要求，进行这样的限定有欠妥当。法律对损害赔偿请求权之提起确定了一个前提条件即离婚请求的提起，从而将损害赔偿请求与离婚请求紧密相连，若非如此，法律将不会作出丝毫的回应。如此做法使离婚请求权与损害赔偿请求权有了主、从的划分，离婚请求权是主权利，损害赔偿请求权是从权利。主权利不行使，从权利就无法主张。

离婚请求权与损害赔偿请求权是两个没有必然联系的权利。离婚请求权是基于夫妻感情的破裂而主张夫妻关系的解除，损害赔偿请求权是基于侵权行为而主张受损权益的法律保护。因此，应将婚姻法中的损害赔偿请求权作为一个独立的请求权，取消离婚请求权这一前提限制。

随着离婚损害赔偿制度在司法实践中的具体应用，会出现各种各样的问题，要求我们不断进行理论总结，为这一制度的进一步完善奠定坚实的基础，以更好地保护无过错方的利益。

从1990年中国法学会婚姻法学研究会第一次提出修改婚姻法的立法建议，到1995年底全国人大常务委员会作出修改婚姻法的决定，到2001年《中华人民共和国婚姻法（修正）》的通过，本次婚姻法的修改历时近10年之久。由于婚姻法是关系到千家万户、男女老少切身利益的重要法律，故这次婚姻法的修改十分慎重，专家学者调研论证，立法者几易其稿，甚至将修正草案向全体国民公布，在全国范围内征求意见，集思广益，从而使这次婚姻法的修改从立法技术到内容都较原法有较大的突破和发展。

本次婚姻法的修改，其中一个重要的原因是为了解决婚姻家庭中出现的新情况、新问题，这些新情况、新问题严重地危害了婚姻家庭关系。在1980年《婚姻法》基础上修改而成的《中华人民共和国婚姻法（修正）》为有效遏制严重危害婚姻家庭的违法行为提供了法律依据。该修正案规定禁止有配偶者与他人同居，禁止家庭暴力，并在"救助措施与法律责任"一章中规定了相应的法律后果。婚姻法的如是规定，对重婚、姘居等不良现象提出了警示，亮起了红灯，表明了对家庭暴力的态度，为打击、防治婚姻家庭中的违法犯罪提供了法律依据，使受害者不再哭诉无门，使维护正义的法官们不再无能为力。我们相信该修正案补充的这两条禁止性规定，对于打击有配偶者与他人同居，保障一夫一妻制，防治家庭暴力，维护家庭中弱者的合法利益，进而有效遏制严重危害婚姻家庭的违法犯罪行为的发生，将会起到积极的作用。

《中华人民共和国婚姻法（修正）》还具有针对性强、具有可操作性的特点。原婚姻法立法技术比较粗糙，缺乏可操作性，自1981年1月1日实施以来，人民法院就陆续颁布了一系列相关的司法解释，为法院审理案件提供具体的依据和尺度,以解决婚姻法过于概括的弊端。《中华人民共和国婚姻法(修正)》虽然未能彻底解决立法技术和法律的可操作性问题,但相对于原法已有较大的改观:增加的无效婚姻和可撤销婚姻制度,不仅完善了结婚制度,而且在一定程度上满足了立法技术的要求;对离婚法定理由的示例性规定,既坚持了我国判决离婚的法定条件,又使离婚理由具体化,既方便了离婚当事人对能否离婚的自我判断,又为法院正确、合理审理判决离婚案件提供了具体尺度;在夫妻财产制问题上,法律在坚持婚后所得共同制的基础上,界定了共同财产的范围,同时还增设并划定夫妻个人特有财产,进一步细化了夫妻约定财产的对象、内容、形式及效力,操作性明显增强,它为夫妻处理相互间的财产关系、减少夫妻财产纠纷提供了具体的依据。

同时,《中华人民共和国婚姻法(修正)》还体现了对弱者的保护。虽然1980年《婚姻法》在保护弱者方面已有不少规定,但它仍然不能满足现实生活的需要,现实生活中仍有不少弱者的合法权益得不到保障。本次婚姻法修改,引入性别意识,结合实际,对过去一些看似平等的规定增加了一些针对性较强的具体措施,重点突出了对弱者的法律保护,赋予了离婚父母不直接扶养子女一方探望子女的权利,同时规定另一方有协助的义务。对弱者的保护在离婚立法上表现得更为明显,离婚时的过错赔偿制度赋予了受侵害的配偶一方在物质上求得补偿的权利,以使其受伤的心灵得到些许的抚慰。

婚姻法的这次修改,较之以往,力度较大,技术日臻成熟。不过这次的修改只是过渡性的,因此修改后的婚姻法不可能尽善尽美,有些该修正、该补充的内容没有涉及,有的虽然修正了,可又出现了新的遗憾。但不容否认的是,婚姻法的这次修改,迈出了在市场经济体制下婚姻家庭立法的可喜一步,可以说是新世纪婚姻立法的新篇章。

由于种种外界原因和人们认识水平的差异,针对婚姻法的这次修改,社会上也产生了一些误解和传说,如婚姻家庭是私人领域,法律不应过多干预,否则是侵犯人权;婚姻法要限制离婚自由;婚姻法是妇女法,只注重保护妇女的利益;婚姻法将法律、道德混为一谈等。这些看法、认识和传说都有失偏颇,是不正确的。首先,如前文所说,婚姻是家庭的基础,家庭是社会的细胞，婚姻家庭的稳定，也就是社会的稳定。婚姻家庭关系是一种社会关系，古今中外都是社会法律的调整对象，婚姻家庭权利是法律赋予的，既受法律保护又受法律约束，任何人行使权利都不得侵犯他人、危害社会。其次，婚姻家庭是个伦理的实体，它既受法律的约束，又受道德的约束。再次，婚姻自由是我国婚姻法的基本原则，保障离婚自由、防止轻率离婚是我国处理离婚问题一贯的指导思想，只要符合离婚的法定理由即感情确已破裂就可以离婚，过错方不会因为自己的过错行为而受到不准离婚的惩罚。法律对离婚制度的修改，仅仅是使离婚条件具体化，并责令过错者对自己的过错行为承担责任而已，并没有限制离婚或提高离婚的门槛。最后，对妇女利益的特殊保护也是我国婚姻法的基本原则之一，《中华人民共和国婚姻法（修正）》针对妇女的实际情况，作出一些有利于妇女的规定是正常的，但是从总体来看，婚姻法是一部中性的法律，其中绝大部分规定对妇女适用，对男子也同样适用，不论是男子侵犯他人权益，还是妇女侵犯他人权益，都要承担法律责任。

从历史及社会学的角度来考察，家庭和婚姻都是处于不断变动之中的社会文化。家庭和婚姻也是现实社会系统的一个有机组成部分。在这个意义上，我们可以把家庭、婚姻作为了解社会的一个窗口，观察研究它们和社会的相互作用。

20 世纪的中国在彻底废除了封建主义婚姻家庭制度的同时，建立起婚姻自由、一夫一妻、男女平等的社会主义婚姻家庭制度，并将其初步地付诸实践。21 世纪的婚姻将会更加自由、平等。21 世纪的家庭将会更加文明、健康、民主。封建家长制观念将会完全退出历史舞台，家庭中的所有成员一律身份平等，家庭的素质和生活质量将进一步提高，家庭中的精神生活会更加丰富。

第 七 章
《中华人民共和国民法典》婚姻家庭编颁行

从1950年新中国第一部婚姻法的诞生到1980年《婚姻法》的重建，再到2001年《婚姻法》的修订，我们可以真切地感受到社会变革的风云激荡，制度和观念层面的文化冲撞以及私生活领域的社会控制模式的嬗变。婚姻法立法经历了从破旧立新到以人为本、从国家主义到以民为重的变迁过程。随着中国市场经济的蓬勃发展，依法治国方略的确立，政治文明的推进，以人为本、执政为民思想的实践，人们翘首以待的婚姻法治逐渐完善。于是，《中华人民共和国民法典》（以下简称《民法典》）婚姻家庭编由中华人民共和国第十三届全国人民代表大会第三次会议于2020年5月28日通过，自2021年1月1日起施行。

一、《民法典》婚姻家庭编颁行的价值与意义

《民法典》将原婚姻法和收养法编纂成婚姻家庭编，使得婚姻家庭法回归民法，以新的面貌出现在我国的社会生活中。《民法典》婚姻家庭编颁行，自有其历史的价值与意义。

第一，《民法典》婚姻家庭编第一次规定亲属的基本制度。婚姻家庭编第一次在第1045条规定了亲属的基本法律制度，标志着我国民法典的婚姻家庭编就是民法的亲属编。

第二，《民法典》婚姻家庭编第一次规定家庭成员和家庭关系建设。婚姻家庭编特别重视家庭成员的规定和家风建设。通过规定家庭成员和家风建设，可以实现家庭关系的稳定，为社会进步和社会发展提供保障，让人民安居乐业，享受幸福安康的生活。

第三，《民法典》婚姻家庭编第一次规定亲属法律行为为民事法律行为。原婚姻法未对亲属法律行为予以规定。因此，婚姻家庭编第1046条、第1049条、第1076条、第1104条及第1114条的规定，在亲属法律关系中具有特别重要的意义，并且是民法典总则编关于通过民事法律行为确立和解除民事法律关系规定的具体体现。

第四，《民法典》婚姻家庭编第一次确认身份权及身份权体系。民法典确认身份权的过程是：首先，在总则编通过第112条宣告了我国身份权的概念。其次，在人格权编第1001条第一次明确使用"身份权利"的概念，开启了我国民法使用身份权的先河。最后，在婚姻家庭编第三章"家庭关系"的第一节"夫妻关系"中，规定的是配偶权，第二节"父母子女关系和其他近亲属关系"中，规定的是亲权和亲属权。民法典通过以上这些方法，完整地规定了亲属关系的身份权制度，以及由配偶权、亲权和亲属权构成的身份权体系。

第五，《民法典》婚姻家庭编第一次规定夫妻共同亲权原则。民法典对夫妻共同亲权的规定主要体现在两处，首先是总则编第26条第1款的规定，表达了共同亲权原则的基本要求；其次是婚姻家庭编第1058条对原则的进一步规定，确立了共同亲权原则的具体规则。

第六，《民法典》婚姻家庭编第一次规定家事代理权。一些法院在司法实践中依据法理逐步承认了家事代理权以解决相关纠纷，取得了很好的效果，司法解释对此予以确认。婚姻家庭编第1060条规定了家事代理权，弥补了这一立法疏漏，完善了配偶权的身份权内容。

第七，《民法典》婚姻家庭编第一次规范夫妻共同债务。在民法典编纂过程中，各界普遍要求婚姻家庭编规定夫妻共同债务的规则，故婚姻家庭编草案在二次审议稿中加进了现在的第1064条，借鉴司法解释的有关规则，基本上解决了这个问题。

第八,《民法典》婚姻家庭编第一次规定亲子关系确认和否认。原《婚姻法》在亲子关系中出现了较多立法缺漏,导致出现相关纠纷时缺少解决的规则,司法解释也没有相应规定。婚姻家庭编第1073条增加了确认或者否认亲子关系的规则,弥补了亲子关系中的制度缺漏。

第九,《民法典》婚姻家庭编第一次规定离婚冷静期。鉴于我国离婚数量和离婚率不断攀升,影响家庭关系稳定,婚姻家庭编采取冷静期的立法措施进行适当限制。婚姻家庭编第1077条、第1079条,规定了由登记离婚和诉讼离婚两个冷静期构成的离婚冷静期制度,将会比较有效地控制离婚率的不断升高。

婚姻家庭编使我国的亲属法律制度有了相当程度的完善。这对于加强家庭家风建设,确认和保护身份权利,依法调整亲属法律关系,推动我国社会的不断进步和发展,具有重要的意义。在法律适用中,应当统一司法操作的指导思想,坚持亲属法的私法属性,对法律的原则性规定依照习惯和法理予以补充,顺应社会和时代的发展,稳定婚姻家庭关系,维护我国的亲属法律秩序。

二、《民法典》婚姻家庭编的主要内容

婚姻家庭制度是规范夫妻关系和家庭关系的基本准则。《民法典》婚姻家庭编以原婚姻法、收养法为基础,在坚持婚姻自由、一夫一妻等基本原则的前提下,结合社会发展需要,修改完善了部分规定,并增加了新的规定,共5章、79条,主要内容如下。

(一)关于一般规定

婚姻家庭编第一章在原婚姻法规定的基础上,重申了婚姻自由、一夫一妻、男女平等等婚姻家庭领域的基本原则和规则,并在原来的基础上作了进一步完善:一是为贯彻落实习近平总书记有关加强家庭文明建设的重要讲话精神,更好地弘扬家庭美德,规定家庭应当树立优良家风,弘扬家庭美德,重视家庭文明建设(第1043条第1款)。二是为了更好地维护被收养的未成年人的

合法权益，将联合国《儿童权利公约》关于儿童利益最大化的原则落实到收养工作中，增加规定了最有利于被收养人的原则（第1044条第1款）。三是界定了亲属、近亲属、家庭成员的范围（第1045条）。

（二）关于结婚

婚姻家庭编第二章规定了结婚制度，并在原婚姻法的基础上，对有关规定作了完善：一是将受胁迫一方请求撤销婚姻的期间起算点由"自结婚登记之日起"修改为"自胁迫行为终止之日起"（第1052条第2款）。二是不再将"患有医学上认为不应当结婚的疾病"作为禁止结婚的情形，并相应增加规定一方隐瞒重大疾病的，另一方可以向人民法院请求撤销婚姻（第1053条）。三是增加规定婚姻无效或者被撤销的，无过错方有权请求损害赔偿（第1054条第2款）。

（三）关于家庭关系

婚姻家庭编第三章规定了夫妻关系、父母子女关系和其他近亲属关系，并根据社会发展需要，在原婚姻法的基础上，完善了有关内容：一是明确了夫妻共同债务的范围。原婚姻法没有对夫妻共同债务的范围作出规定。2003年最高人民法院出台司法解释，对夫妻共同债务的认定作出规定，近年来成为社会关注的热点问题。2018年1月，最高人民法院出台新的司法解释，修改了此前关于夫妻共同债务认定的规定。从新司法解释施行效果看，总体上能够有效平衡各方利益，各方面总体上赞同。因此，婚姻家庭编吸收新司法解释的规定，明确了夫妻共同债务的范围（第1064条）。二是规范亲子关系确认和否认之诉。亲子关系问题涉及家庭稳定和未成年人的保护，婚姻家庭编作为民事基本法律，对此类诉讼进行了规范（第1073条）。

（四）关于离婚

婚姻家庭编第四章对离婚制度作出了规定，并在原婚姻法的基础上作了进一步完善：一是增加离婚冷静期制度。在司法实践中，草率离婚的现象增多，不利于婚姻家庭的稳定。为此，婚姻家庭编规定了提交离婚登记申请后三十日的离婚冷静期，在此期间，任何一方都可以向登记机关撤回离婚申请（第1077条）。二是针对离婚诉讼中出现的久调不判问题，增加规定，经人民法院判决不准离婚后，双方又分居满一年，一方再次提起离婚诉讼的，应当准予离婚（第1079条第5款）。三是关于离婚后子女的抚养，将原婚姻法规定的"哺乳期内的子女，以随哺乳的母亲抚养为原则"修改为"不满两周岁的子女，以由母亲直接抚养为原则"，以增强可操作性（第1084条第3款）。四是将夫妻采用法定共同财产制的，纳入适用离婚经济补偿的范围，以加强对家庭负担较多义务一方权益的保护（第1088条）。五是将"有其他重大过错"增加规定为离婚损害赔偿的适用情形（第1091条第5款）。

（五）关于收养

婚姻家庭编第五章对收养关系的成立、收养的效力、收养关系的解除作了规定，并在原收养法的基础上，进一步完善了有关制度：一是扩大被收养人的范围，删除被收养的未成年人仅限于不满十四周岁者的限制，修改为符合条件的未成年人均可被收养（第1093条）。二是与国家计划生育政策的调整相协调，将收养人须无子女的要求修改为收养人无子女或者只有一名子女（第1098条第1款）。三是为进一步强化对被收养人利益的保护，在收养人的条件中增加规定"无不利于被收养人健康成长的违法犯罪记录"，并增加规定民政部门应当依法进行收养评估（第1098条第4款、第1105条第5款）。

三、《民法典》婚姻家庭编的新增和修改

随着婚姻观念、家庭关系的变化，婚姻家庭领域出现了一些亟待解决的新情况、新问题。《民法典》婚姻家庭编以现行婚姻法、收养法为基础，在坚持婚姻自由、一夫一妻、最有利于被收养人等基本原则的前提下，结合社会发展需要，修改了部分规定，并增加了一些新规定。主要修改内容包括以

下几个方面。

（一）对禁止结婚条件的修改

2001年《婚姻法》第七条规定，患有医学上认为不应当结婚之疾病的禁止结婚，但对于该规定学界一直存在争议。

一方面，结婚自由是公民的宪法权利，以患有某种疾病为由宣告婚姻无效直接侵害了公民的婚姻自由权。虽然患有某种疾病会给当事人的生活带来重大影响，但除非疾病导致当事人丧失行为能力，关于其他疾病是否影响结婚的判断应当属于家事自决权的范畴，国家没有必要干预。

另一方面，随着现代医学的发展，至今在医学上也没有一个文件明确规定何种疾病属于禁止结婚的疾病，这也导致该无效事由在审判实践中难以把握。世界上的事物比用来描述它们的词语要多得多，大千世界的疾病及其相互作用的结果也往往超越婚姻立法高瞻远瞩的视野，况且我们只能在我们时代的条件下进行认识，而且这些条件达到什么程度，我们便认识到什么程度。从科学的角度上讲，确定影响婚姻的疾病是困难的，医学越发展，发现的病态基因就越多，而治疗疾病的方法也在不断地更新和进步，法律和行政法规的稳定性、滞后性，致使列举医学上认为不应当结婚的疾病成为不可能。强制婚检、禁止患有疾病的人结婚、将一方患有疾病的婚姻作无效宣告，实际上都直接侵害了公民的婚姻自由权。毋庸置疑，取消强制婚检、不禁止有疾病的人结婚，在让婚姻行为变得更为容易的同时，肯定会降低婚姻关系的安全系数，这就需要人们更理性、更谨慎地选择婚姻。在一个健全的社会中，仅在个人选择可能带来不可承担的社会负面影响时，才可由政府予以强制，而婚姻的风险没有大到整个社会都无法承受的地步。故国家要做的应当是不断完善和健全救济措施，而非禁止患有疾病的人结婚。

也有学者反对废除疾病婚无效的规定，认为应将条文修改为："不能辨认自己行为的成年人在结婚时须具有行为能力；传染病人在未被治愈前不得结婚。"因为个人间的结婚并非私事，而是关系到国家公共卫生安全和人口战略的国之大事，国家的干预必不可少。切不可以为婚姻家庭法是完全的私法，它是公私混合法。医学的进步、人权保护水平的提高使得人类立法中关于禁婚疾病的规定不断变化，但法律行为的主体头脑应清醒的条件千古不变，这点必须为立法者充分认识。即使人类的婚姻被人类自己罩上了基本人权的神圣光环，也不能以之为借口，主张患有医学上不应当结婚之疾病的人可以不分情形、一律平等地享有结婚的自由和权利。

婚姻家庭编将疾病婚从无效改为可撤销，将是否结婚的最终决定权交给当事人本人，前提是患病一方在结婚登记前要履行告知义务，否则另一方可以向人民法院请求撤销该婚姻，该观点较为可行。

（二）对无效婚姻或者被撤销婚姻无过错方的损害赔偿规定

婚姻无效或被撤销的，无过错方有权请求损害赔偿，这是婚姻家庭编新增加的内容，有利于保护无过错方的权益，弥补其物质或精神上的损失。根据《民法典》第175条规定，民事法律行为无效、被撤销后，有过错的一方应当赔偿对方由此所受到的损失，该条体现了民法的信赖利益保护原则。在身份行为特别是结婚行为中，婚姻之所以被宣告无效或被撤销，往往是因为一方的过错所致，而信赖婚姻有效的一方当事人则为无过错的一方，对于该方当事人的利益如何保护，婚姻家庭编的规定与总则部分规定的精神高度吻合。如何倾斜保护婚姻缔结时无过错方当事人的利益，无效婚姻、可撤销婚姻损害赔偿制度的建立当属一项合理可行的举措。当婚姻被确认无效或者被撤销后，无过错方有了可操作的救济途径，即有权请求损害赔偿，这是法律专门赋予的一项权利，值得点赞。

对无效婚姻或被撤销婚姻的双方当事人，不适用婚姻家庭编有关夫妻财产制的规定，无效婚姻或被撤销婚姻的双方在法律上并不是配偶关系而只是同居者。夫妻财产制所调整的财产关系，是以合法的配偶身份关系为前提的，无效婚姻或被撤销婚姻当事人同居期间并非婚姻关系存续期间，在此期间所得的财产，不能视为双方当事人共同所有。当婚姻被确认为无效或被撤销后，其后果一定要与合法婚姻相区别，否则也就无所谓无效与有效了。

值得注意的是，无过错方是指本人不具有无效婚姻的情形，且善意相信婚姻登记成立的一方。如果其本身也具有无效婚姻的情形，比如一方系重婚，另一方系未达法定婚龄，双方均不能认定为无过错方。

（三）登记离婚冷静期的规定

民政部统计数据显示，从2003年起，我国离婚率不断攀升，由此引发了一系列社会问题。有学者认为，现行婚姻法对登记离婚不作任何限制，使我国的登记离婚制度成为世界上最自由的离婚制度，造成的后果是草率离婚有所增加，未成年子女的利益没有得到应有的重视。婚姻家庭编增加的离婚冷静期制度，旨在减少草率离婚、冲动离婚，改变现行登记离婚即申即离的现状，使申请离婚的当事人整理情绪、保持理性，经过适当时间的冷静，更加理性地对待离婚的要求。设置离婚冷静期也是一次善意提醒，提醒大家谨慎行使权利，激发当事人对婚姻家庭的责任心。离婚冷静期又称离婚熟虑期，是指在离婚自由原则下，婚姻双方当事人申请自愿离婚，在婚姻登记机关收到该申请之日起一定期间内，任何一方都可撤回离婚申请、终结登记离婚程序的冷静思考期间。离婚冷静期与登记离婚程序具有较高契合性，能够有效缓和因双方冲动导致的协议离婚。

也有观点认为，离婚冷静期要区别对待，不可一刀切。立法的本意是防止轻率离婚，那么应当区分是轻率离婚还是深思熟虑后离婚，不能推定申请离婚者都是轻率离婚。离婚冷静期可能是冷静期，也可能是矛盾加剧期。这30天内会发生很多事情，夜长梦多。因此，对于有证据表明是非轻率离婚的，不应适用冷静期。这些慎重的离婚包括家暴、虐待、吸毒、赌博以及第二次申请离婚登记等情形。故冷静期要附设条件，其一是必须有未成年子女，其二是不存在家暴等情况。如此立法才严谨，并防止冷静期成为最后的家暴期。对此全国人民代表大会常务委员会法制工作委员会的回应是：离婚冷静期制度只适用于协议离婚，对于有家庭暴力等情形的，实践中一般是向法院起诉离婚，而起诉离婚不适用离婚冷静期制度。

由此可见，在离婚冷静期制度实施以后，确实能够减少一部分冲动离婚的发生，但同时也会带来新的问题，正如每一次婚姻家庭法律制度的调整一样，总是同时伴随着正向推动和负面作用。

(四)家务劳动补偿制度

2001年《婚姻法》第四十条规定了家务劳动补偿制度,以体现在维护家庭的稳定、保障弱势方的利益、实现平等的原则下对弱势方的保护,但该制度在实践中适用空间很少,基本成为看上去很美的空文。法律规范缺乏可操作性的状态,不仅极大地浪费了立法资源,也使得稳定家庭关系、维护和睦亲属关系的立法初衷以及民众对法律的期待和愿望落空。2001年《婚姻法》以实行分别财产制作为适用家务劳动补偿制度的前提,忽视了我国夫妻财产制的现实情况,将家务劳动补偿从主流的共同财产制中排除出去,产生的一个直接后果就是极大地限制了这一救济制度的适用范围。

承认家务劳动的价值,允许付出方提出经济补偿,实则是保护家庭生活中承担主要家务劳动的女性。在现代社会,随着女性地位的提高和家庭观念的变化,更多女性步入社会,但承担家务劳动的格局并未改变,女性成为社会劳动和家务劳动的双重负担者,家务劳动补偿应延展适用于夫妻共同财产制。家务劳动补偿,是对家务贡献者遗失利益的补偿。这项制度是尊重家务劳动价值、平衡夫妻经济利益的必然要求,凸显了权利与义务相一致的精神。

对于双职工家庭而言,家务贡献较大的一方,因家务劳动挤压了其自身发展的时间和精力,减少了其职业收入和经济收入,导致其离婚后谋生能力较低、生活水平下降。有学者指出,如果把家庭领域界定为女性的领域,把家务劳动界定为女性的义务,对于那些职业女性来说,家务劳动则是一条沉重的链条,不断撕扯着职业女性,使她们走得比男性慢、走得没有男性远。她们既要在职场上同男性一样工作,又要在家庭中承担繁重的家务,这使她们感觉疲惫不堪。对家庭主妇而言,家务劳动是一管褪色剂,使她们辛苦的劳动失去意义,丧失价值。她们从事着世界上最重要的工作却不计薪酬,任劳任怨地奉献,无私无偿地劳作,而当婚姻解体时,家务劳动方实际上成为婚姻关系存续期间另一方免费的家务劳动工具。在绝大多数婚姻中,男主外、女主内是当事人双方生活的真实写照,已婚妇女在家中身兼清洁工、厨师、心理咨询师等数职，对于她们为家庭作出的巨大贡献，法律不能视而不见。现实中我国夫妻实行分别财产制的情况很少，离婚时能得到家务劳动补偿的更是微乎其微，家务劳动补偿制度形同虚设。

也有观点认为，共同财产制本身就是承认了家务劳动与社会劳动具有同等价值，共同财产制本身就包含对家务劳动价值的承认功能。在这一背景下再讨论家务劳动的价值，显然是在重复计算。

婚姻家庭编将家务劳动补偿扩大适用于夫妻共同财产制，无疑是立法的一大进步，也是多年来众多学者孜孜以求的结果。以后主张家务劳动补偿势必成为离婚案件中的一个重要诉求，然而具体应当如何补偿，婚姻家庭编的条文只是一般性地规定"另一方应当给予补偿"，并无任何补偿标准和参考要素。法官应当结合当地的经济生活水平、婚姻关系存续时间、一方对家庭所作的贡献、另一方的经济能力等因素，尽量公平合理地进行裁决。

（五）夫妻债务问题

最高人民法院《关于适用〈中华人民共和国婚姻法〉若干问题的解释（二）》（以下简称婚姻法解释（二））于2004年4月1日施行后，有关其中第二十四条的不同声音一直存在。该条规定："债权人就婚姻关系存续期间夫妻一方以个人名义所负债务主张权利的，应当按夫妻共同债务处理。但夫妻一方能够证明债权人与债务人明确约定为个人债务，或者能够证明属于婚姻法第十九条第三款规定的情形除外。"该条规定的出台背景是当时夫妻双方恶意逃债、侵犯债权人利益的情况比较多见，旨在维护交易安全、保护善意债权人。审判实践中法官觉得比较好操作，只要债务是在婚姻关系存续期间发生，只要没有司法解释规定的两种例外情况，就可以推定为夫妻共同债务。然而，近年来民间借贷纠纷剧增，其中涉及的夫妻债务问题凸显出上述司法解释的缺陷。媒体上不时出现要求修改或者废止第二十四条的文章，一些全国人大代表和全国政协委员也在两会期间提出建议和提案，要求废止第二十四条，理由是该条过分保护债权人利益，损害了未举债配偶一方的利益，让婚姻充满风险。有学者认为，第二十四条所规定的夫妻共同债务推定规则不合理地加重了夫妻中非举债方的证明责任，过于重视交易安全而忽略了婚姻安全，过于强调夫妻财产关系的一体性而忽略了家事代理的有限性，过于强调形式公平而忽略了结果公正，而且在理解与适用中也存在偏差。

2018年1月18日，最高人民法院《关于审理涉及夫妻债务纠纷案件适用法律有关问题的解释》（以下简称《夫妻债务解释》）实施，将一方以个人名义所负的超出日常生活需要的债务是否属于夫妻共同债务的举证责任从夫妻一方转移给债权人，举证不力的后果自然也由债权人承担，未举债配偶一方从连带清偿到无债一身轻。有学者认为，《夫妻债务解释》具有如下亮点：一是设立了夫妻共债共签制度，即以夫妻双方的合意作为认定共同债务的依据；二是改变了婚姻法解释（二）第二十四条武断的共债推定，即以是否符合家庭日常生活需要为标准。该解释旨在通过强化债权人在交易中的注意审慎义务，力求从源头上解决债务定性的不确定性。

立法机关认为，从《夫妻债务解释》施行效果看，总体上能够有效平衡各方利益，各方面总体上赞同。因此，《民法典》婚姻家庭编对于夫妻债务问题的规定基本沿用了《夫妻债务解释》的规定精神，明确规定："夫妻双方共同签字或者夫妻一方事后追认等共同意思表示所负的债务，以及夫妻一方在婚姻关系存续期间以个人名义为家庭日常生活需要所负的债务，属于夫妻共同债务。夫妻一方在婚姻关系存续期间以个人名义超出家庭日常生活需要所负的债务，不属于夫妻共同债务；但是，债权人能够证明该债务用于夫妻共同生活、共同生产经营或者基于夫妻双方共同意思表示的除外。"上述规定旨在避免处理夫妻债务时出现两个极端，既要避免夫妻双方恶意逃债损害债权人的利益，又要避免夫妻一方离婚时被高额负债。

（六）离婚分割夫妻共同财产照顾无过错一方的问题

1993年11月3日最高人民法院《关于人民法院审理离婚案件处理财产分割问题的若干具体意见》（以下简称《离婚财产分割意见》）指出："人民法院审理离婚案件对夫妻共同财产的处理，应当依照《中华人民共和国婚姻法》《中华人民共和国妇女权益保障法》及有关法律规定，分清个人财产、夫妻共同财产和家庭共同财产,坚持男女平等,保护妇女、儿童的合法权益,照顾无过错方,尊重当事人意愿,有利生产、方便生活的原则,合情合理地予以解决。"在2001年《婚姻法》出台之前,人民法院审理离婚案件处理夫妻共同财产分割问题时,一般都遵循照顾无过错方的原则,较好地保护了无过错方的权益。但2001年《婚姻法》第三十九条明确规定了离婚时人民法院处理夫妻共同财产分割问题的原则,即照顾子女和女方权益原则,并没有吸收《离婚财产分割意见》中照顾无过错方的规定精神。

为了更好地保护无过错方的权益,理顺司法解释和法律的关系,《民法典》婚姻家庭编在离婚分割夫妻共同财产的条文中增加了照顾无过错方的原则。这种修改对学术界一直强调的保护弱者权益的呼吁进行了回应,受到大家的普遍认可和称赞,也为法官在今后处理有关案件时提供了具有可操作性的裁判依据。

(七)离婚损害赔偿问题

2001年《婚姻法》的一大亮点就是规定了离婚损害赔偿制度,当时各界盛赞这一制度,认为其对维护健康文明的婚姻家庭关系、保护离婚当事人中无过错一方的合法权益意义重大。然而,2001年《婚姻法》实施至今已近20年,据统计,起诉到法院要求过错方进行离婚损害赔偿而能够得到法院支持的寥寥无几。究其原因,就在于法律规定的离婚损害赔偿条件过于苛刻,无过错方要想举证证明对方有重婚、与他人同居、家庭暴力等情形相当困难。可以说,就目前的情况而言,离婚损害赔偿制度不足以保护弱势群体的切身利益。离婚损害赔偿制度适用难,已成为法学界和实务界的共识。

《民法典》婚姻家庭编在现有列举性规定之后增加了概括性规定,亦称兜底性条款——"有其他重大过错",以拓宽离婚损害赔偿的请求范围,提升制度的效用,这种修改非常必要。至于何种行为构成重大过错,可由法官根据过错情节及伤害后果等事实作出认定,比如一方与他人通奸生育子女,虽不构成重婚或与他人婚外同居,但其行为对配偶的感情伤害巨大,应当认定为重大过错;又如男方强奸与其共同生活的继女,由此导致夫妻双方离婚,男方的行为也足以构成重大过错;再如一方有吸毒、赌博等恶习屡教不改的,或一方有嫖娼成瘾、屡屡被公安机关罚款拘留等情形的,也应该被认定为重大过错。

附　录

中华苏维埃共和国婚姻条例[①]

（一九三一年十一月二十六日中华苏维埃共和国中央执行委员会第一次会议决议）

第一章　原则

第一条　确定男女婚姻，以自由为原则，废除一切封建的包办强迫和买卖的婚姻制度，禁止童养媳。

第二条　实行一夫一妻，禁止一夫多妻。

第二章　结婚

第三条　结婚的年龄，男子须满二十岁，女子须满十八岁。

第四条　男女结婚须双方同意，不许任何一方或第三者加以强迫。

第五条　禁止男女在五代以内亲族血统的结婚。

第六条　禁止花柳病、麻风、肺病等危险性的传染病症的人结婚，如上述病症经医生验明许可者，则仍可以结婚。

第七条　禁止神经病及疯人的结婚。

第八条　男女结婚，须同到乡苏维埃或城市苏维埃举行登记，领取结婚证，废除聘金、聘礼及嫁妆。

[①] 巫昌祯编《婚姻法学资料选编》，中央广播电视大学出版社，1988年版，第37—39页。

第三章　离婚

第九条 确定离婚自由，凡男女双方同意离婚的，即行离婚，男女一方坚决要求离婚的，亦即行离婚。

第十条 男女离婚须向乡苏维埃或城市苏维埃登记。

第四章　离婚后小孩的抚养

第十一条 离婚前所生子女归男子负责抚养，如男女都愿抚养，则归女子抚养。

第十二条 哺乳期内小儿归女子抚养。

第十三条 小孩分得的田地，田地随小孩同走。

第十四条 所有归女子抚养的小孩，由男子担负小孩必需的生活费的三分之二，直到十六岁为止；其支付的办法，或付现金，或代小孩耕种分得的田地。

第十五条 女子再行结婚，其新夫愿养小孩的，小孩的父亲才不负小孩的生活费之责。

第十六条 愿养小孩的新夫，必须向乡苏维埃或城市苏维埃登记，一经登记后，须负抚养成人之责，不得中途停止或虐待。

第五章　离婚后男女财产的处理

第十七条 男女各得田地，财产债务各自处理，在结婚满一年，男女共同经管所增加的财产，男女平等，如有小孩，则按人口平分。

第十八条 男女同居所负的公共债务，归男子负责结偿。

第十九条 离婚后男女均不愿离开房屋时，男子须将他的一部分房子，赁给女子居住。

第二十条 离婚后，女子如未再行结婚，男子须维持其生活，或代种田地，直至再行结婚为止。

第六章　未经结婚登记所生小孩的抚养

第二十一条 未经登记所生的小孩，经证明后，由男子担负小孩生活费三分之二，即第四章之第十一条至第十五各条均通用。

第七章　附则

第二十二条　违反本条例的，按照刑法处以应得之罪。

第二十三条　本条例自公布之日起施行。

中华苏维埃共和国婚姻法[①]

（一九三四年四月八日公布）

第一章 总则

第一条 确定男女婚姻以自由为原则，废除一切包办强迫和买卖的婚姻制度，禁止童养媳。

第二条 实行一夫一妻，禁止一夫多妻与一妻多夫。

第二章 结婚

第三条 结婚的年龄男子须满二十岁，女子须满十八岁。

第四条 男女结婚须双方同意，不许任何一方或第三者加以强迫。

第五条 禁止男女在三代以内亲族血统的结婚。

第六条 禁止患花柳病，麻风，肺病等危险性传染病者的结婚。但经医生验明，认为可以结婚者不在此例。

第七条 禁止患神经病及疯瘫者结婚。

第八条 男女结婚，须同到乡苏维埃或市、区苏维埃举行登记，领取结婚证。废除聘金、聘礼及嫁装。

第九条 凡男女实行同居者，不论登记与否均以结婚论。

第三章 离婚

第十条 确定离婚自由，男女一方坚决要求离婚的，即可离婚。

第十一条 红军战士之妻要求离婚须得其夫同意。但在通信便利的地方，经过两年其夫无信回家者，其妻可向当地政府请求登记离婚。在通信困难的地方经过四年其夫无信回家者，其妻可向当地政府请求登记离婚。

第十二条 男女离婚，须向乡苏维埃或市区苏维埃登记。

[①] 巫昌祯编《婚姻法学资料选编》，中央广播电视大学出版社，1988年版，第40—42页。

第四章　离婚后男女财产的处理

第十三条　离婚后男女原来的土地、财产、债务各自处理。在结婚满一年男女共同经营所增加的财产，男女平分，如有小孩，则按人口平分。

男女同居时所负的公共债务，则归男子负责清偿。

第十四条　离婚后女子如果移居到别的乡村，得依照新居乡村土地分配规定分得土地。如新居乡村已无土地可分，则女子仍领有原有的土地，其处置办法，或出租、或出卖、或与别人交换，由女子自己决定。决定归女子抚养的小孩随母移居后，其土地分配或处理办法，完全适用上述的规定。

第十五条　离婚后女子如未再行结婚，并缺乏劳动力，或没有固定职业，因而不能维持生活者，男子须帮助女子耕种土地或维持其生活。但如男子自己缺乏劳动力，或没有固定职业不能维持生活者，不在此例。

第五章　离婚后小孩的处理

第十六条　离婚前所生的小孩及怀孕小孩，均归女子抚养。如女子不愿抚养，则归男子抚养，但年长的小孩同时须尊重小孩的意见。

第十七条　所有归女子抚养的小孩，由男子担负小孩必需的生活费的三分之二，直至十六岁为止，其支付办法，或支现金，或为小孩耕种分得土地。

第十八条　女子再行结婚，其夫愿抚养小孩的，小孩的亲父才可不负担前条规定的小孩生活费用之责。领养小孩的新夫，必须向乡苏维埃或市苏维埃登记，经登记后须负责抚养成年，不得中途停止和虐待。

第六章　私生子处理

第十九条　一切私生子女得享受本婚姻法上关于合法小孩的一切权利。禁止虐待、抛弃私生子。

附则

第二十条　违反本法的，按照刑法处以应得之罪。

第二十一条　本法自公布之日起施行。

晋冀鲁豫边区婚姻暂行条例[①]

（一九四二年一月五日公布）
（一九四三年九月二十九日修补颁布）

第一章　总则

第一条　本条例根据平等自愿，一夫一妻制之婚姻原则制定之。

第二条　禁止重婚、早婚、纳妾、蓄婢、童养媳、买卖婚姻、租妻及伙同娶妻。

第二章　订婚

第三条　订婚须男女双方自愿，任何人不得强迫。

第四条　男不满十七岁，女不满十五岁者，不得订婚。

第五条　订婚时，男女双方均不得索取金钱或其他物质报酬。

第六条　订婚时，男女双方须在区级以上政府登记方为有效。违反前三条规定之一者，不得登记。

第三章　解除婚约

第七条　订婚男女双方，有一方不愿继续婚约或结婚者，均得请求解除婚约。但对抗战军人提出解除婚约时，须经抗战军人本人同意，倘音信毫无在二年以上者，不在此限。抗日军人订婚后，多年有音信但是不能回家结婚，而女方年龄已超二十岁，可请求解除婚约，但在此项修订办法颁布后，女方年龄已达二十岁者，得延长一年。

第八条　解除婚约时，须向区级以上政府申请备案。

第九条　在本条例施行前所订之婚约解除后，曾收受对方之金钱财物者，

[①] 巫昌祯编《婚姻法学资料选编》，中央广播电视大学出版社版，1988年，第43—46页。

应如数退还。如一次不能退还时，得订定契约分期偿还。倘确实无力偿还，而对方亦非贫穷者，不在此限。

第四章　结婚

第十条　结婚须男女双方自愿，任何人不得强迫。

第十一条　男不满十八岁，女不满十六岁者，不得结婚。

第十二条　结婚须向区级以上政府登记，并须领取结婚证明书。

第十三条　直系血亲、直系姻亲及八亲等以内之旁系血亲，不得结婚。

第十四条　凡有神经病（如白痴、疯、癫等）、花柳病及遗传性之恶疾者，不得结婚。

第十五条　寡妇有再婚与否之自由，任何人不得干涉，或借此索取财物。再婚时其本人财物可带走。

第五章　离婚

第十六条　夫妻感情恶劣，至不能同居者，任何一方均得请求离婚。

第十七条　夫妻之一方，有下列情形之一者，他方得请求离婚：

一、未经离婚，即与他人有订婚或结婚之行为者。

二、虐待压迫或遗弃他方者。

三、妻受夫之直系亲属虐待，至不能同居生活者。

四、生死不明已逾三年者。

五、患花柳病、神经病及不可医治之传染病等恶疾者。

六、被处三年以上之徒刑者。

七、充当汉奸者。

八、吸食毒品或有其他不良嗜好，经屡劝不改者。

九、不能人道者。

第十八条　抗战军人之妻（或夫）除确知其夫（或妻）已经死亡外，未经抗战军人本人同意，不得离婚。四年以上毫无音讯者，自本条例施行之日起，一年内仍无音讯时，得另行嫁娶。

第十九条　离婚时须向区级以上政府请求,经审查批准,领得离婚证明书,始得离婚。

第二十条　离婚后,女方无职业财产,或缺乏劳动力,不能维持生活者,得由男方给以相当之赡养费,至再婚时为止。但女方有第十七条六款至九款情形之一者,不适用前项之规定。倘确实无力支出此项费用者,不在此限。

第六章　子女

第二十一条　男女离婚前所生之子女,离婚后,尚未满四周岁者,由女方抚养,已满四周岁者,由男方抚养,其另有约定者,从其约定。但女方未再婚时,无力维持生活者,男方须给女方抚养子女之生活费,至女方再婚时为止。

第二十二条　女方再婚后所带之子女,由女方及新夫共同负责抚养。

第二十三条　禁止杀害私生子,私生子之生父,经其生母指出证明,其生父须负责带领,与正式子女有同等地位。

第七章　附则

第二十四条　本条例之解释权属于晋冀鲁豫边区政府。修正权属于晋冀鲁豫边区临时参议会。

第二十五条　本条例经晋冀鲁豫边区政府临时参议会通过,由晋冀鲁豫边区政府公布施行。

晋冀鲁豫边区婚姻暂行条例施行细则[①]

（一九四二年四月二十六日施行）

第一条　关于婚姻事件，在边区婚姻暂行条例施行前发生者，经男方或女方申请起诉时，得适用边区婚姻暂行条例及本细则。

第二条　在边区婚姻暂行条例施行前，所纳之妾，可随时向对方要求离去，并得要求生活费用。其数量之多寡，发生争执时，由司法机关酌定之。

第三条　在边区婚姻暂行条例施行前所蓄之婢，得随时要求离去，主方不得索还身价。

第四条　在边区婚姻暂行条例施行前之童养媳，不得虐待，未至法定结婚年龄，不得结婚。其自愿另择配偶者，得随时请求解除婚约。男方不得索还婚礼与金钱，并不得讨要在童养期间所消费之一切生活费用。

第五条　兼祧以重婚论，在边区婚姻暂行条例施行前兼祧之妻，得随时要求离去，并得要求相当之赡养费。

第六条　经女方提出解除婚约后，如与他方订婚结婚，仍有买卖情事者，任何人均得告发，并应从重处罚。

第七条　不得结婚之亲属解释如下：

一、直系血亲——父母与子女，祖父母与孙子女，外祖父母与外孙子女等。

二、直系姻亲——岳母与女婿，公公与儿媳等。

三、八亲等以内之旁系血亲：

1. 辈分相同者——兄弟与姊妹，堂兄弟与堂姊妹，从兄弟与从姊妹，族兄弟与族姊妹等，但表兄弟姊妹除外。

2. 辈分不同者——舅父与甥女，姨母与外甥，伯叔父与侄女，姑母与侄子等。

[①] 巫昌祯编《婚姻法学资料选编》，中央广播电视大学出版社，1988年版，第47—48页。

第八条　夫妻离婚后，如双方追悔，仍愿再行同居者，准予同居，但须向区级以上政府再行登记。

第九条，男方不能与孕妇或乳婴之产妇离婚，如有具备法定离婚条件者，应于生产一年后提出。

第十条　不能人道而可治愈者，不能作为离婚理由。

第十一条　夫妻之一方，如系荣誉军人，他方亦不能因残废提出离婚，但性器官残废，不能人道者不在此限。

第十二条　精神病者，经医生证明可以治愈根除者，不能作为离婚理由。

第十三条　夫妇离婚后各得携回本人私有财产，但双方因过共同生活而已享用者，不得要求追偿。

第十四条　离婚后之子女，除依法定及约定教养者外，仍有争执时，依下列规定处理之：

一、四周岁以上之子女如男方不适合教养者，仍归女方教养。四周岁以下之子女，如女方不适合教养者，得归男方。

二、双方拒绝或争索教养子女者，判归有适合教养条件之一方。

第十五条　两愿离婚者，须男女两方亲向区级以上政府登记，领取离婚证书。如因离婚发生纠纷，应由司法机关处理。

第十六条　订婚、结婚及离婚均须纳证书费两元。

第十七条　本细则如有未尽事宜，由晋冀鲁豫边区政府随时修改之。

第十八条　本细则自边区婚姻暂行条例施行之日施行。

陕甘宁边区婚姻条例[1]

（一九四六年四月二十三日陕甘宁边区第三届参议会第一次大会通过）

第一条　男女婚姻以自愿为原则，实行一夫一妻制。

第二条　禁止强迫、包办及买卖婚姻。

第三条　少数民族婚姻，在不违反本条例之规定下，得尊重其习惯。

第四条　男女结婚，应向当地政府（乡、市）申请登记，领取结婚证。

第五条　结婚年龄须男至二十岁，女至十八岁。

第六条　有下列情形之一者禁止结婚：

（一）患花柳病及其他不治之恶疾者。

（二）以诈术或强暴使他方无意志之自由者。

（三）赂诱行为者。

（四）直系血亲、直系姻亲或八亲等内之旁系血亲或三亲等内之旁系之姻亲。

第七条　男女预订婚约者，在未结婚前，如有一方要求解除婚约，得向政府提出解除之。

第八条　男女双方自愿离婚者，须向当地乡（市）政府领取离婚证。

第九条　男女之一方因他方有下列情形之一者，得向县政府请求离婚。

（一）感情意志根本不合，无法继续同居者。

（二）重婚者。

（三）与他人通奸者。

（四）图谋陷害他方者。

（五）患不治之恶疾者。

---

[1] 中国社会科学院近代史研究所《近代史资料》编译室编《陕甘宁边区参议会文献汇辑》，知识产权出版社，2013年版，第335页。

（六）不能人道者。

（七）以恶意遗弃他方在继续状态中者。

（八）虐待他方者。

（九）男女之一方，不务正业，屡经劝改无效，影响他方生活者。

（十）生死不明已过三年者。

（十一）有其他重大事由者。

第十条　女方怀孕期间，男方不得提出离婚，具有离婚条件者，亦须于女方产后一年，始得提出，但经双方同意者，不在此限。

第十一条　男女离婚前所生之子女，哺乳期间，由女方抚养，哺乳期满，随父随母，从其约定；无约定者归男方抚养，子女仍得承认父母关系。

第十二条　男方提出离婚，而女方未再结婚前，确系无法维持生活者，由男方负担必需之生活费。

第十三条　非结婚所生之子女与结婚所生之子女，享受同等权利，不得歧视。

第十四条　离婚时，男女双方各自取回其所有之财产，但离婚前双方有共同经营所得之财产者，得依据情况处理之。

第十五条　凡结婚、离婚违反本条例者，得由当事人诉经当地司法机关依法处理，如涉及刑事范围者，应以刑事处理之。

第十六条　本条例由边区参议会通过，边区政府公布施行，其解释之权，属于边区政府。

中华人民共和国婚姻法（1950年）

（一九五〇年四月十三日中央人民政府委员会第七次会议通过，一九五〇年五月一日中央人民政府公布）

第一章　原则

第一条　废除包办强迫、男尊女卑、漠视子女利益的封建主义婚姻制度。实行男女婚姻自由、一夫一妻、男女权利平等、保护妇女和子女合法权益的新民主主义婚姻制度。

第二条　禁止重婚、纳妾。禁止童养媳。禁止干涉寡妇婚姻自由。禁止任何人借婚姻关系问题索取财物。

第二章　结婚

第三条　结婚须男女双方本人完全自愿，不许任何一方对他方加以强迫或任何第三者加以干涉。

第四条　男二十岁、女十八岁，始得结婚。

第五条　男女有下列情形之一者，禁止结婚：

一、为直系血亲，或为同胞的兄弟姊妹和同父异母或同母异父的兄弟姐妹者；其他五代内的旁系血亲间禁止结婚的问题，从习惯。

二、有生理缺陷不能发生性行为者。

三、患花柳病或精神失常未经治愈，患麻风或其他在医学上认为不应结婚之疾病者。

第六条　结婚应男女双方亲到所在地（区、乡）人民政府登记。凡合于本法规定的结婚，所在地人民政府应即发给结婚证。

凡不合于本法规定的结婚，不予登记。

第三章　夫妻间的权利和义务

第七条　夫妻为共同生活的伴侣,在家庭中地位平等。

第八条　夫妻有互爱互敬、互相帮助、互相扶养、和睦团结、劳动生产、抚育子女,为家庭幸福和新社会建设而共同奋斗的义务。

第九条　夫妻双方均有选择职业、参加工作和参加社会活动的自由。

第十条　夫妻双方对于家庭财产有平等的所有权与处理权。

第十一条　夫妻有各用自己姓名的权利。

第十二条　夫妻有互相继承遗产的权利。

第四章　父母子女间的关系

第十三条　父母对于子女有抚养教育的义务;子女对于父母有赡养扶助的义务;双方均不得虐待或遗弃。

养父母与养子女相互间的关系,适用前项规定。

溺婴或其他类似的犯罪行为,严加禁止。

第十四条　父母子女有互相继承遗产的权利。

第十五条　非婚生子女享受与婚生子女同等的权利,任何人不得加以危害或歧视。

非婚生子女经生母或其他人证物证证明其生父者,其生父应负担子女必需的生活费和教育费全部或一部;直至子女十八岁为止。如经生母同意,生父可将子女领回抚养。

生母和他人结婚,原生子女的抚养,适用第二十二条的规定。

第十六条　夫对于其妻所抚养与前夫所生的子女或妻对于其夫所抚养与前妻所生的子女,不得虐待或歧视。

第五章　离婚

第十七条　男女双方自愿离婚的,准予离婚。男女一方坚决要求离婚的,经区人民政府和司法机关调解无效时,亦准予离婚。

男女双方自愿离婚的,双方应向区人民政府登记,领取离婚证;区人民政府查明确系双方自愿并对子女和财产问题确有适当处理时，应即发给离婚证。男女一方坚决要求离婚的，得由区人民政府进行调解；如调解无效时，应即转报县或市人民法院处理；区人民政府并不得阻止或妨碍男女任何一方向县或市人民法院申诉。县或市人民法院对离婚案件，也应首先进行调解；如调解无效时，即行判决。

离婚后，如男女双方自愿恢复夫妻关系，应向区人民政府进行恢复结婚的登记；区人民政府应予以登记，并发给恢复结婚证。

第十八条　女方怀孕期间，男方不得提出离婚；男方要求离婚，须于女方分娩一年后，始得提出。但女方提出离婚的，不在此限。

第十九条　现役革命军人与家庭有通讯关系的，其配偶提出离婚，须得革命军人的同意。

自本法公布之日起，如革命军人与家庭两年无通讯关系，其配偶要求离婚，得准予离婚。在本法公布前，如革命军人与家庭已有两年以上无通讯关系，而在本法公布后，又与家庭有一年无通讯关系，其配偶要求离婚，也得准予离婚。

第六章　离婚后子女的抚养和教育

第二十条　父母与子女间的血亲关系，不因父母离婚而消灭。离婚后，子女无论由父方或母方抚养，仍是父母双方的子女。

离婚后，父母对于所生的子女，仍有抚养和教育的责任。

离婚后，哺乳期内的子女，以随哺乳的母亲为原则。哺乳期后的子女，如双方均愿抚养发生争执不能达成协议时，由人民法院根据子女的利益判决。

第二十一条　离婚后，女方抚养的子女，男方应负担必需的生活费和教育费全部或一部，负担费用的多寡及期限的长短，由双方协议；协议不成时，由人民法院判决。费用支付的办法，为付现金或实物或代小孩耕种分得的田地等。

离婚时，关于子女生活费和教育费的协议或判决，不妨碍子女向父母任何一方提出超过协议或判决原定数额的请求。

第二十二条　女方再行结婚后，新夫如愿负担女方原生子女的生活费和教育费全部或一部，则子女的生父的负担可酌情减少或免除。

第七章　离婚后的财产和生活

第二十三条　离婚时，除女方婚前财产归女方所有外，其他家庭财产如何处理，由双方协议；协议不成时，由人民法院根据家庭财产具体情况、照顾女方及子女利益和有利发展生产的原则判决。

如女方及子女分得的财产足以维持子女的生活费和教育费时，则男方可不再负担子女的生活费和教育费。

第二十四条　离婚时，原为夫妻共同生活所负担的债务，以共同生活时所得财产偿还；如无共同生活时所得财产或共同生活时所得财产不足清偿时，由男方清偿。男女一方单独所负的债务，由本人偿还。

第二十五条　离婚后，一方如未再行结婚而生活困难，他方应帮助维持其生活；帮助的办法及期限，由双方协议；协议不成时，由人民法院判决。

第八章　附则

第二十六条　违反本法者，依法制裁。

凡因干涉婚姻自由而引起被干涉者的死亡或伤害者，干涉者一律应并负刑事的责任。

第二十七条　本法自公布之日起施行。

在少数民族聚居的地区，大行政区人民政府（或军政委员会）或省人民政府得依据当地少数民族婚姻问题的具体情况，对本法制定某些变通的或补充的规定，提请政务院批准施行。

婚姻登记办法（1955年）

（1955年5月20日国务院批准，1955年6月1日内务部公布）

中华人民共和国婚姻法规定结婚、离婚和恢复结婚都要到当地人民政府去登记，目的是为了通过登记来保障婚姻自由，防止强迫包办；保障一夫一妻制，防止重婚纳妾；保障男女双方和下一代的健康，防止早婚和亲属间不应结婚的婚姻，防止患有不应结婚的疾病传染和其他违反婚姻法的行为。为此，特制定婚姻登记办法如下：

一、婚姻登记机关

（一）办理结婚登记的机关，在城市是街道办事处，没有街道办事处的是市人民委员会或者是区人民委员会；在农村是乡、镇人民委员会。

（二）办理离婚和恢复结婚登记的机关，在城市是市辖区人民委员会和不设区的市人民委员会；在农村是区公所，没有区公所的是县人民委员会。

二、结婚的男女双方，都要亲到所在地的婚姻登记机关填写结婚申请书申请登记。如果当事人不会填写，可以用口头申请，由登记工作人员代为填写。

三、婚姻登记机关应当认真审查结婚男女双方的结婚申请书，不清楚的地方应当向当事人问清楚。必要的时候，可以进行调查了解或者要当事人提供证件，但不许故意拖延。

四、婚姻登记机关在办理结婚登记的时候，应当把婚姻法中关于结婚的规定和禁止结婚的规定，向当事人讲解清楚。

经婚姻登记机关查明申请结婚的男女双方确系合于婚姻法关于结婚的规定，就应当准予登记，并发给结婚证。

如果不合于婚姻法关于结婚的规定，则不予登记，并且应当向当事人说明不予登记的理由。

五、离婚的男女双方或者一方，要亲到所在地的婚姻登记机关填写离婚申请书申请登记。如果当事人不会填写，可以用口头申请，由登记工作人员代为填写。

经婚姻登记机关查明申请离婚的男女双方确系自愿并对于子女和财产问题确有适当处理，就应当准予离婚，并发给离婚证。

一方提出离婚他方坚决不愿意离婚，或者一方确因不愿意离婚避而不到的时候，婚姻登记机关可以转请当地人民法院处理。

六、离婚双方在法院领得离婚调解协议书或者离婚判决书以后，婚姻登记机关不再予登记和发给离婚证。

七、离婚后，男女双方自愿恢复夫妻关系的时候，应当向所在地的婚姻登记机关申请恢复结婚登记。恢复结婚登记的手续适用结婚登记的规定。但申请书上须附注"恢复结婚"四字，以备查考。

在发给结婚证的同时，原离婚证件应当缴销。

八、申请结婚、离婚或者恢复结婚登记的男女双方，对于有关婚姻登记必须了解的情况，都应当忠实地告诉婚姻登记机关。婚姻登记机关如果发现当事人有违反婚姻法的行为而故意隐瞒的，应当予以批评教育，情节严重的，应当提请当地人民法院依法处理。

九、婚姻登记工作人员，应当以严肃负责的态度，遵照婚姻法和本办法的规定，做好婚姻登记工作。

禁止干涉婚姻自主；禁止向当事人索取财物或者其他违法行为。

十、婚姻登记机关与当事人间，对于登记事项发生争议，自己不能解决的时候，或者当事人不同意婚姻登记机关处理的时候，都可以报上一级人民委员会（如果婚姻登记机关是乡、镇人民委员会，可以报区公所）或者当地人民法院处理。

十一、结婚证、离婚证由县、市人民委员会依照本办法附件的规定，统一印制。结婚证和离婚证都应当收取工本费。

十二、省人民委员会和自治区的自治机关对于少数民族聚居地区的婚姻登记，如果不适用本办法的时候，可以另作变通规定，分报内务部和民族事务委员会备案。

十三、本办法经中华人民共和国国务院批准后，由内务部公布施行，修改时同。

中华人民共和国婚姻法（1980年）

（1980年9月10日第五届全国人民代表大会第三次会议通过，1981年1月1日起施行）

第一章　总则

第一条　本法是婚姻家庭关系的基本准则。

第二条　实行婚姻自由、一夫一妻、男女平等的婚姻制度。

保护妇女、儿童和老人的合法权益。

实行计划生育。

第三条　禁止包办、买卖婚姻和其他干涉婚姻自由的行为。禁止借婚姻索取财物。

禁止重婚。禁止家庭成员间的虐待和遗弃。

第二章　结婚

第四条　结婚必须男女双方完全自愿，不许任何一方对他方加以强迫或任何第三者加以干涉。

第五条　结婚年龄，男不得早于二十二周岁，女不得早于二十周岁。晚婚晚育应予鼓励。

第六条　有下列情形之一的，禁止结婚：

一、直系血亲和三代以内的旁系血亲；

二、患麻风病未经治愈或患其他在医学上认为不应当结婚的疾病。

第七条　要求结婚的男女双方必须亲自到婚姻登记机关进行结婚登记。符合本法规定的，予以登记，发给结婚证，取得结婚证，即确立夫妻关系。

第八条　登记结婚后，根据男女双方约定，女方可以成为男方家庭的成员，男方也可以成为女方家庭的成员。

第三章　家庭关系

第九条　夫妻在家庭中地位平等。

第十条　夫妻双方都有各用自己姓名的权利。

第十一条　夫妻双方都有参加生产、工作、学习和社会活动的自由，一方不得对他方加以限制或干涉。

第十二条　夫妻双方都有实行计划生育的义务。

第十三条　夫妻在婚姻关系存续期间所得的财产，归夫妻共同所有，双方另有约定的除外。

夫妻对共同所有的财产，有平等的处理权。

第十四条　夫妻有互相扶养的义务。

一方不履行扶养义务时，需要扶养的一方，有要求对方付给扶养费的权利。

第十五条　父母对子女有抚养教育的义务；子女对父母有赡养扶助的义务。

父母不履行抚养义务时，未成年的或不能独立生活的子女，有要求父母付给抚养费的权利。

子女不履行赡养义务时，无劳动能力的或生活困难的父母，有要求子女付给赡养费的权利。

禁止溺婴和其他残害婴儿的行为。

第十六条　子女可以随父姓，也可以随母姓。

第十七条　父母有管教和保护未成年子女的权利和义务。在未成年子女对国家、集体或他人造成损害时，父母有赔偿经济损失的义务。

第十八条　夫妻有相互继承遗产的权利。

父母和子女有相互继承遗产的权利。

第十九条　非婚生子女享有与婚生子女同等的权利，任何人不得加以危害和歧视。

非婚生子女的生父，应负担子女必要的生活费和教育费的一部或全部，直至子女能独立生活为止。

第二十条　国家保护合法的收养关系。养父母和养子女间的权利和义务，适用本法对父母子女关系的有关规定。

养子女和生父母间的权利和义务，因收养关系的成立而消除。

第二十一条　继父母与继子女间，不得虐待或歧视。

继父或继母和受其抚养教育的继子女间的权利和义务，适用本法对父母子女关系的有关规定。

第二十二条　有负担能力的祖父母、外祖父母，对于父母已经死亡的未成年的孙子女、外孙子女，有抚养的义务。有负担能力的孙子女、外孙子女，对于子女已经死亡的祖父母、外祖父母，有赡养的义务。

第二十三条　有负担能力的兄、姊，对于父母已经死亡或父母无力抚养的未成年的弟、妹，有抚养的义务。

第四章　离婚

第二十四条　男女双方自愿离婚的，准予离婚。双方须到婚姻登记机关申请离婚。婚姻登记机关查明双方确实是自愿并对子女和财产问题已有适当处理时，应即发给离婚证。

第二十五条　男女一方要求离婚的，可由有关部门进行调解或直接向人民法院提出离婚诉讼。

人民法院审理离婚案件，应当进行调解；如感情确已破裂，调解无效，应准予离婚。

第二十六条　现役军人的配偶要求离婚，须得军人同意。

第二十七条　女方在怀孕期间和分娩后一年内，男方不得提出离婚。女方提出离婚的，或人民法院认为确有必要受理男方离婚请求的，不在此限。

第二十八条　离婚后，男女双方自愿恢复夫妻关系的，应到婚姻登记机关进行复婚登记。婚姻登记机关应予以登记。

第二十九条　父母与子女间的关系，不因父母离婚而消除。离婚后，子女无论由父方或母方抚养，仍是父母双方的子女。

离婚后，父母对于子女仍有抚养和教育的权利和义务。

离婚后，哺乳期内的子女，以随哺乳的母亲抚养为原则。哺乳期后的子女，如双方因抚养问题发生争执不能达成协议时，由人民法院根据子女的权益和双方的具体情况判决。

第三十条　离婚后，一方抚养的子女，另一方应负担必要的生活费和教育费的一部或全部，负担费用的多少和期限的长短，由双方协议；协议不成时，由人民法院判决。

关于子女生活费和教育费的协议或判决，不妨碍子女在必要时向父母任何一方提出超过协议或判决原定数额的合理要求。

第三十一条　离婚时，夫妻的共同财产由双方协议处理；协议不成时，由人民法院根据财产的具体情况，照顾女方和子女权益的原则判决。

第三十二条　离婚时，原为夫妻共同生活所负的债务，以共同财产偿还。如该项财产不足清偿时，由双方协议清偿；协议不成时，由人民法院判决。男女一方单独所负债务，由本人偿还。

第三十三条　离婚时，如一方生活困难，另一方应给予适当的经济帮助。具体办法由双方协议；协议不成时，由人民法院判决。

第五章　附则

第三十四条　违反本法者，得分别情况，依法予以行政处分或法律制裁。

第三十五条　对拒不执行有关扶养费、抚养费、赡养费、财产分割和遗产继承等判决或裁定的，人民法院得依法强制执行。有关单位应负协助执行的责任。

第三十六条　民族自治地方人民代表大会和它的常务委员会可以依据本法的原则，结合当地民族婚姻家庭的具体情况，制定某些变通的或补充的规定。自治州、自治县制定的规定，须报请省、自治区人民代表大会常务委员会批准。自治区制定的规定，须报全国人民代表大会常务委员会备案。

第三十七条　本法自1981年1月1日起施行。

1950年5月1日颁行的《中华人民共和国婚姻法》，自本法施行之日起废止。

关于《中华人民共和国婚姻法（修改草案）》的说明

全国人民代表大会常务委员会法制委员会副主任　武新宇

婚姻法是婚姻家庭关系的基本准则，关系到家家户户、男女老少的切身利益的重要法律。《中华人民共和国婚姻法（修改草案）》是在1950年颁布的《中华人民共和国婚姻法》的基础上，根据30年的实践经验和新的情况、新的问题修订的草案的。主要内容和问题是：

法定结婚年龄问题。原婚姻法规定"男20岁，女18岁，始得结婚"。草案改为，"男22周岁，女20周岁，始得结婚"，即比原婚姻法规定男女各提高两岁。各省、自治区、直辖市和中央各部门，绝大多数表示赞成，认为这样规定兼顾了城乡的实际情况，比较适当。为了照顾少数民族地区的特殊情况，草案规定，民族自治地方可结合当地民族婚姻家庭的具体情况和多数群众意见，制定变通的或补充的规定。至于对农村早婚习惯的改革，需要随着农村经济、文化的发展，继续做工作，逐步在群众自愿基础上解决。另外，城市有些人认为婚龄定低了，与提倡晚婚、计划生育有矛盾。据我们了解的世界31个国家的资料，法定婚龄最高的为男21岁、女18岁，我们的规定已是最高的了。同时，法定婚龄是结婚的最低年龄，即不到这个年龄，不应结婚，而不是到了这个年龄就要结婚。我们国家一贯鼓励青年适当晚婚，认为这对国家、对家庭和个人都有好处。关于婚龄对计划生育工作的影响，关键是婚龄、育龄必须分开，必须搞好计划生育。因此，草案规定，"夫妻双方都有实行计划生育的义务"。

离婚问题。原婚姻法规定，"男女一方坚决要求离婚的，经区人民政府和司法机关调解无效时，亦准予离婚。"现在看来还是适当的。在我们社会主义国家中，要提倡夫妻互相帮助，建立民主和睦的家庭，大力宣传共产主义道德,反对那种对婚姻关系采取轻率态度和喜新厌旧的资产阶级思想。但是,我们也不能用法律来强行维护已经破裂的婚姻关系,这对社会、对家庭、对当事人都没有好处。根据一些地方和部门的意见,草案改为"如感情确已破裂,调解无效,应准予离婚"。这样规定,既坚持了婚姻自由的原则,又给了法院一定的灵活性,比较符合我国目前的实际情况。

关于旁系血亲间禁止结婚问题。原婚姻法规定,"其他五代内的旁系血亲间禁止结婚的问题,从习惯"。许多地方、部门都提出,旁系血亲间结婚生的孩子,常有某些先天性缺陷,现在推行计划生育,孩子少了,更应讲究人口质量,要求在婚姻法中明确规定禁止近亲通婚。据此,草案改为"三代以内的旁系血亲"禁止结婚。即同一祖父母或外祖父母的"姑表""姨表"之间都禁止结婚。由于某些传统习惯的原因,特别在某些偏远山区,实行这一规定需要有一个过程,不宜简单从事,采取"一刀切"的办法。

关于男方成为女方家庭成员的问题,也就是通常说的"入赘"问题。草案规定:"根据男女双方约定,女方可以成为男方家庭的成员,男方也可以成为女方家庭的成员"。这对保障婚姻自由,推行计划生育,解决有女无儿户的实际困难,都有好处。

由于有些少数民族的风俗、习惯与汉族地区很不相同,经济、文化水平也不一样,草案规定,民族自治地方可以依据本法的原则,结合当地民族婚姻家庭的具体情况,制定某些变通的或补充的规定。

婚姻法的实施,需要有一段宣传、准备的时间,建议大会审议通过公布后,于1981年1月1日起生效。

中华人民共和国婚姻法（修正）

（1980年9月10日第五届全国人民代表大会第三次会议通过，根据2001年4月28日第九届全国人民代表大会常务委员会第二十一次会议《关于修改〈中华人民共和国婚姻法〉的决定》修正）

第一章　总则

第一条　本法是婚姻家庭关系的基本准则。

第二条　实行婚姻自由、一夫一妻、男女平等的婚姻制度。

保护妇女、儿童和老人的合法权益。

实行计划生育。

第三条　禁止包办、买卖婚姻和其他干涉婚姻自由的行为。禁止借婚姻索取财物。

禁止重婚。禁止有配偶者与他人同居。禁止家庭暴力。禁止家庭成员间的虐待和遗弃。

第四条　夫妻应当互相忠实，互相尊重；家庭成员间应当敬老爱幼，互相帮助，维护平等、和睦、文明的婚姻家庭关系。

第二章　结婚

第五条　结婚必须男女双方完全自愿，不许任何一方对他方加以强迫或任何第三者加以干涉。

第六条　结婚年龄，男不得早于二十二周岁，女不得早于二十周岁。晚婚晚育应予鼓励。

第七条　有下列情形之一的，禁止结婚：

（一）直系血亲和三代以内的旁系血亲；

（二）患有医学上认为不应当结婚的疾病。

第八条　要求结婚的男女双方必须亲自到婚姻登记机关进行结婚登记。符合本法规定的，予以登记，发给结婚证。取得结婚证，即确立夫妻关系。未办理结婚登记的，应当补办登记。

第九条　登记结婚后，根据男女双方约定，女方可以成为男方家庭的成员，男方可以成为女方家庭的成员。

第十条　有下列情形之一的，婚姻无效：

（一）重婚的；

（二）有禁止结婚的亲属关系的；

（三）婚前患有医学上认为不应当结婚的疾病，婚后尚未治愈的；

（四）未到法定婚龄的。

第十一条　因胁迫结婚的，受胁迫的一方可以向婚姻登记机关或人民法院请求撤销该婚姻。受胁迫的一方撤销婚姻的请求，应当自结婚登记之日起一年内提出。被非法限制人身自由的当事人请求撤销婚姻的，应当自恢复人身自由之日起一年内提出。

第十二条　无效或被撤销的婚姻，自始无效。当事人不具有夫妻的权利和义务。同居期间所得的财产，由当事人协议处理；协议不成时，由人民法院根据照顾无过错方的原则判决。对重婚导致的婚姻无效的财产处理，不得侵害合法婚姻当事人的财产权益。当事人所生的子女，适用本法有关父母子女的规定。

第三章　家庭关系

第十三条　夫妻在家庭中地位平等。

第十四条　夫妻双方都有各用自己姓名的权利。

第十五条　夫妻双方都有参加生产、工作、学习和社会活动的自由，一方不得对他方加以限制或干涉。

第十六条　夫妻双方都有实行计划生育的义务。

第十七条　夫妻在婚姻关系存续期间所得的下列财产，归夫妻共同所有：

（一）工资、奖金；

（二）生产、经营的收益；

（三）知识产权的收益；

（四）继承或赠与所得的财产，但本法第十八条第三项规定的除外；

（五）其他应当归共同所有的财产。

夫妻对共同所有的财产，有平等的处理权。

第十八条　有下列情形之一的，为夫妻一方的财产：

（一）一方的婚前财产；

（二）一方因身体受到伤害获得的医疗费、残疾人生活补助费等费用；

（三）遗嘱或赠与合同中确定只归夫或妻一方的财产；

（四）一方专用的生活用品；

（五）其他应当归一方的财产。

第十九条　夫妻可以约定婚姻关系存续期间所得的财产以及婚前财产归各自所有、共同所有或部分各自所有、部分共同所有。约定应当采用书面形式。没有约定或约定不明确的，适用本法第十七条、第十八条的规定。

夫妻对婚姻关系存续期间所得的财产以及婚前财产的约定，对双方具有约束力。

夫妻对婚姻关系存续期间所得的财产约定归各自所有的，夫或妻一方对外所负的债务，第三人知道该约定的，以夫或妻一方所有的财产清偿。

第二十条　夫妻有互相扶养的义务。

一方不履行扶养义务时，需要扶养的一方，有要求对方付给扶养费的权利。

第二十一条　父母对子女有抚养教育的义务；子女对父母有赡养扶助的义务。

父母不履行抚养义务时，未成年的或不能独立生活的子女，有要求父母付给抚养费的权利。

子女不履行赡养义务时，无劳动能力的或生活困难的父母，有要求子女付给赡养费的权利。

禁止溺婴、弃婴和其他残害婴儿的行为。

第二十二条　子女可以随父姓，可以随母姓。

第二十三条　父母有保护和教育未成年子女的权利和义务。在未成年子女对国家、集体或他人造成损害时，父母有承担民事责任的义务。

第二十四条　夫妻有相互继承遗产的权利。

父母和子女有相互继承遗产的权利。

第二十五条　非婚生子女享有与婚生子女同等的权利，任何人不得加以危害和歧视。

不直接抚养非婚生子女的生父或生母，应当负担子女的生活费和教育费，直至子女能独立生活为止。

第二十六条　国家保护合法的收养关系。养父母和养子女间的权利和义务，适用本法对父母子女关系的有关规定。

养子女和生父母间的权利和义务，因收养关系的成立而消除。

第二十七条　继父母与继子女间，不得虐待或歧视。

继父或继母和受其抚养教育的继子女间的权利和义务，适用本法对父母子女关系的有关规定。

第二十八条　有负担能力的祖父母、外祖父母，对于父母已经死亡或父母无力抚养的未成年的孙子女、外孙子女，有抚养的义务。有负担能力的孙子女、外孙子女，对于子女已经死亡或子女无力赡养的祖父母、外祖父母，有赡养的义务。

第二十九条　有负担能力的兄、姐，对于父母已经死亡或父母无力抚养的未成年的弟、妹，有扶养的义务。由兄、姐扶养长大的有负担能力的弟、妹，对于缺乏劳动能力又缺乏生活来源的兄、姐，有扶养的义务。

第三十条　子女应当尊重父母的婚姻权利，不得干涉父母再婚以及婚后的生活。子女对父母的赡养义务，不因父母的婚姻关系变化而终止。

第四章　离婚

第三十一条　男女双方自愿离婚的，准予离婚。双方必须到婚姻登记机关申请离婚。婚姻登记机关查明双方确实是自愿并对子女和财产问题已有适当处理时，发给离婚证。

第三十二条　男女一方要求离婚的，可由有关部门进行调解或直接向人民法院提出离婚诉讼。

人民法院审理离婚案件，应当进行调解；如感情确已破裂，调解无效，应准予离婚。

有下列情形之一，调解无效的，应准予离婚：

（一）重婚或有配偶者与他人同居的；

（二）实施家庭暴力或虐待、遗弃家庭成员的；

（三）有赌博、吸毒等恶习屡教不改的；

（四）因感情不和分居满二年的；

（五）其他导致夫妻感情破裂的情形。

一方被宣告失踪，另一方提出离婚诉讼的，应准予离婚。

第三十三条　现役军人的配偶要求离婚，须得军人同意，但军人一方有重大过错的除外。

第三十四条　女方在怀孕期间、分娩后一年内或中止妊娠后六个月内，男方不得提出离婚。女方提出离婚的，或人民法院认为确有必要受理男方离婚请求的，不在此限。

第三十五条　离婚后，男女双方自愿恢复夫妻关系的，必须到婚姻登记机关进行复婚登记。

第三十六条　父母与子女间的关系，不因父母离婚而消除。离婚后，子女无论由父或母直接抚养，仍是父母双方的子女。

离婚后，父母对于子女仍有抚养和教育的权利和义务。

离婚后，哺乳期内的子女，以随哺乳的母亲抚养为原则。哺乳期后的子女，如双方因抚养问题发生争执不能达成协议时，由人民法院根据子女的权益和双方的具体情况判决。

第三十七条　离婚后，一方抚养的子女，另一方应负担必要的生活费和教育费的一部或全部，负担费用的多少和期限的长短，由双方协议；协议不成时，由人民法院判决。

关于子女生活费和教育费的协议或判决，不妨碍子女在必要时向父母任何一方提出超过协议或判决原定数额的合理要求。

第三十八条 离婚后,不直接抚养子女的父或母,有探望子女的权利,另一方有协助的义务。

行使探望权利的方式、时间由当事人协议;协议不成时,由人民法院判决。

父或母探望子女,不利于子女身心健康的,由人民法院依法中止探望的权利;中止的事由消失后,应当恢复探望的权利。

第三十九条 离婚时,夫妻的共同财产由双方协议处理;协议不成时,由人民法院根据财产的具体情况,照顾子女和女方权益的原则判决。

夫或妻在家庭土地承包经营中享有的权益等,应当依法予以保护。

第四十条 夫妻书面约定婚姻关系存续期间所得的财产归各自所有,一方因抚育子女、照料老人、协助另一方工作等付出较多义务的,离婚时有权向另一方请求补偿,另一方应当予以补偿。

第四十一条 离婚时,原为夫妻共同生活所负的债务,应当共同偿还。共同财产不足清偿的,或财产归各自所有的,由双方协议清偿;协议不成时,由人民法院判决。

第四十二条 离婚时,如一方生活困难,另一方应从其住房等个人财产中给予适当帮助。具体办法由双方协议;协议不成时,由人民法院判决。

第五章 救助措施与法律责任

第四十三条 实施家庭暴力或虐待家庭成员,受害人有权提出请求,居民委员会、村民委员会以及所在单位应当予以劝阻、调解。

对正在实施的家庭暴力,受害人有权提出请求,居民委员会、村民委员会应当予以劝阻;公安机关应当予以制止。

实施家庭暴力或虐待家庭成员,受害人提出请求的,公安机关应当依照治安管理处罚的法律规定予以行政处罚。

第四十四条 对遗弃家庭成员,受害人有权提出请求,居民委员会、村民委员会以及所在单位应当予以劝阻、调解。

对遗弃家庭成员,受害人提出请求的,人民法院应当依法作出支付扶养费、抚养费、赡养费的判决。

第四十五条 对重婚的，对实施家庭暴力或虐待、遗弃家庭成员构成犯罪的，依法追究刑事责任。受害人可以依照刑事诉讼法的有关规定，向人民法院自诉；公安机关应当依法侦查，人民检察院应当依法提起公诉。

第四十六条 有下列情形之一，导致离婚的，无过错方有权请求损害赔偿：

（一）重婚的；

（二）有配偶者与他人同居的；

（三）实施家庭暴力的；

（四）虐待、遗弃家庭成员的。

第四十七条 离婚时，一方隐藏、转移、变卖、毁损夫妻共同财产，或伪造债务企图侵占另一方财产的，分割夫妻共同财产时，对隐藏、转移、变卖、毁损夫妻共同财产或伪造债务的一方，可以少分或不分。离婚后，另一方发现有上述行为的，可以向人民法院提起诉讼，请求再次分割夫妻共同财产。

人民法院对前款规定的妨害民事诉讼的行为，依照民事诉讼法的规定予以制裁。

第四十八条 对拒不执行有关扶养费、抚养费、赡养费、财产分割、遗产继承、探望子女等判决或裁定的，由人民法院依法强制执行。有关个人和单位应负协助执行的责任。

第四十九条 其他法律对有关婚姻家庭的违法行为和法律责任另有规定的，依照其规定。

第六章 附则

第五十条 民族自治地方的人民代表大会有权结合当地民族婚姻家庭的具体情况，制定变通规定。自治州、自治县制定的变通规定，报省、自治区、直辖市人民代表大会常务委员会批准后生效。自治区制定的变通规定，报全国人民代表大会常务委员会批准后生效。

第五十一条 本法自 1981 年 1 月 1 日起施行。

1950 年 5 月 1 日颁行的《中华人民共和国婚姻法》，自本法施行之日起废止。

婚姻登记条例

(2003年7月30日国务院第16次常务会议通过，
自2003年10月1日起施行)

第一章　总则

第一条　为了规范婚姻登记工作，保障婚姻自由、一夫一妻、男女平等的婚姻制度的实施，保护婚姻当事人的合法权益，根据《中华人民共和国婚姻法》（以下简称婚姻法），制定本条例。

第二条　内地居民办理婚姻登记的机关是县级人民政府民政部门或者乡（镇）人民政府，省、自治区、直辖市人民政府可以按照便民原则确定农村居民办理婚姻登记的具体机关。

中国公民同外国人，内地居民同香港特别行政区居民（以下简称香港居民）、澳门特别行政区居民（以下简称澳门居民）、台湾地区居民（以下简称台湾居民）、华侨办理婚姻登记的机关是省、自治区、直辖市人民政府民政部门或者省、自治区、直辖市人民政府民政部门确定的机关。

第三条　婚姻登记机关的婚姻登记员应当接受婚姻登记业务培训，经考核合格，方可从事婚姻登记工作。

婚姻登记机关办理婚姻登记，除按收费标准向当事人收取工本费外，不得收取其他费用或者附加其他义务。

第二章　结婚登记

第四条　内地居民结婚，男女双方应当共同到一方当事人常住户口所在地的婚姻登记机关办理结婚登记。

中国公民同外国人在中国内地结婚的，内地居民同香港居民、澳门居民、台湾居民、华侨在中国内地结婚的，男女双方应当共同到内地居民常住户口所在地的婚姻登记机关办理结婚登记。

第五条　办理结婚登记的内地居民应当出具下列证件和证明材料：

（一）本人的户口簿、身份证；

（二）本人无配偶以及与对方当事人没有直系血亲和三代以内旁系血亲关系的签字声明。

办理结婚登记的香港居民、澳门居民、台湾居民应当出具下列证件和证明材料：

（一）本人的有效通行证、身份证；

（二）经居住地公证机构公证的本人无配偶以及与对方当事人没有直系血亲和三代以内旁系血亲关系的声明。

办理结婚登记的华侨应当出具下列证件和证明材料：

（一）本人的有效护照；

（二）居住国公证机构或者有权机关出具的、经中华人民共和国驻该国使（领）馆认证的本人无配偶以及与对方当事人没有直系血亲和三代以内旁系血亲关系的证明，或者中华人民共和国驻该国使（领）馆出具的本人无配偶以及与对方当事人没有直系血亲和三代以内旁系血亲关系的证明。

办理结婚登记的外国人应当出具下列证件和证明材料：

（一）本人的有效护照或者其他有效的国际旅行证件；

（二）所在国公证机构或者有权机关出具的、经中华人民共和国驻该国使（领）馆认证或者该国驻华使（领）馆认证的本人无配偶的证明，或者所在国驻华使（领）馆出具的本人无配偶的证明。

第六条　办理结婚登记的当事人有下列情形之一的，婚姻登记机关不予登记：

（一）未到法定结婚年龄的；

（二）非双方自愿的；

（三）一方或者双方已有配偶的；

（四）属于直系血亲或者三代以内旁系血亲的；

（五）患有医学上认为不应当结婚的疾病的。

第七条　婚姻登记机关应当对结婚登记当事人出具的证件、证明材料进行审查并询问相关情况。对当事人符合结婚条件的，应当当场予以登记，发给结婚证；对当事人不符合结婚条件不予登记的，应当向当事人说明理由。

第八条　男女双方补办结婚登记的，适用本条例结婚登记的规定。

第九条　因胁迫结婚的，受胁迫的当事人依据婚姻法第十一条的规定向婚姻登记机关请求撤销其婚姻的，应当出具下列证明材料：

（一）本人的身份证、结婚证；

（二）能够证明受胁迫结婚的证明材料。

婚姻登记机关经审查认为受胁迫结婚的情况属实且不涉及子女抚养、财产及债务问题的，应当撤销该婚姻，宣告结婚证作废。

第三章　离婚登记

第十条　内地居民自愿离婚的，男女双方应当共同到一方当事人常住户口所在地的婚姻登记机关办理离婚登记。

中国公民同外国人在中国内地自愿离婚的，内地居民同香港居民、澳门居民、台湾居民、华侨在中国内地自愿离婚的，男女双方应当共同到内地居民常住户口所在地的婚姻登记机关办理离婚登记。

第十一条　办理离婚登记的内地居民应当出具下列证件和证明材料：

（一）本人的户口簿、身份证；

（二）本人的结婚证；

（三）双方当事人共同签署的离婚协议书。

办理离婚登记的香港居民、澳门居民、台湾居民、华侨、外国人除应当出具前款第（二）项、第（三）项规定的证件、证明材料外，香港居民、澳门居民、台湾居民还应当出具本人的有效通行证、身份证，华侨、外国人还应当出具本人的有效护照或者其他有效国际旅行证件。

离婚协议书应当载明双方当事人自愿离婚的意思表示以及对子女抚养、财产及债务处理等事项协商一致的意见。

第十二条　办理离婚登记的当事人有下列情形之一的，婚姻登记机关不予受理：

（一）未达成离婚协议的；

（二）属于无民事行为能力人或者限制民事行为能力人的；

（三）其结婚登记不是在中国内地办理的。

第十三条　婚姻登记机关应当对离婚登记当事人出具的证件、证明材料进行审查并询问相关情况。对当事人确属自愿离婚，并已对子女抚养、财产、债务等问题达成一致处理意见的，应当当场予以登记，发给离婚证。

第十四条　离婚的男女双方自愿恢复夫妻关系的，应当到婚姻登记机关办理复婚登记。复婚登记适用本条例结婚登记的规定。

第四章　婚姻登记档案和婚姻登记证

第十五条　婚姻登记机关应当建立婚姻登记档案。婚姻登记档案应当长期保管。具体管理办法由国务院民政部门会同国家档案管理部门规定。

第十六条　婚姻登记机关收到人民法院宣告婚姻无效或者撤销婚姻的判决书副本后，应当将该判决书副本收入当事人的婚姻登记档案。

第十七条　结婚证、离婚证遗失或者损毁的，当事人可以持户口簿、身份证向原办理婚姻登记的机关或者一方当事人常住户口所在地的婚姻登记机关申请补领。婚姻登记机关对当事人的婚姻登记档案进行查证，确认属实的，应当为当事人补发结婚证、离婚证。

第五章　罚则

第十八条　婚姻登记机关及其婚姻登记员有下列行为之一的，对直接负责的主管人员和其他直接责任人员依法给予行政处分：

（一）为不符合婚姻登记条件的当事人办理婚姻登记的；

（二）玩忽职守造成婚姻登记档案损失的；

（三）办理婚姻登记或者补发结婚证、离婚证超过收费标准收取费用的。

违反前款第（三）项规定收取的费用，应当退还当事人。

第六章　附则

第十九条　中华人民共和国驻外使（领）馆可以依照本条例的有关规定，为男女双方均居住于驻在国的中国公民办理婚姻登记。

第二十条　本条例规定的婚姻登记证由国务院民政部门规定式样并监制。

第二十一条　当事人办理婚姻登记或者补领结婚证、离婚证应当交纳工本费。工本费的收费标准由国务院价格主管部门会同国务院财政部门规定并公布。

第二十二条　本条例自 2003 年 10 月 1 日起施行。1994 年 1 月 12 日国务院批准、1994 年 2 月 1 日民政部发布的《婚姻登记管理条例》同时废止。

《中华人民共和国民法典》第五编　婚姻家庭

（2020年5月28日，第十三届全国人民代表大会第三次会议表决通过《中华人民共和国民法典》，自2021年1月1日起施行）

第一章　一般规定

第一千零四十条　本编调整因婚姻家庭产生的民事关系。

第一千零四十一条　婚姻家庭受国家保护。

实行婚姻自由、一夫一妻、男女平等的婚姻制度。

保护妇女、未成年人、老年人、残疾人的合法权益。

第一千零四十二条　禁止包办、买卖婚姻和其他干涉婚姻自由的行为。禁止借婚姻索取财物。

禁止重婚。禁止有配偶者与他人同居。

禁止家庭暴力。禁止家庭成员间的虐待和遗弃。

第一千零四十三条　家庭应当树立优良家风，弘扬家庭美德，重视家庭文明建设。

夫妻应当互相忠实，互相尊重，互相关爱；家庭成员应当敬老爱幼，互相帮助，维护平等、和睦、文明的婚姻家庭关系。

第一千零四十四条　收养应当遵循最有利于被收养人的原则，保障被收养人和收养人的合法权益。

禁止借收养名义买卖未成年人。

第一千零四十五条　亲属包括配偶、血亲和姻亲。

配偶、父母、子女、兄弟姐妹、祖父母、外祖父母、孙子女、外孙子女为近亲属。

配偶、父母、子女和其他共同生活的近亲属为家庭成员。

第二章 结婚

第一千零四十六条 结婚应当男女双方完全自愿，禁止任何一方对另一方加以强迫，禁止任何组织或者个人加以干涉。

第一千零四十七条 结婚年龄，男不得早于二十二周岁，女不得早于二十周岁。

第一千零四十八条 直系血亲或者三代以内的旁系血亲禁止结婚。

第一千零四十九条 要求结婚的男女双方应当亲自到婚姻登记机关申请结婚登记。符合本法规定的，予以登记，发给结婚证。完成结婚登记，即确立婚姻关系。未办理结婚登记的，应当补办登记。

第一千零五十条 登记结婚后，按照男女双方约定，女方可以成为男方家庭的成员，男方可以成为女方家庭的成员。

第一千零五十一条 有下列情形之一的，婚姻无效：

（一）重婚；

（二）有禁止结婚的亲属关系；

（三）未到法定婚龄。

第一千零五十二条 因胁迫结婚的，受胁迫的一方可以向人民法院请求撤销婚姻。

请求撤销婚姻的，应当自胁迫行为终止之日起一年内提出。

被非法限制人身自由的当事人请求撤销婚姻的，应当自恢复人身自由之日起一年内提出。

第一千零五十三条 一方患有重大疾病的，应当在结婚登记前如实告知另一方；不如实告知的，另一方可以向人民法院请求撤销婚姻。

请求撤销婚姻的，应当自知道或者应当知道撤销事由之日起一年内提出。

第一千零五十四条 无效的或者被撤销的婚姻自始没有法律约束力，当事人不具有夫妻的权利和义务。同居期间所得的财产，由当事人协议处理；协议不成的，由人民法院根据照顾无过错方的原则判决。对重婚导致的无效婚姻的财产处理，不得侵害合法婚姻当事人的财产权益。当事人所生的子女，适用本法关于父母子女的规定。

婚姻无效或者被撤销的，无过错方有权请求损害赔偿。

第三章　家庭关系

第一节　夫妻关系

第一千零五十五条　夫妻在婚姻家庭中地位平等。

第一千零五十六条　夫妻双方都有各自使用自己姓名的权利。

第一千零五十七条　夫妻双方都有参加生产、工作、学习和社会活动的自由，一方不得对另一方加以限制或者干涉。

第一千零五十八条　夫妻双方平等享有对未成年子女抚养、教育和保护的权利，共同承担对未成年子女抚养、教育和保护的义务。

第一千零五十九条　夫妻有相互扶养的义务。

需要扶养的一方，在另一方不履行扶养义务时，有要求其给付扶养费的权利。

第一千零六十条　夫妻一方因家庭日常生活需要而实施的民事法律行为，对夫妻双方发生效力，但是夫妻一方与相对人另有约定的除外。

夫妻之间对一方可以实施的民事法律行为范围的限制，不得对抗善意相对人。

第一千零六十一条　夫妻有相互继承遗产的权利。

第一千零六十二条　夫妻在婚姻关系存续期间所得的下列财产，为夫妻的共同财产，归夫妻共同所有：

（一）工资、奖金、劳务报酬；

（二）生产、经营、投资的收益；

（三）知识产权的收益；

（四）继承或者受赠的财产，但是本法第一千零六十三条第三项规定的除外；

（五）其他应当归共同所有的财产。

夫妻对共同财产，有平等的处理权。

第一千零六十三条　下列财产为夫妻一方的个人财产：

（一）一方的婚前财产；

（二）一方因受到人身损害获得的赔偿或者补偿；

（三）遗嘱或者赠与合同中确定只归一方的财产；

（四）一方专用的生活用品；

（五）其他应当归一方的财产。

第一千零六十四条　夫妻双方共同签名或者夫妻一方事后追认等共同意思表示所负的债务，以及夫妻一方在婚姻关系存续期间以个人名义为家庭日常生活需要所负的债务，属于夫妻共同债务。

夫妻一方在婚姻关系存续期间以个人名义超出家庭日常生活需要所负的债务，不属于夫妻共同债务；但是，债权人能够证明该债务用于夫妻共同生活、共同生产经营或者基于夫妻双方共同意思表示的除外。

第一千零六十五条　男女双方可以约定婚姻关系存续期间所得的财产以及婚前财产归各自所有、共同所有或者部分各自所有、部分共同所有。约定应当采用书面形式。没有约定或者约定不明确的，适用本法第一千零六十二条、第一千零六十三条的规定。

夫妻对婚姻关系存续期间所得的财产以及婚前财产的约定，对双方具有法律约束力。

夫妻对婚姻关系存续期间所得的财产约定归各自所有，夫或者妻一方对外所负的债务，相对人知道该约定的，以夫或者妻一方的个人财产清偿。

第一千零六十六条　婚姻关系存续期间，有下列情形之一的，夫妻一方可以向人民法院请求分割共同财产：

（一）一方有隐藏、转移、变卖、毁损、挥霍夫妻共同财产或者伪造夫妻共同债务等严重损害夫妻共同财产利益的行为；

（二）一方负有法定扶养义务的人患重大疾病需要医治，另一方不同意支付相关医疗费用。

第二节　父母子女关系和其他近亲属关系

第一千零六十七条　父母不履行抚养义务的，未成年子女或者不能独立生活的成年子女，有要求父母给付抚养费的权利。

成年子女不履行赡养义务的，缺乏劳动能力或者生活困难的父母，有要求成年子女给付赡养费的权利。

第一千零六十八条　父母有教育、保护未成年子女的权利和义务。未成年子女造成他人损害的，父母应当依法承担民事责任。

第一千零六十九条　子女应当尊重父母的婚姻权利，不得干涉父母离婚、再婚以及婚后的生活。子女对父母的赡养义务，不因父母的婚姻关系变化而终止。

第一千零七十条　父母和子女有相互继承遗产的权利。

第一千零七十一条　非婚生子女享有与婚生子女同等的权利，任何组织或者个人不得加以危害和歧视。

不直接抚养非婚生子女的生父或者生母，应当负担未成年子女或者不能独立生活的成年子女的抚养费。

第一千零七十二条　继父母与继子女间，不得虐待或者歧视。

继父或者继母和受其抚养教育的继子女间的权利义务关系，适用本法关于父母子女关系的规定。

第一千零七十三条　对亲子关系有异议且有正当理由的，父或者母可以向人民法院提起诉讼，请求确认或者否认亲子关系。

对亲子关系有异议且有正当理由的，成年子女可以向人民法院提起诉讼，请求确认亲子关系。

第一千零七十四条　有负担能力的祖父母、外祖父母，对于父母已经死亡或者父母无力抚养的未成年孙子女、外孙子女，有抚养的义务。

有负担能力的孙子女、外孙子女，对于子女已经死亡或者子女无力赡养的祖父母、外祖父母，有赡养的义务。

第一千零七十五条　有负担能力的兄、姐，对于父母已经死亡或者父母无力抚养的未成年弟、妹，有扶养的义务。

由兄、姐扶养长大的有负担能力的弟、妹，对于缺乏劳动能力又缺乏生活来源的兄、姐，有扶养的义务。

第四章　离婚

第一千零七十六条　夫妻双方自愿离婚的，应当签订书面离婚协议，并亲自到婚姻登记机关申请离婚登记。

离婚协议应当载明双方自愿离婚的意思表示和对子女抚养、财产以及债务处理等事项协商一致的意见。

第一千零七十七条　自婚姻登记机关收到离婚登记申请之日起三十日内，任何一方不愿意离婚的，可以向婚姻登记机关撤回离婚登记申请。

前款规定期限届满后三十日内，双方应当亲自到婚姻登记机关申请发给离婚证；未申请的，视为撤回离婚登记申请。

第一千零七十八条　婚姻登记机关查明双方确实是自愿离婚，并已经对子女抚养、财产以及债务处理等事项协商一致的，予以登记，发给离婚证。

第一千零七十九条　夫妻一方要求离婚的，可以由有关组织进行调解或者直接向人民法院提起离婚诉讼。

人民法院审理离婚案件，应当进行调解；如果感情确已破裂，调解无效的，应当准予离婚。

有下列情形之一，调解无效的，应当准予离婚：

（一）重婚或者与他人同居；

（二）实施家庭暴力或者虐待、遗弃家庭成员；

（三）有赌博、吸毒等恶习屡教不改；

（四）因感情不和分居满二年；

（五）其他导致夫妻感情破裂的情形。

一方被宣告失踪，另一方提起离婚诉讼的，应当准予离婚。

经人民法院判决不准离婚后，双方又分居满一年，一方再次提起离婚诉讼的，应当准予离婚。

第一千零八十条　完成离婚登记，或者离婚判决书、调解书生效，即解除婚姻关系。

第一千零八十一条　现役军人的配偶要求离婚，应当征得军人同意，但是军人一方有重大过错的除外。

第一千零八十二条　女方在怀孕期间、分娩后一年内或者终止妊娠后六个月内，男方不得提出离婚；但是，女方提出离婚或者人民法院认为确有必要受理男方离婚请求的除外。

第一千零八十三条　离婚后，男女双方自愿恢复婚姻关系的，应当到婚姻登记机关重新进行结婚登记。

第一千零八十四条　父母与子女间的关系，不因父母离婚而消除。离婚后，子女无论由父或者母直接抚养，仍是父母双方的子女。

离婚后，父母对于子女仍有抚养、教育、保护的权利和义务。

离婚后，不满两周岁的子女，以由母亲直接抚养为原则。已满两周岁的子女，父母双方对抚养问题协议不成的，由人民法院根据双方的具体情况，按照最有利于未成年子女的原则判决。子女已满八周岁的，应当尊重其真实意愿。

第一千零八十五条　离婚后，子女由一方直接抚养的，另一方应当负担部分或者全部抚养费。负担费用的多少和期限的长短，由双方协议；协议不成的，由人民法院判决。

前款规定的协议或者判决，不妨碍子女在必要时向父母任何一方提出超过协议或者判决原定数额的合理要求。

第一千零八十六条　离婚后，不直接抚养子女的父或者母，有探望子女的权利，另一方有协助的义务。

行使探望权利的方式、时间由当事人协议；协议不成的，由人民法院判决。

父或者母探望子女，不利于子女身心健康的，由人民法院依法中止探望；中止的事由消失后，应当恢复探望。

第一千零八十七条　离婚时，夫妻的共同财产由双方协议处理；协议不成的，由人民法院根据财产的具体情况，按照照顾子女、女方和无过错方权益的原则判决。

对夫或者妻在家庭土地承包经营中享有的权益等，应当依法予以保护。

第一千零八十八条　夫妻一方因抚育子女、照料老年人、协助另一方工作等负担较多义务的，离婚时有权向另一方请求补偿，另一方应当给予补偿。

具体办法由双方协议；协议不成的，由人民法院判决。

第一千零八十九条　离婚时，夫妻共同债务应当共同偿还。共同财产不足清偿或者财产归各自所有的，由双方协议清偿；协议不成的，由人民法院判决。

第一千零九十条　离婚时，如果一方生活困难，有负担能力的另一方应当给予适当帮助。具体办法由双方协议；协议不成的，由人民法院判决。

第一千零九十一条　有下列情形之一，导致离婚的，无过错方有权请求损害赔偿：

（一）重婚；

（二）与他人同居；

（三）实施家庭暴力；

（四）虐待、遗弃家庭成员；

（五）有其他重大过错。

第一千零九十二条　夫妻一方隐藏、转移、变卖、毁损、挥霍夫妻共同财产，或者伪造夫妻共同债务企图侵占另一方财产的，在离婚分割夫妻共同财产时，对该方可以少分或者不分。离婚后，另一方发现有上述行为的，可以向人民法院提起诉讼，请求再次分割夫妻共同财产。

第五章　收养

第一节　收养关系的成立

第一千零九十三条　下列未成年人，可以被收养：

（一）丧失父母的孤儿；

（二）查找不到生父母的未成年人；

（三）生父母有特殊困难无力抚养的子女。

第一千零九十四条　下列个人、组织可以作送养人：

（一）孤儿的监护人；

（二）儿童福利机构；

（三）有特殊困难无力抚养子女的生父母。

第一千零九十五条　未成年人的父母均不具备完全民事行为能力且可能严重危害该未成年人的,该未成年人的监护人可以将其送养。

第一千零九十六条　监护人送养孤儿的,应当征得有抚养义务的人同意。有抚养义务的人不同意送养、监护人不愿意继续履行监护职责的,应当依照本法第一编的规定另行确定监护人。

第一千零九十七条　生父母送养子女,应当双方共同送养。生父母一方不明或者查找不到的,可以单方送养。

第一千零九十八条　收养人应当同时具备下列条件：

（一）无子女或者只有一名子女;

（二）有抚养、教育和保护被收养人的能力;

（三）未患有在医学上认为不应当收养子女的疾病;

（四）无不利于被收养人健康成长的违法犯罪记录;

（五）年满三十周岁。

第一千零九十九条　收养三代以内旁系同辈血亲的子女,可以不受本法第一千零九十三条第三项、第一千零九十四条第三项和第一千一百零二条规定的限制。

华侨收养三代以内旁系同辈血亲的子女,还可以不受本法第一千零九十八条第一项规定的限制。

第一千一百条　无子女的收养人可以收养两名子女;有子女的收养人只能收养一名子女。

收养孤儿、残疾未成年人或者儿童福利机构抚养的查找不到生父母的未成年人,可以不受前款和本法第一千零九十八条第一项规定的限制。

第一千一百零一条　有配偶者收养子女,应当夫妻共同收养。

第一千一百零二条　无配偶者收养异性子女的,收养人与被收养人的年龄应当相差四十周岁以上。

第一千一百零三条　继父或者继母经继子女的生父母同意,可以收养继子女,并可以不受本法第一千零九十三条第三项、第一千零九十四条第三项、第一千零九十八条和第一千一百条第一款规定的限制。

第一千一百零四条　收养人收养与送养人送养,应当双方自愿。收养八周岁以上未成年人的,应当征得被收养人的同意。

第一千一百零五条　收养应当向县级以上人民政府民政部门登记。收养关系自登记之日起成立。

收养查找不到生父母的未成年人的,办理登记的民政部门应当在登记前予以公告。

收养关系当事人愿意签订收养协议的,可以签订收养协议。

收养关系当事人各方或者一方要求办理收养公证的,应当办理收养公证。

县级以上人民政府民政部门应当依法进行收养评估。

第一千一百零六条　收养关系成立后,公安机关应当按照国家有关规定为被收养人办理户口登记。

第一千一百零七条　孤儿或者生父母无力抚养的子女,可以由生父母的亲属、朋友抚养;抚养人与被抚养人的关系不适用本章规定。

第一千一百零八条　配偶一方死亡,另一方送养未成年子女的,死亡一方的父母有优先抚养的权利。

第一千一百零九条　外国人依法可以在中华人民共和国收养子女。

外国人在中华人民共和国收养子女,应当经其所在国主管机关依照该国法律审查同意。收养人应当提供由其所在国有权机构出具的有关其年龄、婚姻、职业、财产、健康、有无受过刑事处罚等状况的证明材料,并与送养人签订书面协议,亲自向省、自治区、直辖市人民政府民政部门登记。

前款规定的证明材料应当经收养人所在国外交机关或者外交机关授权的机构认证,并经中华人民共和国驻该国使领馆认证,但是国家另有规定的除外。

第一千一百一十条　收养人、送养人要求保守收养秘密的,其他人应当尊重其意愿,不得泄露。

第二节　收养的效力

第一千一百一十一条　自收养关系成立之日起,养父母与养子女间的权利义务关系,适用本法关于父母子女关系的规定;养子女与养父母的近亲属间的权利义务关系,适用本法关于子女与父母的近亲属关系的规定。

养子女与生父母以及其他近亲属间的权利义务关系，因收养关系的成立而消除。

第一千一百一十二条　养子女可以随养父或者养母的姓氏，经当事人协商一致，也可以保留原姓氏。

第一千一百一十三条　有本法第一编关于民事法律行为无效规定情形或者违反本编规定的收养行为无效。

无效的收养行为自始没有法律约束力。

第三节　收养关系的解除

第一千一百一十四条　收养人在被收养人成年以前，不得解除收养关系，但是收养人、送养人双方协议解除的除外。养子女八周岁以上的，应当征得本人同意。

收养人不履行抚养义务，有虐待、遗弃等侵害未成年养子女合法权益行为的，送养人有权要求解除养父母与养子女间的收养关系。送养人、收养人不能达成解除收养关系协议的，可以向人民法院提起诉讼。

第一千一百一十五条　养父母与成年养子女关系恶化、无法共同生活的，可以协议解除收养关系。不能达成协议的，可以向人民法院提起诉讼。

第一千一百一十六条　当事人协议解除收养关系的，应当到民政部门办理解除收养关系登记。

第一千一百一十七条　收养关系解除后，养子女与养父母以及其他近亲属间的权利义务关系即行消除，与生父母以及其他近亲属间的权利义务关系自行恢复。但是，成年养子女与生父母以及其他近亲属间的权利义务关系是否恢复，可以协商确定。

第一千一百一十八条　收养关系解除后，经养父母抚养的成年养子女，对缺乏劳动能力又缺乏生活来源的养父母，应当给付生活费。因养子女成年后虐待、遗弃养父母而解除收养关系的，养父母可以要求养子女补偿收养期间支出的抚养费。

生父母要求解除收养关系的，养父母可以要求生父母适当补偿收养期间支出的抚养费；但是，因养父母虐待、遗弃养子女而解除收养关系的除外。

后 记

我之所以走入婚姻家事审判领域，是因为我的基层法庭工作经历。2022年，我成了滦州市东安各庄法庭的一名法官，主要负责审理辖区内的家事纠纷。随着承办案件数量的增多，我越发感受到，"家"对于中国社会一直有着特殊的意义，它是个体的港湾，是社会的基本单元，也是国家治理的细胞。婚姻家事纷争的解决，不仅关乎个人和家庭的幸福，同时也关系到社会的和谐和文明进步。家事审判的目的在于服务家庭建设，以矛盾彻底化解为出发点，以家庭和谐为落脚点，坚持"德法共治"，既需重视发挥法律的规范作用，又要重视发挥道德的教化作用，注重约之于法、束之以德，推动道德和法律在司法框架内融合。正因意识到了"家和万事兴"的文化传统和"力求两和"的古代家事审判原则对于婚姻家事纠纷处理的积极意义，所以在工作之余，我深入研究和挖掘中华法系中婚姻法治的精神内核和治理智慧，同时借助最新的研究史料与档案汲取营养、择善而用，逐代梳理总结。今年10月，我终于将书稿撰写完毕，整理、润色后投寄给了燕山大学出版社，于是便有了《中国婚姻法治流变》一书。

感谢这段宝贵的基层法庭工作经历，让我忙碌而充实，我收获颇丰。

闫馨月
2023年10月